北京市社会科学理论著作出版基金资助

博雅

博雅语言学书系

Studies on Chinese Vocabulary as a Second Language Teaching

对外汉语词汇教学研究

——义类与形类

张和生 著

北京大学出版社
PEKING UNIVERSITY PRESS

图书在版编目(CIP)数据

对外汉语词汇教学研究：义类与形类/张和生著．—北京：北京大学出版社，2010.8

（博雅语言学书系）

ISBN 978-7-301-17458-6

Ⅰ．对…　Ⅱ．张…　Ⅲ．汉语-词汇-对外汉语教学-教学研究　Ⅳ．H195.3

中国版本图书馆 CIP 数据核字(2010)第 129994 号

书　　　名：对外汉语词汇教学研究——义类与形类
著作责任者：张和生　著
责 任 编 辑：沈　岚
标 准 书 号：ISBN 978-7-301-17458-6/H·2560
出 版 发 行：北京大学出版社
地　　　址：北京市海淀区成府路 205 号　100871
网　　　址：http://www.pup.cn
电 子 邮 箱：zpup@pup.pku.edu.cn
电　　　话：邮购部 62752015　发行部 62750672　编辑部 62752028
　　　　　　出版部 62754962
印　刷　者：北京汇林印务有限公司
经　销　者：新华书店
　　　　　　730 毫米×980 毫米　16 开本　11.75 印张　190 千字
　　　　　　2010 年 8 月第 1 版　2010 年 8 月第 1 次印刷
定　　　价：30.00 元

序

许嘉璐

和生的《对外汉语词汇教学研究》就要出版了，他改后的书稿在我的计算机里躺了半年多，现在终于能够在出差时的间隙，时断时续地重读一遍，尽量回忆以前我们一起讨论的情景，记下我此时的所感所想，并把它们写出来。

和生的这本著作勾起了我对近几年对外汉语教学的片片断断的回忆。

我国教育系统开展对外汉语教学已经有几十年了，经几代教师和学者孜孜矻矻的实践和研究，积累了丰富的经验并创立了教学理论架构，这些经验和理论促进和保证了对外汉语教学的质量，“我们的朋友遍天下”的历史辉煌中也有着对外汉语教学的功劳。

随着经济全球化大潮的到来和中国经济实力的迅速增长，全世界学习汉语的人越来越多，早已突破了外国成年人学和“请进来”的格局，学习者的国别、学习汉语的目的和期望日益多元，过去的经验和理论已经不够用了。

我多次说过，世界向中国提出要学习汉语的需求来势突然而汹涌，对此我们并没有做好相应的准备，十足地仓促上阵。其中尤为突出的是“三教”（教材、教师、教法）的欠缺。但是，有进无退，只能上阵，只能临阵磨枪，只能边干边调查、边思考、边探索。

假如从 2004 年首尔成立全球第一所孔子学院算起，到现在还不到六年。在这 2000 多天里，在孔子学院像雨后春笋般出现的同时，许多国家各种形式、机构的汉语教育也以前所未有的速度和规模发展着；而适应新形势的教材编写、教师培训和教法研究也蓬蓬勃勃地开展起来。但是，客观的需求可以在一夜间堆到我们面前，而应对的措施和条件的建设岂是一年两年就能奏效的？我亲眼看到，在国内，新老专家殚精竭虑地实验研究，每年 7000 名左右前往世界各地的志愿者和教师废寝忘餐地学习钻研；在国外，中外教师时而品尝着失败的苦涩和成功的喜悦。现在，国内外编写的教材、研制的教具纷纷问世，孔子学院的教学和各种文化活动普遍受到欢迎——每年举行的外国大中学生“汉语桥”比赛所引起的反响和水平的不断提高，即显出其端倪——来华申请建立孔子学院者依然络绎不绝，据此可以说在非汉语环境中大规模地进行汉语教学已经通过了第一个阶段的考验。

但是，客观事态的发展总是走在人们的观念、知识、方法和习惯的前面。现在，孔子学院的外方主管人员和教师已经纷纷提出，该国学习者的最终目的并不是听懂会说汉语，而是要了解中国文化。汉语教师所面对的，是从四五岁的小朋友到八九十岁的老人家（有时这样的年龄跨度的教学对象会站在同一位教师面前），他们对中国可能一无所知，甚至在地球仪上都找不到中国，也可能略知一二，又不能排除其中包含着一二百年来不准确的介绍所造成的误解，也可能曾经和中国交往已久，现在想通过学习汉语进一步深入了解中国的历史、宗教、信仰等等。在这种要求下，我们的教材该怎样编写？怎样教？汉语教师的知识结构需要做怎样的调整？看来，对外汉语教学应该马上接受这一新的挑战和检验。

其实，我国对外汉语教学界还有一件事也是应该引起关注的，这就是在继续提高汉语教学水平、回答语言教学和文化内容如何结合问题的同时，要对新形势下对外汉语教学的实践进行理性的归纳、思辨、论证，上升到理论层面。人类的任何活动只有通过某种形式的抽象思考，才能成为自觉的实践，才能保证效率和对未来的预测和指引，这是人们熟知的道理。五年多的对外汉语教学，在此前近五十年积累的基础上，确实又有了不小的进步和发展，确实应该像前人那样，及时地思考、研究。这在当前也是尤为薄弱的环节。此事不能等，不能等到有了更为丰富的实践再来做。实际上，几年来在编写教材、研究教法、培养教师和志愿者的过程中，参与者都是有这方面的思考的，关键在于及时深化，及时结合当前对汉语本体、认知心理、跨文化交际、新技术成果等等的研究和开发，进行总结、探索。和生从事对外汉语教学有年，近年来又和我一道全身心领导着北京师范大学汉语文化学院全体教师进行教学改革，积累颇丰。可以说，他既有对外汉语教学“传统”经验和理论的功底，又有在新形势下汉语和文化教学的经验和思考，同时，也许是更重要的是，他从没有停止过自觉的试验和总结。他的这部著作就是对众多问题进行思考的成果之一。

和生早年从我治训诂学，成绩优秀。在多年进行对外汉语教学、研究教学问题的过程中，他有意充分发挥训诂学的原理、结论和方法的作用，积累了在教学中沟通古今、深入汉语特点的体验和经验。近年来，在思考教学改革问题时，他的训诂学基础再次发挥了作用，在吸收当代中外学者成果的同时，也在反思中国自古以来在识字教学中的经验，从中吸取营养。在这本著作中，他坚持"字/词义"在汉语组词成句中的决定性作用，辩证地处理了汉字教学和词语、语法教学的关系，提出了一系列值得教学界和学术界重视的问题。或许，这部著作的第一位价值正是这些思考和问题的提出，至于他所得出的具体结论(在各章之末有本章的小结)，学者们可以见仁见智，但他建立在实实在在试验、测量和统计以及反复论证基础上所提出的以下意见，恐怕更能引发同行的思考：例如，对外汉语教学必须在充分开掘汉语自身特点，既注意人类语言的共性，更要注意不同语言的个性(我不愿意用"特殊性"这个词，以避把印欧语系的语言规律"普世"化之嫌)，汉字的形类和义类应该引起足够的重视和运用。

我自 2000 年起即担任了北京师范大学汉语文化学院院长一职。虽然事先约定我不管人、财、物等具体事务，但就对外汉语教学的不断建设和改革，我们总是在一起研究的。他在书中所表述的观点，我是赞同的。我想，此刻我们可能又想到了一起：对外汉语教学这一领域里需要研究的问题很多很多，就是在词汇教学这个较小的范围里，未知的地方也很多，因而和生的研究成果，不过是其小焉者耳，且是引玉之砖而已。

思考、研究，乃至小范围的试验是一回事，付诸实践又是一回事，两者的距离并不小。我希望和生或与之共鸣者能沿着这条路走下去，争取扩大试验范围，进一步检验并完善已有结论，对提高对外汉语教学的效果和效率献出更多的智慧。我想，这样的教师、学者多了，我在前面所说的对外汉语教学所面临的种种困难和问题也就会逐步解决了，那时，中国人、汉语对促进世界和谐的贡献就更大了。

2010 年 5 月 25 日凌晨于无锡旅次

目　录

第1章 绪 论

1.1 问题的提出

1.1.1 学无成规,教无定法。伴随着第二语言教学与研究的发展,自然就会产生不同的教学法和教学流派。通过适用的教材、有效的教法帮助学习者尽快掌握第二语言,是17世纪以来世界各个外语教学法流派孜孜以求的目标。虽然第二语言教学法与语言学、教育学、心理学、社会学等学科多有交叉,但第二语言教学毕竟传授的是语言,因而与语言学研究的关系最为密切。一个语言教学流派的出现,往往反映了教育者当时对语言的认识水平,或是以某一语言学理论为其理论基础。20世纪流行并影响至今的“结构法”、“听说法”和“认知法”,其理论基础或为布龙菲尔德的结构主义语言学,或为乔姆斯基的转换生成语法理论。布龙菲尔德与乔姆斯基研究语言的立足点不同,但却有一点相同之处,即强调语言结构在语言学习中的重要性,“试图以有限的规则系统和原则系统生成无限的句子。”(胡明扬,1999:282)

西方各个外语教学流派对我国当代对外汉语教学界的影响与推动是巨大的,但其负面因素在于其重语法轻语义的倾向。我国汉语的对外传播史虽然可以远溯汉唐,教学方法自成体系,但随着西学东渐,现当代的对外汉语教学在教学法上与西方的第二语言教学法基本保持同步。尽管我国对外汉语教学界无论在语言本体研究方面,还是在教材编纂方面,无论是提倡结构——情景——功能并重的教学思路,还是追求结构——功能——文化相结合的教学原则,长期以来“对语法注意较多,词汇及其教学研究一直是一个薄弱环节”。(赵金铭,1997:335)至于作为中国人观念中的“中心主题”或可以被视为汉语“第四要素”的“汉字”,更是通常被排斥在汉语词汇教学与研究的范畴之外。可以认为,这种现象与有意脱离语义研究的西方语言学思潮的影响有关,与在移植西方第二语言教学法时忽视汉语的特色有关。

毫无疑问,面向成人的第二语言教学需要讲授目的语的结构规律,以便于学习者类推。问题在于,应用于教学的语法体系是否真实地反映了目的语的面貌,是否能有效地帮助学习者掌握目的语;在于语法学习在第二语言学习中,特别是在汉语为第二语言的学习中应当占有多大比重。

对外汉语教学中的语法教学体系是植根于理论语法的,那么我们该怎样总结我国百年来的汉语理论语法研究的得失呢?“过去,中国没有系统的语法论著,也就没有系统的语法理论,所有的理论都是外来的。外国的理论在哪儿翻新,咱们也就跟着转。这不是坏事,问题是不论什么理论都得结合汉语实际,可是‘结合’二字谈何容易,机械地搬用乃至削足适履的事情不是没有发生过。”(吕叔湘,1987)由于《马氏文通》以来的中国语言学家,采用的研究方法是用印欧语结构原理来观察汉语结构,借鉴西洋研究语法的方法与成果建立汉语的语法体系,所以我们的教学语法大抵依据的同样是西方语言学家建立起来的格局与规范。例如,与西方语言学家的研究方法相同,我们把词划分为名词、动词、形容词、副词等类,又把句子划分为主、述、宾、补等类,试图进而找出词类与句子成分之间的对应关系。然而“语言文字是思想的外在表现形式,而思想的基础或出发点则是思维模式。东西方思维模式是根本不同的。”(季羡林,1997)因此,汉语与印欧语系的语言文字体系也就必然有着很大的差异。引进西方语法理论来分析汉语进而开展汉语教学,既是汉语研究与汉语教学学术史上的一次“现代化运动”,又是我们不得已的选择。其弊端是,“语法的一些基本问题,例如词类的划分、主宾语的确定以及句子成分的分析等问题一直没有得到很好的解决,经常发生周期性的争论。”(徐通锵,1997:8)

1.1.2 汉语理论语法研究的局限必然会反映到汉语作为第二语言教学上来。尽管我们无论在研究上还是在教学上,均“对语法注意较多”,但与体现到教学中的收效却难成正比。例如,几乎我们所有的汉语作为第二语言教材在生词表中都标注词性。科学、准确地标注词类并不是一件容易的事,单是划分的标准与依据语言学界就讨论至今,更不用说汉语中词与非词的切分在理论与实践上都没有得到很好的解决。划分词类的目的是“为的讲语法的方便”,(吕叔湘、朱德熙,

1951:10)然而汉语词类和句法之间的关系不像印欧语那样基本上一一对应,而是呈现出“一对多”的错综对应。“动词和形容词主谓宾定状补都能做,名词除了做补语也是全能的,实际上既是‘词无定类’又是‘类无定职’”。(胡明扬,2002)对于把汉语作为第二语言的学习者来说,用这样一个词类体系去分析、把握汉语句法结构实在是勉为其难的。此外,汉语的词也不因在句中的语法功能变化而发生形态变化,语义在很大程度上决定着词语搭配规则,决定着词序与句型。因此,从词类划分的结果对学习者提供的帮助看,经常呈现出的是一种事倍功半的局面。

索绪尔(1980:184)曾指出:“各种语言常包含两类要素——根本上任意的和相对地可以论证的——但是比例极不相同,这是我们进行语言分类时可能考虑的一个很重要的特点……不可论证性达到最高点的语言是比较着重于词汇的,降到最低点的语言是比较着重于语法的”。“超等词汇的典型是汉语,而印欧语和梵语却是超等语法的标本”。国内亦有学者指出,印欧系语言是语法型语言,汉语是语义型语言。(徐通锵,1997:52)我们对于不同类型的语言,无论在研究方法上还是在教学的侧重点上,都应当有所不同。西方人学习第二语言有关注语法的传统,这是由西方语法型语言本身的特点造成的。如果汉语作为第二语言教学界不能区分不同类型的语言在教学上的差异,不能引导学习者注意目的语的特色,学习者必然会把他们学习西方语言的习惯带到学习汉语之中,随之而来的便是对如何整体把握汉语语法的困惑,对学习方法的困惑。

我们丝毫不否认现行教学语法体系在汉语作为第二语言教学中所发挥的作用。例如,对“突然”与“忽然”、“刚刚”与“刚才”、“确实”与“真实”一类词语的辨析,从现行词类的划分入手就最为清晰;纠正韩、日留学生因母语负迁移而产生的“O+V”类语法错误,从汉外句法结构对比入手就相当有效。我们只是想指出一个事实:从我们在语法研究与教学上的投入对学习者语言能力的促进看,收效和所花费的精力并不等值,这种状况在中高级汉语教学阶段尤甚。引进西方语言学理论要与汉语实际结合;引进第二语言教学理论同样要与汉语实际结合,与中国传统的语言教学法结合。既然我们当前的对外汉语语法教学在提高学习者汉语水平方面效率不高,而在短时期内语言学界又不大可能出现对现行教学语法体系颠覆性的革命,那么从提高教学效率的角度考虑,我们是不是应该呼吁学界,在完善教学语法、改进语法教学的同时,更多地关注汉语词汇的教学与研究呢?是不是应该在引进西方语言教学理论的同时也要从我国千百年来传统语言研究与语言教学的经验中吸收营养呢?是不是应该引导学生更多地关注一下语义型语言的特点,关注一下汉语词汇的学习呢?总之,与从事语言本体研究的规律一样,第二语言教学研究既要认识人类语言本质的同一性,又要承认不同语言特质的差异性。只有在教学与研究中坚持共性与个性的结合,传统与现代的沟通,才能最大限度地提高教学效率。

1.2 词汇教学在汉语作为第二语言教学中的地位

1.2.1 词汇在汉语作为第二语言教学中的重要地位几乎无须论证。"学汉语——无论作为母语或第二语言——和研究汉语,词,词的语义,从来是重点和难点所在。"(张志公,1987)

1.2.1.1 从语言的本质来看,语言的第一功能应当是交际。言语交际是通过语言的基本表述单位——句子完成的,而词又是句子的基本结构单位。离开词汇,句子的生成就是一句空话。语言发生学理论也告诉我们,"是先有词、语,后有句。换言之,句是由一个个词语组成的"。"先有词语后有句子,其基础就是语义决定句子结构。印欧语系的词有形态,那也是因为要组词成句,所以要在词上附加形态。汉语词没有形态变化,语义决定句子结构这样一个命题就更为明显。"(许嘉璐,2002:133)中介语理论研究的结果告诉我们,第二语言学习者可能一辈子都在使用带有偏误的中介语进行交际,然而大部分交际是成功或基本成功的。在运用作为第二语言的汉语进行交际中,对于有些难于掌握语法项目,学习者可以采用回避策略,如"把字句"或量词的使用;一定程度的"洋腔洋调"在交际中也可以容忍。这是因为,并非所有的偏误都会对交际中的信息传达产生阻碍性的影响。在中介语的各类偏误中,"词汇方面的偏误就比语法方面的偏误对交际的影响大。"(刘珣,2002:29)不合语法的句子或许还可以在一定程度上传达信息,而没有词汇就不存在句子,缺少关键词语的句子也无法达成有效的交际。另一个人们熟识的现象是，汉语与日语是分属孤立语和黏着语两种语法类型的语言，但由于日语借用汉字记录了日语中相当数量的词汇，因此两国人往往可以通过笔谈实现沟通。通过文字媒介抓住关键词语即可在一定程度上达成交际的现象也说明，词汇在语言诸要素中占有最重要的地位。

1.2.1.2 从第二语言学习的角度看，词汇学习是语言学习的难点与核心，是第二语言学习者最重要的任务。凡有过学习第二语言经历的人，应当有此共识。然而在对外汉语教学界，人们时常可以听到这样的观点：对于非汉字文化圈的学习者来说，汉字是学习汉语最大的困难所在。有研究者采用调查问卷方式对30多名随机选择的欧美留学生汉语学习中各学习项目的难度进行了排序。调查结果与许多研究者的认识或预期不同——认为汉语词汇最难掌握的比例大大超过了语法和汉字。(姜春力，2003)

在阅读方面，马燕华(2002)曾对14名具有中级汉语水平的日本留学生的快速阅读能力进行调查，根据学生答题的正确率，将阅读任务分为难易两类。调查结果表明，在易于完成的阅读任务中，具有“汉字优势”的日本留学生主要得益于对词汇的把握；在难于掌握的项目中，由词汇造成的障碍达65%，可谓“成也词汇，败也词汇”。

在听力理解方面，杨惠元(2000)曾以实验方式探求近似的音调和生词是否为影响听话人理解的最主要因素，以及二者之间的关系。实验对象是不分国别的近百名留学生。实验结果显示：“有生词就意味着语音和意义不能建立联系。这主要是大脑记忆库中没有储存跟收听到的语音信号相对应的经验成分，或者收听到的信号是不熟悉的，不能激活和提取大脑中储存的经验成分。”因此，在留学生汉语听力理解当中，生词是第一大障碍。

至于口语表达和写作，经验与统计都告诉我们，已经度过入门阶段的留学生用汉语交际时如果“不知道怎么说”，其障碍大多出于“词穷”；而留学生写作中66%的语病在于词语运用。(罗青松，1997)

1.2.1.3 从汉语作为第二语言教学角度看，学习者的难点即是我们教学的重点。汉语的组合规则是有限的,[①]汉语的声韵及拼合规则就更有限,而词汇却是相对开放的。我们通常在两至三个学期即可完成基本语法项目的教学,汉语的语音教学更是在一个月内即可完成,而扩大词汇量可以说是学习者终身的事情。因此,在学习者基本掌握了语音、语法规则后,词汇量的扩展应当是教学的核心任务,是汉语作为第二语言教师教学工作中最主要的部分。美国语言教育家克拉申的"输入假说"理论就认为,人类获得语言的唯一方式是对信息的理解,即通过吸收可理解的输入习得语言知识。学习者的注意力集中在输入的信息本身,而不是语言形式上。因而语言教学的重心是交际,而不是规则的学习。如前所述,词汇是信息最基本的载体,是语言交际的核心。据此,扩大词汇量是学习任何一门语言的关键。而在汉语学习中,由于汉语"语义型语言"的特点,这种重要性就表现得更为突出。

本书无意在论证词汇的重要性时刻意淡化语言其他结构要素的重要性,只是要强调指出,由于汉语缺乏屈折语时态、语态、人称、性、数、格一类形态变化,组词成句多靠"意合";汉语词汇的语义特征还肩负着语法重任,"也就是组词成句主要不靠词的形态变化,而是由词义'控制'着句法关系,或者说词义实际起着结构的作用"。(许嘉璐,2002:83)"语法的基础是词汇,最足以代表语法特征者是词汇"(郭绍虞,1979:433),因而词汇学习的重要性在把汉语作为第二语言的教与学中就表现得十分突出。我们呼吁重视汉语词汇,并非要削弱汉语语法的教学与研究。相反,我们呼吁大力开展面向汉语作为第二语言教学的汉语本体研究,当然包括教学语法与语法教学研究。我们认为,在汉语作为第二语言教学中强化词汇教学,同时有助于开拓语法教学与研究的思路。事实上,已经有学者在这方面进行了探索。[②]

---

① 《汉语水平等级标准与语法等级大纲》(高等教育出版社,1996)罗列的甲、乙、丙、丁四级全部语法项目有1168项之多,其中30%以上的项目与词汇教学有关。特别是乙级以10个离合词作为一个语法项目,而丙、丁两级语法大纲的30个离合词被分列为30个语法项目,这种分项方法值得商榷。

② 吴勇毅《汉语作为第二语言语法教学的"语法词汇化"问题》等文章即此类探索。

1.3 相关研究述评

1.3.1 词汇教学是汉语作为第二语言教学的重点，但重点不一定被重视。即如§1.1.1曾指出的那样，在对外汉语教学研究诸领域中，词汇及其教学研究一直是一个薄弱环节。这种局面的产生，除了西方语言学界重语法轻语义的影响之外，“语汇本身是一个开放性的系统，每一个词语几乎都有自己的个性，共性不那么多，不便于系统教学”(胡明扬，1997)也是重要原因之一。至于面向对外汉语教学的词汇研究在本学科各类别研究中的比例所占几何？我们或许可以从以下考察中看到些许消息。

据笔者统计，我国对外汉语教学核心期刊《语言教学与研究》1979年至1999年20年间的“汉语词汇研究”类论文共104篇，而“汉语语法研究”类论文共355篇；在“对外汉语教学研究”类全部279篇论文中，专门论及词汇教学的论文14篇，仅占5%。在1999年8月第六届世界汉语教学讨论会的211篇入选论文中，涉及词汇与词汇教学专题的论文只有24篇，占11%(张旺熹，2000)。应当说，这样的研究比例对于汉语这种语义型语言来说是不相称的。值得注意的是，进入新世纪后，我们尚未看到这种语法研究与词汇研究失衡的局面发生大的转变。[①]

1.3.2 不可否认，语言学界，特别是对外汉语教学界，对汉语词汇本体理论以及汉语作为第二语言词汇教学原则、方法，已经做过一些有益的探索，涉及教什么、什么时候教、怎么教以及为什么这么教等问题，这些探索是我们开展进一步研究的基础。

1.3.2.1 理论语言学界对汉语基本语义单位的研究

论及汉语作为第二语言词汇教学，我们无法回避对“词”与“词汇”的界定。语言学界对“词汇”的界说并无本质上的区别，通行的观点认为，“词汇是一种语言里所有的(或特定范围的)词和固定短语的总

---

① 2002年7月召开的第七届世界汉语教学讨论会，语法研究与词汇研究的比例还是3:1，以至于会务组不得不面对这样的尴尬——在大会分组汇报时，词汇类论文的数量不足以单独编组，只能归并到三个语法组之一中。2003年北京地区第三届对外汉语教学讨论会提交的论文，语法研究与词汇研究的比例依旧为3:1。2005年第八届国际汉语教学讨论会总计135篇面向对外汉语教学的汉语本体及习得研究的论文，词汇研究类论文仅33篇。

和。”(黄伯荣、廖序东,1997:247)简言之,“词”与“词汇”是个体与总体的关系。如果一般地论及“词汇”,应当说上述定义是明确的。但如果深入讨论汉语词汇和词汇教学,我们就必须面对一个在印欧语言中不是问题的问题——什么是汉语的“词”。惟其如此,我们方可明确汉语作为第二语言词汇教学基本单位,明确词汇教学与汉字教学的分野与关联。

“词”这个词古已有之,但作为一个语言学术语却是伴随着现代语言学的产生而产生的。“词的定义很难下”,(吕叔湘,1979:17)不同的语言学家给“词”下的定义各不相同。

王力先生(1953)认为,词是“语言的最小的意义单位”。这个定义着眼于词与短语的划分,着眼于意义,对词和语素未加明确区别。刘泽先先生(《用连写来规定词》,林汉达等《汉语的词儿和拼写法》1955:92)在论及汉语拼音分词连写时,把词叫做“拼音文字里经常连写在一起的一组字母”。这个看似循环论证的定义实际上着眼的是词的语音特点,但在语流中,根据语音的停顿来确定词与非词,并不具有很强的可操作性。邢福义先生(1996:152)把两个音节单位划归合成词把三个音节单位划归短语的“定词基准”,也只是解决划分词与短语“两难”情况下的权宜之计。吕叔湘先生(1954:2)把词看做是“语言的最小的独立运用的意义单位”。这个定义着眼于语法又兼顾意义。尽管据此划分语素、词、短语还是会遇到障碍,但目前被学界广泛采用。

然而有些学者对汉语词汇中“词”这一级单位并不认同。

赵元任先生即认为,印欧系语言中 word(词)这一级单位,“在汉语里没有确切的对应物”。“在说英语的人谈到‘word’的大多数场合,说汉语的人说到的是‘字’”。[①] 吕叔湘先生(1980:40、46)也曾质疑过汉语里的“词”。他说:“语言的单位,常常讲到的有词、短语、句子等等。这些是语法学家们用的名目,一般人脑子里大概只有‘字’和‘句’,词在欧洲语言里是现成的,语言学家的任务是从词分析语素……汉语恰好相反,现成的是‘字’……汉语里的‘词’之所以不容易归纳出一个令人满意的定义,就是因为本来没有这样一种现成的东

---

① 赵元任:《汉语词的概念及其结构和节奏》,转引自徐通锵《语言论》,第 3、13 页。

西。”徐通锵先生(1997:125)主张把词汇的组成单位分为三类:字(实字、虚字)联绵字、成语。他明确提出,“‘字’是汉语的基本结构单位,是语音、语法、语义、语汇的交汇点。”黄曾阳先生的观点最为激烈,他说:“汉语由单音节汉字构成,每个汉字既是语素又是词,寓语素与词于一体。由字可以灵活地构造双字词和多字词……汉语根本不必引进语素和词的概念。”[①]

关于汉语是否有西语意义上的“词”(word)的争论,从形式上看源于汉语单音节语素与单个汉字的重合,以及记录汉语时字符串书写的无间隔;从深层看则涉及汉语的基本结构单位。而汉语作为第二语言教学界关于“字”与“词”孰为教学基本单位的分歧,正是源于理论语言学有关“字本位”与“词本位”的论争。

开展汉语作为第二语言词汇教学,无法回避什么是教学基本单位。我们必须面对的问题是:词汇教学的基本单位是西语意义上的“词”(尽管在实际操作中有时对词与短语的切分也同样存在问题),还是传统意义上的“字”,以及如何处理教学中“字”与“词”的关系。

1.3.2.2 汉语作为第二语言教学界关于汉语词汇教学基本单位的研究

当前通行的对外汉语教材是比照西方第二语言教科书的编写方式,按“词本位”原则处理词汇的,即大体以“语言的最小的独立运用的意义单位”为标准确定“词”,继而从课文中提取生词,先列出中外文对照的生词表,再介绍组词成句的语法规则。教材通常不包括积字(语素)成词的内容。国家对外汉语教学领导机构颁布的《汉语水平词汇与汉字等级大纲》[②](以下简称《等级大纲》),是现行对外汉语词汇教学的纲领性文件。《等级大纲》将字、词分列,也在一定程度上体现着“词本位”的原则。

近年来,伴随着理论语言学界对汉语语素研究的深入和“字本位”的观点提出,对外汉语教学界有关“字本位”或“语素本位”的讨论也日

---

① 黄曾阳:《HNC理解处理的52个论题之29:论新词辨识》,见“黄曾阳及HNC理论”主页。

② 国家对外汉语教学领导小组办公室汉语水平考试部制定,北京语言学院出版社,1992年出版。国家汉语水平考试委员会办公室考试中心修订,经济科学出版社,2001出版。

趋热烈。胡炳忠(1987)提出,对外汉语词汇教学应当以语素为基本教学本位。提高词汇学习效率的方法是掌握构词能力强的语素,也就是汉字。因为汉字的意义实际就是语素义,字义也就是单音节词义,而复音词的词义又与字义密切相关。李芳杰(1998)认为,汉字有很强的构词能力,在对外汉语词汇教学的初级阶段,汉字教学与词汇教学应有机结合,字词同步。盛炎(1990)、吕文华(2000)、肖贤彬(2002)等也都先后指出了语素教学法的重要性及实施语素教学的构想。吕必松(2002)、潘文国(2002)、贾颖(2001)等人则直截了当地提出,在对外汉语教学中应提倡字本位教学,处理好文字与语言的关系。吕必松认为,仅把汉字看作汉语书写符号的观点实际上是切断了文字与语言的关系。潘文国更是主张用"字汇量"而不是"词汇量"来衡量汉语学习者的汉语水平。

就在我国对外汉语教学界尚在从理论层面探讨词汇教学基本单位时,白乐桑(法)和张朋朋编写了教材《汉语言文字启蒙》(1989)并在法国付诸教学,开始了以字为教学单位的实验,并获得了一定的成功。[①] 王若江(2000)在评价这部教材时指出,该教材找到了汉语的基本结构单位——字,循着汉语自身的规律进行教学,是按照汉语的本来面目教汉语。

我们认为,学者们无论是坚持"词本位",还是主张"字本位"都有所依据,但在探讨汉语作为第二语言词汇教学的内容或教学基本单位时,我们应当注意到汉语作为第二语言教学是一个应用型学科。学科的特点要求我们,既要遵循科学性原则,又要注重实用性原则。

所谓科学性原则,主要体现在对字、词是否要区分以及如何落实在教学上。坚持"词本位"的学者,把"字"排除在词汇研究之外;坚持"字本位"的学者,不赞同把"语素"这一概念引入汉语词汇研究。在理论语言学界对字与词的认识尚未达成完全一致的情况下,我们只能"立足于语言学界认识较为一致的理论基础之上,从较为严格的语言学角度出发,从汉语本身的特点出发决定词的切分。"(刘英林、宋绍周,1992)而当前语言学界认识较为一致的是,在词汇研究中,恐怕还

---

① 《汉语言文字启蒙》所提倡的字本位是相对而言的,该书编者主张突出汉字教学但并不排斥双音节词教学。

“不能以字为主要的单位，而应以词为主要的单位。”（吕叔湘，1980：45）汉语中的“词”固然不同于西语中的“word”，但汉语中“词”这一级单位及其下位单位的存在却是无可置疑的，更何况有的“字”并不能单独成词。我们有必要区分字、语素和词。语素是构词单位，是语言的一个构成层级，是汉语表义的基础。词是造句单位，是体现语言交际功能的独立运用的语义单位。汉字是记录语言的书写符号。储存状态下的一个字，在实际语言中往往是不同的词、语素，或同一语素的不同意义。只有当一个汉字记录一个由单音节语素构成的词时，字、语素、词三者才是一致的。从汉语史的角度看，汉语仅有千余音节，要表达大千世界的种种事物，仅凭单音节词难以胜任。故“单足以喻则单，单不足以喻则兼”。[①] 随着时代的推移，现代汉语的字已经不再像古代汉语的字那样与词基本上呈对应关系，汉语词汇单位从以单字词为主向以双音节复字词为主的转化趋势显著。《现代汉语词典》（1978 年版）56000 多词条中，双音节词条目在全部条目中所占比例超过三分之二，单字词汇只有 8795 个[②]，占词汇单位总数的 15%；（周荐，1999）《现代汉语频率词典》所收的前 9000 个高频词中，单音节词 2400 个，双音节词 6285 个，三音节以上词语 315 个；在《等级大纲》8822 个词语中，单音节词 1930 个，双音节词 6343 个，三音节以上词语 549 个。由此观之，尽管相当数量单个的汉字仍然可以单独成词，且绝大多数具有强大的构词功能，尽管构成合成词的两个汉字间的关系复杂，尽管合成词和词组之间存在着中间状态，但合成词特别是复合词是汉语中的一类主要词汇单位应当是无争的事实。科学性原则以及现阶段学界对汉语本体的研究水平，决定了当前的汉语作为第二语言词汇教学尚不宜大规模地以“字”为基本教学单位，或干脆在教学中以字代词。这样说并不意味着我们不能开展有关教学本位的研究，更不意味着把汉字（语素）排斥在汉语作为第二语言词汇教学之外。相反，我们主张强化汉字教学在汉语词汇教学中的作用，在理论上分清“字”、“词”，在教材编写和教学中沟通字与词的关系。因为词是由语素构成的，而“汉语的语素和汉字多数是一对一的关系”，（吕叔湘，1979：16）汉字在

---

① 语出《荀子·正名》。

② 此 8795 实为字头，其中大部分字头在现代汉语中并不成词。

汉语作为第二语言教学中的地位与作用绝不亚于语素与词。“在现代汉语中，单音节词在较常用的9000个词中，虽然数量只占1/4，但是在汉语词汇系统中发挥着及其重要的核心作用。”（苏新春，1995）在留学生汉语学习的初级阶段，《等级大纲》1033个甲级词中，单音节词有462个，约占45%，所以认读汉字直接服务于扩大词汇量。进入汉语学习的中级阶段以后，随着留学生语素意识的增强，“识字”势必有助于克服大量无效记忆并成为扩大词汇量的一个重要手段。

所谓实用性原则，主要指对外汉语词汇的教学单位应当符合第二语言学习的特点且方便教学需要。把汉语作为第二语言的学习者主要是成人，他们在习得第一语言时已经建立了比较完整的概念系统，特别是语义系统。学习者的第一语言系统在第二语言学习中不可避免地发挥着影响，而母语与目的语的沟通首先是词汇的沟通，学习者必定会在汉语词语中寻求母语特定概念的对应词语。

根据普拉克特（C. Practor）第二语言学习“难度等级模式”理论，第二语言学习者面临的学习难度是随着第一语言与目的语的不对应程度增高而增高的。从把汉语作为第二语言学习者的角度考虑，在汉语词汇双音节化，且双音节词并不等于两个字义（语素义）的简单相加的情况下，简单地以字代词，会在一定程度上增加目的语的难度等级。例如，初级阶段学习者会遇到的“学习”、“星期”、“护照”、“签证”、“感冒”、“马虎”一类常用词语。由于词在语义上的凝聚性，整词教学显然比汉字（语素）教学更便于讲解与接受。而在汉语学习的中高级阶段，汉字（语素）教学则有助于调动学习者的联想能力，有助于学习者理解词义和扩大词汇量。例如，如果我们引导学习者由“照”的“证书”义，推及“护照”、“执照”、“牌照”，必定会为学习者记忆这一组词，或进而理解“无照经营”一类词语提供方便。总之，“字本位”和“词本位”在教学实践中并不是截然对立相互排斥的。

此外，在一字即为一词的情况下，或在几个字才构成一个语素的情况下，把“字”作为一级词汇单位，可以解决一些词汇理论上的麻烦，①可以不纠缠于术语之争，而把关注的焦点放在怎样提高汉语词汇

① 把“字”视为一级词汇单位，或可解决“黏着语素”或“剩余语素”中“语素”定义上的矛盾。

教学效率上。这也可以被视为符合实用性原则。

如果我们用科学性、实用性这两个原则衡量《等级大纲》，我们可以切实感到制定者的深思熟虑。《等级大纲》所收词汇不仅包括严格意义上的词，也包括在类属划分上尚有争议的离合词，还包括部分短语和“一……就……”、“一边……一边……”等常见语法结构。这样收录词语显然是要突出实用性。此外，《等级大纲》将字表、词表分列，也应当是出于兼顾科学性和教学实用性的考虑。

1.3.2.3 有关对外汉语词汇教学方法的研究

讨论对外汉语词汇教学的方法，势必涉及教材词汇的处理、词汇练习的设计等方面的问题。

在教材词汇安排方面，舒雅丽(2000)选择了国内五种通行的对外汉语初级教材，分析了它们在词汇安排、词汇注释、词汇练习几方面的特点和问题，进而提出初级汉语教材中词汇处理的若干原则：要考虑汉语词汇系统的特点，利用词语之间的关联进行词汇的安排、词义的讲解以及词语的练习；应考虑汉字与汉语词汇的关系；应培养学生的语素意识和复合词的构词意识。陈贤纯(1999)则提出编写集中强化型的词汇教学教材，在教材编写中要充分考虑词汇的重现率，在每一个新的学期对前一学期的词语进行循环强化。

在词汇练习的设计方面，刘颂浩(1999)把词汇学习的方法归纳为辨认(包括字形辨认与词义辨认)、联想、搭配、评价、总结五种类型的练习。胡鸿、褚佩如(1999)则提出集合式词汇教学，即根据词义的相关性，把汉语词汇划分成大小集合，集合内又以语素为连接点。

在不同类型词汇练习的效率方面，孙晓明(2003)根据 Laufer 和 Hulstijn 提出的“投入假说”，把不同的词汇练习方法分为从零投入到高投入四种水平。作者通过实验证实，被试在词汇学习记忆中投入的程度不同，词汇学习效果会有显著差异。用所学词语进行写作，是作者实验中投入程度最高的练习方式，因而学习词汇的效果最好。

以往有关对外汉语词汇教学方法的研究都是很有意义的，是我们进一步研究的阶梯。但这些研究有一个共同的局限，即论点大多缺乏实验数据证明。有些研究尚存在一些值得讨论问题。例如，陈贤纯提出的词语重现率问题。毫无疑问，词语的重现有利于学习者记忆所学词汇,以往的学者对词频的重要性也多有研究。但研究表明,词语低重现率对帮助学习者记忆词汇的作用有限,而高重现率对于有限的教材容量而言又缺乏可操作性。再如,胡鸿等则提出的集合式词汇教学只是举例性的,未及“集合”的如何划分,且集合内以语素为连接点也未必行得通。“医学”、“医院”、“医生”固然属于同一集合,但很难说“医生、护士、病人”在语义上不是一个“集合”,而如果“以语素为连接点”,这些词语又势必不在一个集合内。不能与教学结合的词语集合,其存在意义将打折扣。

1.3.2.4 面向汉语作为第二语言教学的字词认知研究

徐彩华等(2002)等基于认知心理学的对外汉语教材研究指出,单音节词既能独立成词又能以语素的形式构词,是心理辞典网络中的重要结点。通过单音节词的加工可以考察到整个中文心理辞典网络的特点。学习者对汉语单音节词的加工既受其单独成词能力的影响,也受其构词能力的影响。作者主张已经以语素形式出现过的单音节词仍应作为生词安排,以利于学习者心理词典的发展。

冯丽萍(2002)以非汉字背景留学生为被试讨论留学生中文心理辞典的建构与发展模式。实验研究发现,学习者对熟悉度高的合成词倾向于作为一个整词单元完成识别,而在熟悉度较低的合成词中,由于整词通路速度较慢,词素信息就相对重要。汉语水平较高的学生能够意识到汉语合成词的组合方式,能够有选择地利用不同位置上构词功能不同的词素信息,而低年级学生的词素意识尚处于发展之中,对词素之间的关系不敏感。

董明、吕俞辉(2002)根据巴甫洛夫的两种信号系统学说,并结合现代认知心理学的“组块理论”,提出在对外汉语教学的一课书中符合学习者词语记忆规律的词语教学量为 38 个。一篇课文的生词若超过了 38 个,非但不可能在一节课内让学生达到“半记忆状态”,而且会影响课文其他语言内容的教学。

面向汉语作为第二语言教学的字词认知研究,突破了我国以往认知心理学研究仅以母语为被试的局限,开拓了汉语作为第二语言教学研究的新领域。跨学科的研究方法与研究结果对基于语言学与语言教学的研究是极为重要的补充;其注重实验的研究特色,也为我们探讨留学生汉语词汇学习规律的研究注入了活力。我们认为，上述研究也存在着些许不足，有些说法显得不够严谨，有的观点还有可商榷之处，如对怎样有意识地帮助学习者建立字(语素)与词的联系的探讨，除了“已经以语素形式出现过的单音节词仍应作为生词安排”外，是否还可以考虑在教材编写中扩展性强的单音节词先出，如城——城市、城镇、县城，超——超产、超额、超级、超出、超越，由此逐步引发学习者对语素构词观念的认识。限于被试的选择，冯丽萍提出的“低年级学生的词素意识尚处于发展之中”的说法并未把不同的词汇教学方法当作一个变量。而董明等一课书 38 个生词的提法只是一种假设，且不论不同的学习阶段或不同的词汇学习方法会导致学习效率的不尽一致，至少学习“生词生字”与“生词熟字”是不应当均摊记忆时间的。

1.3.3 当前研究存在的问题与进一步研究的空间

纵观近年来对外汉语词汇教学研究，尽管其仍旧滞后于语法研究，但学界毕竟已经有了长足的进步。如果分析我们的不足，大约有如下数端：比较而言，我们举例性的定性研究多，而定量分析少；教法理论探讨多，而不同教法的对比实验少；教材编写多，而在词汇教学方面有特色的少；受当代国外语言学影响的研究多，而突出汉语特色的研究少。

我们认为，近年来至少有两类研究与对外汉语词汇教学相关，但并未得到学界的充分关注，多少令人感到缺憾。

一是计算语言学界基于中文信息处理的汉语词汇研究。人脑认知语言的能力固然与计算机识别语言的机制有本质的不同，但同样是接受一种全新的语言信息，计算机识别汉语与留学生把汉语作为第二语言的学习还是应当有相通之处的。计算语言学界出于处理中文信息的需求，十分关注汉语本体的研究成果，而或许由于对外汉语教学界对他们的研究不甚了了，我们的研究中很少引用计算语言学界的成果。事实上，近年来面向计算机的词汇分类研究成绩不少，比如，北京大学计算语言学研究所对动词义类的研究，他们根据由静态到动态，由运动的低级形式到运动的高级形式的原则，把动词分为静态动词、感觉动词、情感动词、认知动词、变化动词等 15 类，对我们的汉语作为第二语言词汇教学研究就应当有所启发。

二是有关汉语词汇系统的研究。对第二语言教学而言，研究词汇系统与研究语法系统一样，其终极目的在于应用。我们认为，词汇系统的本质是词义系统。在词汇系统的多个研究角度中，同语素词族的研究、同义词与反义词的研究、上下位词义的研究、义类的研究等等，在汉语作为第二语言词汇教学中都具有应用价值或参考价值。近年来有关汉语词汇系统的研究取得了不少成果，有些已经在语文教学和中文信息处理中发挥了作用，但尚未见有人对怎样把成果大面积应用于汉语作为第二语言词汇教学进行深入探讨与实践，也未见一部充分体现汉语词义系统，方便留学生扩展词汇、记忆词汇用的对外汉语教材。

以往汉语作为第二语言词汇教学研究的局限以及研究成果与应用的脱节，为我们留下了进一步探讨的空间，而相关学科的研究成果又可以拓展我们的思路。从应用的角度出发，我们完全可以根据现阶段对汉语词义系统的认识，把词汇教学纳入到一个系统中（或一定范围中）从整体考虑。比如，依据词义对汉语词汇进行义类划分，利用义类进行词汇教学；从汉字在汉语词汇中的特殊作用考虑，不是人为地割裂字与词，而是依据字形，对汉字进行形类划分，利用形类配合词汇教学。在加强汉语词汇基础理论研究的同时注重应用研究，也许比仅仅纠缠于“本位”的理论之争或者拘泥于词汇等级大纲更有效、更实用。

1.4 我们的研究内容与方法

1.4.1 本研究的内容

语言获得机制的研究成果告诉我们，相对于儿童第一语言词汇习得来说，成年人在学习第二语言词汇时，由于第一语言先入为主的影响，学习者势必有一个“接码→转码”的过程，势必有记忆负担加重的劣势。然而成年学习者的逻辑思维能力、理解能力，以及举一反三、连类而及的联想能力，又远远高于儿童。如何发挥成年学习者在词汇学习方面的优势，一直是第二语言教学界所关注的问题，也是我们将要着力探讨的问题。

目前的对外汉语词汇教学与研究现状，为我们留下了开阔的研究空间，可供开拓的领域众多。从汉语义类与汉字形类的视角开展研究，至少可以包括如下内容：开展基于汉语词汇系统特色的针对汉语作为第二语言教学的汉语义类研究，与服务于汉语作为第二语言词汇教学的汉字形类研究；在新的教学理念下修订《等级大纲》，制订易于学习者联想、记忆的同时可供教材编写参照的非音序词表；探讨大面积推衍研究成果的操作方法；开发在特定教学理论指导下的汉语作为第二语言教材；从认知心理学角度对运用义类、形类进行词汇教学的效率加以实验论证；进行课堂教学效果的追踪对比调查等等。

在汉语作为第二语言教学中，利用汉语词汇系统的研究成果去有效地扩大学习者的词汇量，是一个有待论证的假设。从古至今，我国在汉语词汇系统和汉字的理论研究上已经取得了不少成果，但在这些成果的应用方面，我们的研究明显薄弱。古人在汉语教学（包括对外国人、外族人的汉语教学）方面，也有不少经验值得我们总结。我们即尝试在继承"雅学"与"许学"以及前人相关研究的基础上，对汉语的"义类"与汉字的"形类"作进一步的探讨；在研究来华留学生词汇学习现状和分析传统教材、教法得失的基础上，提出在词汇教学中有条件地打通"字"与"词"的界线的观点，并着重研究"义类"与"形类"在汉语作为第二语言词汇教学上的应用。

1.4.2 本研究的方法与目标

通过问卷调查与诊断性测试的方式，了解各层次学生的汉语词汇量及其与他们汉语水平的关系；了解学生识字量对词汇量的影响；了解他们词汇学习中的难点与障碍。

通过抽样调查的方式，了解通行对外汉语教材中对词汇量的控制。建立"《等级大纲》词汇数据库"，分析《等级大纲》的得失。

在梳理古人义类研究的基础上，从理论上探讨汉语作为第二语言词汇教学的方法与策略，探讨利用汉语词汇系统的研究成果——尤其是汉语义类与汉字形类，开展突出汉语特色的词汇教学的可能性。

通过实验的方式，对比通行词汇学习方法与义类法的记忆效率与教学效率。

通过对一定范围内汉语词汇的定量分析研究，制定适用于汉语作为第二语言教学的义类词表。

审视古人的形类研究，通过定量、定性分析，考察汉字构形的理据度并分析汉字学习对词汇学习的影响。

总之，我们希望通过对汉语作为第二语言词汇教学理论的探讨与教学策略的研究，能在教材的编排、练习的设计、教学的方法等方面，为学界提出一些具有可操作性的参考意见。

1.4.3 本研究的意义

在汉语作为第二语言教学中，谈结构、功能与文化都要依托于词汇。无论是教学总体框架的设计还是教材的规划、编写；无论是课堂教学还是学业测试或教学效果的评估，词汇教学都应当是核心内容。而以往的研究对词汇教学的关注相对不够，这一点前文已经论及，这里不复赘述。总之，如何有效地扩大学习者的词汇量，如何在汉语作为第二语言词汇教学中突出汉语自身的特色，如何从历史上传统汉语教学的教材教法上汲取营养，无论从理论研究还是从应用研究上看，都应当是汉语作为第二语言教学中有价值的课题。从更高层次看，我们的研究也是在丰富第二语言教学研究，因为第二语言教学研究如果不包括汉语，这一学科的基础理论就不具备一般性、世界性。

第 2 章　外国学生汉语词汇教学状况分析

2.1　外国学生汉语词汇量抽样调查

2.1.1　既然词汇学习在第二语言学习中至关重要，在汉语作为第二语言学习中尤为重要，那么处于汉语学习各阶段的外国学生的词汇量状况如何？词汇量与他们的汉语水平究竟是何关系？这些是我们有必要了解的问题，而以往这方面的研究并不十分充分。

我们知道，不经过严格的标准化水平测试，不考虑学习者是在母语环境下还是在目的语环境下学习第二语言，而仅以学习时间长短等因素把学习者的水平大致区分为初、中、高三级，不是一种严谨的科学划分，更何况同样长度的学习时间还有学生素质的高低、教师教学方法的优劣、课时密度的大小、教材适用与否等区别。但在第二语言教学界，包括对外汉语教学界，以学习时间长短划分学习者第二语言水平又是通行的、尚可容忍的模糊分级方式。笔者讨论的对外汉语词汇教学，涉及各级汉语水平。我们大体上以零起点水平在校专门学习汉语 800 学时以内、[①]800 学时以上至 2000 学时以内和 2000 学时以上作为初、中、高三级汉语水平的界标，大致分别对应北京师范大学汉语文化学院 100—101（汉语言专业预科及本科一年级上学期，以下类推）、102—202 和 301 以上年级。

经验告诉我们，汉语作为第二语言教学与其他第二语言教学一样，在初、中级阶段是词汇量大量增加的时间，而中、高级阶段词汇量的增加却呈缓慢性发展的趋势。（刘英林、宋绍周，1992）为验证这一趋势并分析及其成因，探讨提高中、高级阶段外国学生汉语词汇学习效率的方式，我们首先尝试调查中级以上汉语水平学生的汉语词汇量。

---

① 按一学年 40 教学周，每周 20 学时计。

本节各类统计涉及的调查对象以北京师范大学汉语文化学院的留学生为主，我们称为A组被试；作为对照组，我们统计分析的对象还包括一定数量的美国高校学生，即在母语环境下学习汉语的学生，我们称为B组被试。在考察不同类型学习者词汇量的同时，我们还关注汉字文化圈学生与非汉字文化圈学生在词汇量方面的差异。

在进行调查的过程中，我们无法回避的是统计学中的一个经典性问题，即如何从一个部分所具有的特征来推断总体所可能具有的特征。具体到我们的词汇量调查，就是在什么范围内选择被试，以及在什么范围内选择词语作为测量样本。我们选择的被试，是否能代表中级以上汉语水平留学生的总体情况；我们选择的词语样本，是否做到了词语总体中的每一元素都有一定的被选中的概率。

2.1.2 关于被试的选择

在统计推断中，最普通的抽样框架就是一个包含所有打算对其进行概括的被试的（实际的或观念上的）清单，然后选取n个记录作为一个简单的随机样本，如果n足够大，那么均值会非常近似。（Anthony Woods等，2000:55）为了方便选取足够的具有中级以上汉语水平的样本，同时方便了解学生的词汇量与汉语水平的关系，我们对A组的调查统计是安排在北京师范大学2004年春季学期有600多名留学生参加的学院开学的分班考试（placement test）上进行的。为保证调查的有效率，我们在考试进程过半，零起点或入门阶段学生退场后开始随机发放测量表。共发放测量表100份，又按词语是否给拼音分为A1、A2两组，每组各50份。回收100份，94份为有效表格。其中A1组46份，无拼音；A2组48份，有拼音。鉴于目前我国留学生国别成分构成的现状，94名被试绝大多数为韩、日籍，其汉语学习背景各不相同，平均学习时间长度为18个月。

作为对照组的B组被试，均选自美国明德大学（Middlebury College）2004年中文暑校三年级学生，他们主要是来自美国各高校的在校本科生、研究生，也包括少量大学毕业后又在职进修汉语的人员。我们仅在其中选择属于非汉字文化圈者，平均学习汉语的时间长度为21个月，较A组为多。对照组共发放测量表41份，其中36份为有效表格。

2.1.3　关于词语测量样本的选择

通过实验调查留学生的汉语词汇量，首先要定义一个汉语词汇总量，然后才能测算出被试的词汇量在词汇总量中的比率。语言中的词汇是无限总体，即便在留学生汉语词汇量统计中定义一个有限总体目标也并非易事。北京航空航天大学"现代汉语词频统计"课题组的研究结果表明，汉语的词汇量是4万。以记录普通话语汇为主的中型词典《现代汉语词典》，1978年版收取条目为5万6千，1996年版收取条目为6万余，2005年版收取条目为6万5千。上述收词量还不包括各学科的专业词汇，不包括每年以数百计出现的汉语新词语。这样庞大的数字显然不适于用来作为对外汉语教学专业的词汇总目标。而对外汉语教学界经过几十年教学和多种语料反复统计、实践后，大体达到了一个词汇量的共识，即3000词、5000词和8000词可以分别作为词汇教学的三个界标，其中8000词又可以作为现阶段对外汉语教学专业的词汇总目标、总需求。这一数量"与社会的总需求基本是一致的，也是符合近期内教学规划和发展的实际的"(国家汉语水平考试委员会办公室考试中心，2001:21)。[①] 近年来有学者认为，《大纲》把词汇量定为8822个失之于保守，(张凯，1997)也有学者呼吁"扩纲"。(李清华，1999)鉴于我国当前对外汉语词汇教学的现状，完成《大纲》指标已属不易，"扩纲"并没有太大的现实意义，[②]故我们仍把《等级大纲》所收8822个词语作为有限总体目标，从中抽取词语测量样本，调查留学生词汇量的情况。从被试对词语测量样本的识别计算出来的结果，应该可以作为对被试词汇量的一种估计。

统计学认为，随机抽样(random sampling)能够克服统计中明显的或隐蔽的偏倚，因此我们采用随机抽样的方法设计"留学生汉语词汇量测量表"(参见附录一)。我们知道，统计学中的"随机"并非指样本中的事件完全是偶然的、无序的，而是指按照一定的步骤来构造样本使得总体中的每一元素都有一定的被选中的概率。(Anthony Woods等，2000:54)因此，我们的词语随机抽样测量表实际上是在《等级大纲》8822个

---

① 笔者对以8000余词作为对外汉语教学专业的词汇总目标并不完全认同，见"2.3.2"。

② 说见2.3.2。

词语中，根据词语等级（词频）、音节、词类、词义选择样本，并适当考虑样本词语的书写笔画的多寡等字种因素。在不得不考虑控制测量时间长度的限制下，每一级词汇的选择比例均控制在1.5%，则甲级词至丁级词的测量样本数量分别为 15、30、33、54，共得 132 个词语。

2.1.4 调查统计结果与初步结论

我们知道，考察学习者的第二语言词汇量，从严格意义上说，应当从听、说、读、写几方面测量，即了解被试在某一词语的输入与输出的各方面是否真正能把握一个词。受研究的时间与条件限制，我们的统计仅限于测量被试对词语书面形式的辨识，而且对被试是否真正识别某一词语，仅采用五点量统计法计量，并未采用客观标准判别。我们也承认1.5%的词语抽样比例和 100 份左右问卷的样本量都偏小，因此，我们这个调查的局限是显而易见的。尽管如此，我们仍然认为调查结果对了解当前不同水平留学生的“接受型”词汇量具有一定的参考价值。有趣的是，近期有学者对十余万字的“外国学生汉语作文语料库”进行统计，分析一至三年级以汉字文化圈为主的留学生作文用词情况。统计结果显示，各年级留学生使用的词语总量为 3985 个。（江新等，2004）如果我们假定高年级留学生掌握的词汇涵盖低年级留学生词汇，那么上述统计数字与我们统计的学习时间在 25 个月以上学习者 3986 的词汇量惊人地相似。尽管“输出型”词汇量通常要小于“接受型”词汇量，但这也许可以从一个侧面证实我们统计的可信度，而不能只用巧合来解释。有关 A 组被试词汇量测量结果参见以下表格：

表 1　留学生综合词汇量及各级词汇掌握情况

词汇级别	掌握词汇量		《等级大纲》词汇掌握比例(%)	
	A1 组	A2 组	A1 组	A2 组
甲级	849	883	82	85.5
乙级	1120	1201	55.5	59.5
丙级	649	714	32	35.3
丁级	468	613	13	17.2
合计	3086	3411	35	38.7
总计	3249		36.8	

表 2　各学习阶段词汇掌握情况[①]

学习时间	掌握词汇量	《等级大纲》词汇掌握比例(%)
12 个月以内	2465	28
13—18 个月	2873	32.5
19—24 个月	3601	40.8
25 个月以上	3986	45

表 3　学生所在班级与学生词汇量关系[②]

年　级	101	102	201	202	301
词汇量	1640	2593	3697	4272	4733

作为对照组 B 组被试的明德大学中文暑校学生，是美国高校汉语学习者中的一个较为特殊的群体。美国大学中常规的汉语教学为每周 6 课时左右，一学年约 30 个教学周，即 180 学时左右。北美最为通行的汉语教材《中文听说读写》[③]一、二年级总共为学习者提供仅两千左右生词。这样的教学量根本无法与中国境内的对外汉语教学相比。然而明德大学中文暑校采用的是短期密集型、沉浸式的教学方式，9 周的课堂教学量就不低于 180 学时，且学生大多出自名校，综合素质较高。明德大学中文暑校的高年级学生中，很多人还不只一次参加过开设在中国境内的一些知名汉语强化项目，如“PIB”、“IUP”、“ACC”、“CET”等[④]，因而他们的汉语词汇量应高于那些无论在学习密度还是在教材上都受到限制的一般美国院校的学生。即便如此，B 组被试中学习时间在 19—24 个月之间的学生的平均词汇量为 3019，《等级大

① 5 名被试未标明学习时间，不在统计中。

② 表 3 所列为 A 组被试开学后一个月的所在班级，其时学生调班已结束，表明被试所在班级适合其汉语水平。

③ 教材英文名 *Integrated Chinese*，姚道中、刘月华主编，美国 Cheng & Tsui 出版社，1997。

④ “PIB”，美国普林斯顿大学与北京师范大学合作的暑期中文教学项目；“IUP”，Inter-University Program；“ACC”，Associate College in China；“CET”，China Education Tutor。以上汉语教学项目均设于北京。

纲》词汇的掌握比例为34%，还是明显少于A组的40.8%。本统计的一个遗憾是，A组被试中有的是首次来中国学习，而B组被试中有的有在华学习的经历，因而本调查无法准确显示学习者在母语环境下或目的语环境下学习汉语在词汇量方面的差异。

分析上述抽样调查结果，我们可以得出如下初步结论：

① 由于A组被试基本上为韩日学生，有一定的汉字背景，所以问卷是否提供词语发音对他们识词影响有限，A1与A2组词汇量无显著差异（见表1）。

② 通过A、B组的对照可知，即便到了中级水平，韩日学生的汉字学习背景对“接受型”词汇量的正面影响依旧是显而易见的。但鉴于A组中的被试有的是首次来中国学习，而B组被试有的有在华学习的经历，本调查无法准确反映学习者在母语环境下或在目的语环境下学习汉语在词汇量方面的差异。

③ 被试对词语的辨识率随着词汇等级的升高以平均超过20%的比例下降。词汇等级越高，辨识率越低，表明词频对学习者词汇量的重大影响，也证实了《等级大纲》对词汇等级划分的整体合理性（见表1）。

④ 学习时间的长度与词汇量的增长成不规则正比。但对于有汉字背景且平均学习汉语已经一年半的学习者来说，掌握《等级大纲》不足三分之一词语，明显嫌少；至于学习时间超过两年的学生，而词汇量仅为《等级大纲》要求的45%，远远未达到《等级大纲》丙级词要求的5253的词汇量，就更显不足（见表2）。[①]

⑤ 学习者一年内词汇扩展进步显著，这与他们的汉字基础和所学词语出现频度高有关，而一年后由于记忆负担显现等原因，词汇学习进步速度呈明显衰减趋势。以这样的词汇学习速度，显然无法达到《等级大纲》前两年先掌握5000词、以后两年每年各掌握1500词的规划（见图1）。

---

① 《等级大纲》认为，学习者应在两年完成5000词的学习，参见《大纲·序》，第21页。

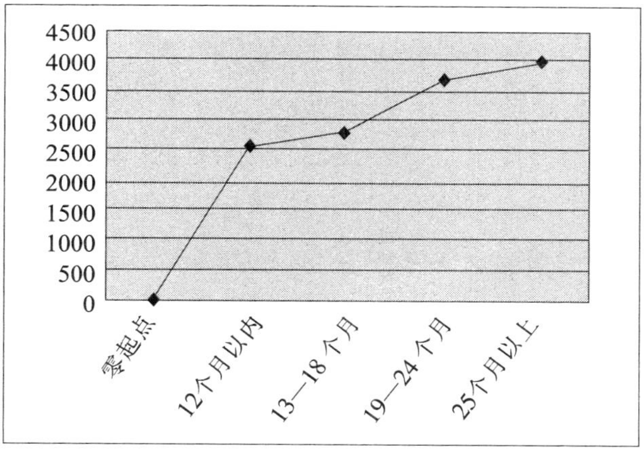

图1　学习时间与词汇量扩展关系图

⑥ 通过一年的学习，学习者已经初具汉语语法结构方面的知识，且有了一定量的词汇积累，但词汇扩展速度却明显放缓，这似乎是第二语言学习中带有规律性的问题。如果简单地把对外汉语教学中的这一现象归结于共核词汇以外的词汇比例加大，或语言类课程以外的课程加多，恐怕失之于片面。对这种现象还应从教材、教法、学习方法第二语言习得等方面进行多角度探究，以寻求解决或改进方案。

⑦ 在学习时间长于A组的前提下，非汉字文化圈的B组被试词汇量为A组的84%。在汉语学习的初级阶段，汉字对欧美学习者造成的强烈困扰是学界熟知的。而我们的研究显示，汉字辨识能力对词汇量扩展的作用在汉语学习的中级阶段依旧显而易见。我们可以由此推断，汉语作为第二语言词汇教学应当在学生的各学习阶段注入汉字教学的内容。

⑧ 学生班级在相当大的程度上反映着学生的汉语水平，而学生的汉语词汇量的大小与其所在班级的高低成正比（见表3），根据SPSS统计软件计算，其相关值为0.565，为高度相关。我们完全可以据此推断，仅根据词汇量即可相对准确地为汉语学习者定级分班。①

① 从2005年7月第八届国际汉语教学研讨会上得知，陆庆和教授在苏州大学通过词汇量考查为留学生分班。

2.2 外国学生汉语词汇学习难点分析

2.2.1 如果我们承认现阶段留学生的汉语词汇量不足，注意到中级水平学生的词汇学习效率降低，词汇扩展速度明显放缓，那么我们下一步要做的应该是开展基于扩大留学生汉语词汇量方法的研究。

发现问题是解决问题的基础。外国学生在学习、记忆汉语词汇时面临的问题、难点是什么，在词语辨识理解中容易出现哪些错误，不同程度的学习者面临的难点是否相同，是我们首先要解决的问题，而这些问题以往的研究同样不够充分。笔者尝试通过诊断性测试(diagnostic test)，了解外国学生汉语词汇学习的难点所在，作为开展词汇教学与研究的参照。

2.2.2 被试选择与诊断性测试题的设计

我们仍然把调查对象限定在中级以上汉语水平的学生。本调查的被试与上文“留学生汉语词汇量抽样调查”之被试部分相同，即均为美国明德大学 2004 年中文暑校三年级至五年级的学生。我们根据被试的所在年级，将被试分为两组：三年级为 A 组，平均学习汉语时间为两年以上；四、五年级为 B 组，平均学习汉语时间为三年以上。

调查时间安排在为期 9 周的沉浸式、强化型汉语教学即将结束前，被试的汉语水平较先前做词汇量测量时又有了一定的提高。调查共发放试卷 52 份，回收有效试卷 51 份。其中 A 组 40 份，B 组 11 份。

调查表采用诊断性测试的方式设计。所谓诊断性测试，指该测试是根据我们在对外汉语词汇教学中发现的学生常见错误，来设计答案线索或备选答案作为干扰项，预期通过对被试选择答案的分析，印证或了解学生在学习、记忆汉语词汇时面临的问题和难点。试题形式为多项选择唯一答案的客观题。考虑到客观条件对测试时间的限制，试题仅选择《等级大纲》各级词汇以及超纲词共 40 个，按词语等级分为 a—e 五组试题。选择项的设计包括从语素或字形类属判断词义、同素异序词语对词义识别的影响、同义词辨析等因素。为避免上下文对词义的提示，测试题的题干采用无语境的单词形式；为避免或减少选择项中相对低频词语对调查目的的干扰，选择项使用的词语原则上与题干词语属于同一级别(参见附录二)。

2.2.3　调查结果与分析

我们可以从测试结果得出如下初步结论与思考：

① 尽管本测试样本偏小，且不以了解被试词汇量为诉求，但总体正确率偏低的结果仍在一定程度上反映出学生词汇量不足的问题。B组正确率高于A组，可以再次印证词汇掌握程度对学习者汉语水平的决定性作用。B组在甲、乙、丙三级词语辨识的正确率上都高于A组，特别是在丙级词辨识正确率上明显高于A组，而两组在丁级词、超纲词的辨识中都存在着答案选择分散的“猜词”现象，两组在这一词汇等级区间的正确率上难分高下。这一现象或可说明现阶段中级汉语水平与中高级汉语水平学生在词汇量上的差距仍主要体现在5000词这个界标之内，特别是3000词到5000词区间(见表4)。换言之，尽管美国把三年级以上的汉语教学统称为“高级汉语”(Advanced Chinese)，但实际上三年级与五年级学生的汉语词汇量的差距主要体现在初、中级与中级，而非中级与中、高级。

表 4　汉语词汇学习难点调查结果

正确率(%) / 被试分组	a组 甲级词	b组 乙级词	c组 丙级词	d组 丁级词	e组 超纲词
A组	79.4	62.5	43.8	48.4	28.1
B组	87.5	68.2	61.3	45.5	26.1
A、B组合计	a-d组正确率60			a-e组正确率54.7	

② 从问卷中五组题各自的答题情况看，A、B两组被试的正确率都随词频的降低(即词语等级的升高)而降低。再次印证词频对词语辨识的决定性影响。

③ 中级以上汉语水平的欧美学生已经具备了一定的语素意识，年级较高的B组被试“熟字生词”现象少于A组，可以说明其语素意识强于A组。从他们猜测词义时对选择项的取舍可以发现，两组被试都在不同程度上有意识地运用“有限的”语素知识，即便对答案的选择是错误的，仍可看出语素对他们判断词义的影响。例如，在A组被试中，对“发烧”一词的意思做出了正确选择的占40%，而另有40%的被

试显然是受“烧”的影响错误地选择了“火灾”。同类的情况还可见于测试中的“出院”、“马虎”、“别扭”等例。由于绝大部分合成词中的字在不同程度上带有它们自身的意义，因此，利用字义（语素义）推导词义无疑是扩大词汇量的有效方法之一。加强汉字教学，或者说把汉字教学纳入词汇教学，应当是改进汉语词汇教学的一个重要途径。但被试由于受语素义误导而错误选择词义的现象又同时提示我们，学界有必要继续深入开展语素义与词义关系的研究，有必要在一定的词语范围内开展不同水平学习者“从字义猜词义”成功概率的统计研究，有必要探讨促进学习者语素意识形成的方式。因为这是在词汇教学中引入汉字教学或开展语素教学能否成功的关键。

④ 对同素异序（包括“同字异序”）词语的误认是学习者词汇辨识中的高频错误。例如，在 A 组被试中，混淆“事故”与“故事”、“奶牛”与“牛奶”、“心虚”与“虚心”等词语的错误比例分别为 32.5%、25%和 22.5%。即便是 B 组，也有 27%的被试混淆了“法语”与“语法”。联想到在教学中常见的留学生把“讲究”读成“讲研”、把“上校”读成“上学”一类错误，我们可以发现，缺乏语素意识和语素位置感是发生此类错误的根本原因。在很多情况下，学生仍趋于不分别理解语素而是把词作为整体记忆，混淆同素异序词语的根本原因还是语素意识的不成熟。这一结论再次提示我们，强化汉字教学、加强由字组词的训练，或可扭转这一现象。

⑤ 被试由汉字部首类属推断词义的能力欠缺，表现为不能判断“跳”（字从足）、“瞪”（字从目）、“惆怅”（字从心）等词分别与脚的动作、看的方式及心理活动有关，不能判断“砸”（字从石）与“水”、“火”无关。A 组被试对此类词语的判断错误率达 40%，B 组被试虽明显强于 A 组，但错误率仍高达 25%。我们从测试结果可以得出如下认识：在现代汉语阅读中，“六书”的基本理论仍有用武之地，在约 80%汉字为形声字的前提下，字形类属知识对词义的辨识仍具有积极的意义。

⑥ 从两组被试无人把“久”理解为“酒”以及仅有 4%的人把“剧场”误作“机场”等例子可以看出，汉字字形限制了同音词对学习者汉语阅读的干扰作用，这是表意文字与拼音文字相比的优势所在，也是我们呼吁加强汉字教学的理论依据之一。

⑦ 通过对测试中低正确率答题的分析，也促使我们设想利用义类方式开展词汇教学的可能性。例如，对测试中的乙级词"摘"，被试无法确定该词的词义究竟是"从上面拿下来"、"从地下拿起来"、"从里面拿出来"还是"用两只手拿"。该题A组正确率为20%，B组正确率甚至只有9%，且两组的答案选择都十分分散。正如张博(2007)所说，"在观察易混淆词时，不能把眼光局限于一对一的混用，有时需要从概念出发，对近义词进行聚类观察。"假如学习者在某一课文或某一阶段集中学习了"摘"、"捡"、"掏"、"捧"等表示手的动作的动词，并进行辨析练习，相信完成这一类测试题目当不是难事。

2.3　对外汉语词汇教学现状分析

2.3.1　《等级大纲》对对外汉语词汇教学的贡献与局限

对外汉语词汇教学与语法教学一样，一直面临着教什么、什么时候教、怎么教和为什么这样教的问题。论及这些问题，特别是论及中级以上的汉语词汇教学，我们首先应当明确纳入教学内容的词语数量与范围，因而我们无法回避论及三个对外汉语教学词汇大纲。一个是我们已经提及的《等级大纲》；另外两个是"国家汉办"2002年推出的《高等学校外国留学生汉语教学大纲》(以下简称《教学大纲》)和《高等学校留学生汉语言专业教学大纲》(以下简称《汉语言专业教学大纲》)。① 三个大纲收词数量不同，收词范围也不一。尽管《等级大纲》并非严格意义上的教学大纲，但由于《等级大纲》较《教学大纲》与《汉语言专业教学大纲》早出10年，而且又是HSK的命题依据，故前者在对外汉语教学界的影响比后二者大得多，多年来一直被看做是对外汉语词汇教学的纲领性文件。我们因此主要把《等级大纲》作为分析对象。

毋庸讳言，1992年《等级大纲》问世以前，我国的对外汉语词汇教

---

① 《教学大纲》收词8042个：初级阶段词2399个，中级阶段词2850个，高级阶段词2793个。这样分级一是为了方便教学安排，二是为了避免与《等级大纲》因术语重合而造成混乱。《汉语言专业教学大纲》收词7554个：一年级一级词汇993个，一年级二级词汇1711个，二年级词汇2215个，三、四年级词汇2635个。我们以为，在对外汉语教学界编写三个词汇大纲有重复建设之嫌。至于"国家汉办"2008年颁布的《国际汉语教学通用课程大纲》，因其属于汉语教学"入门级"或"普及型"大纲(仅收词1500个)，故不在本书讨论范围内。

学明显落后于语法教学。90年代以前的教材编者对词汇的取舍有很大的经验性和任意性成分，政治宣传因素有时也会干扰到课文素材的选取。因此，教材词汇呈现出的基本上是一种“以文定词”的无序状态，一些颇有影响的对外汉语教材由于一些低频词对学习者的干扰，也每每为人们所诟病。

20世纪90年代初，对外汉语教学的学科发展催生了《等级大纲》。《等级大纲》对词汇的筛选基于现代汉语动态词频统计，同时又充分考虑语言学、对外汉语教学和学生语言习得的要求，因而迅即成为我国对外汉语教学总体设计、教材编写、课堂教学和教学测试的重要依据。《等级大纲》问世以后出版的对外汉语教材，大都以《等级大纲》词汇为词汇选取规范，依据词汇等级处理词汇出现的先后，强调词语的重现率，控制超纲词的比例等等。这些努力显然把对外汉语词汇教学推上了一个新的台阶，有助于词汇教学效率的提高。《等级大纲》对对外汉语词汇教学的贡献是无争的事实。

然而《等级大纲》并非完美无瑕，更不可能解决汉语作为第二语言词汇教学中的所有问题。《等级大纲》问世已逾10年，其不合理之处的负面影响已经显现。《等级大纲》本身存在的问题大致包括如下方面。

① 作为一个指导教学的大纲，完全依据词频的词语等级的划分有时不尽合理，表现为一些汉语作为第二语言的学习者的生存词语，如涉及求职、就医、基本商务一类词语，在语料库中就不一定是高频词。比如“性别”、“国籍”等是丙级词，“传真”、“学历”、“违法”、“签证”、“航班”、“菜单”、“地铁”、“租金”等是丁级词，“信用卡”、“超市”、“电子邮件”、“卫生间”、“药房”等则是超纲词；而“党员”“革命”、“阶级”、“科长”、“局长”、“部长”、“国民党”却是汉语初级阶段学习者应当掌握的乙级词。

② 由于基于书面语语料库统计词频的时效性的原因，《等级大纲》未能收录那些能够反映时代特色又较为稳定的口语词和新词语，如“手机”、“打的”、“网吧”等。相反，“粮票”、“万元户”、“社员”、“公

社”却是纲内词。[1] 可见，词频统计要求语料库的“平衡”与动态，既要考虑文体，又要兼顾语体和时效。现在看来，在社会快速发展时期，词汇大纲的修订似应以 10 年为周期。

③《等级大纲》的选词原则中有一条是“联想性原则”，即“群体性专家联想添加”。专家通过主观联想干预词语选择是有必要的，但免不了要遇到“群体”的“量”与“干预”的“度”的问题。我们认为，大纲在选词过程中应当增加一些客观标准，比如以留学生作文语料为依据进行的词频统计。因为留学生写作中使用的词语能够在一定程度上反映他们在交际、表达上对汉语词汇的需求，或可为大纲的选词提供重要的参考。至于分国别汉语教材编写时对词汇的取舍，《等级大纲》虽然同样有指导作用，但地域因素会要求教材编者对词汇大纲作出调整。

④ 完全依据词频确定词语等级在一定程度上忽视了词语的聚合关系，会造成词语等级与词语类属的矛盾，即属于同一语义场或共现频率较高的词，如“饺子”与“包子”、“哥哥”与“大哥”、“自行车”与“摩托车”、“高兴”与“难过”均不在同一级词汇，若拘泥于词语等级编写教材则不能满足学生的表达需求。

⑤ 完全依据词频确定词语等级还在一定程度上忽视了词频与“义频”的关系。笔者依据《现代汉语词典》(第 5 版)对《等级大纲》所收的词汇进行了义项统计，8822 个词语中，有 8566 个收入在《现代汉语词典》中。8566 个词的总义项数为 15280，[2]平均义项数约为 1.8，特别是其中的单音节词，平均义项数为 3.1。同一个词，如果有多个义项，不同义项的使用频率肯定会有差异，因而不宜简单地以词频高低决定词语等级，更不宜完全据以决定词汇教学顺序。

⑥《等级大纲》包括词汇大纲与汉字大纲，如何处理好二者的收录、分级及二者的关系，如何在字词之间建立一种科学的有机的联系，是一个复杂的语言应用系统工程。《等级大纲》虽然在这方面做出了

---

① 《等级大纲》2001 年修订本已经删去“粮票”与“万元户”两词。

② 如果某一词语的某义项所属词性不在《等级大纲》收录范围，则不计入该词的义项总数。如“张”在《等级大纲》中为动词、量词，则其属于名词的义项“二十八宿之一”和“姓”不计入该词的义项总数。

有益的探索，但仍存在着一些问题，其中之一是大纲中基于词频与字频的词表和字表各成体系，使用者很难据以沟通字与词的关系。《等级大纲》收录汉字 2905 个，按甲、乙、丙、丁分为四级，但并未说明这四级汉字与四级词汇是什么关系。有学者运用语料库进行字词关系的统计分析，结果表明，当认识前 2000 个高频字时，就能认识前 10000 个高频词中 8460 个词中的汉字；当认识 2500 个高频字时，就能认识前 10000 个高频词中 9199 个词中的汉字。（江新，2004）如果考虑到字义与词义的关联，《等级大纲》所收字词的比例或有不够经济之嫌，且没有为使用者提供利用语素（即汉字）的构词功能解决“生词熟字”问题的指引。

⑦《等级大纲》对“义频”关注不够，造成在词性标注方面的欠缺。比如，兼类词“朝（cháo）”，《等级大纲》未标示其具有名词词性，而“行（xíng）”却标有名词用法。这样的词性标注显然与语言事实不符。

总之，《等级大纲》的问世标志着对外汉语词汇教学的一个新阶段。尽管时代的发展与科研的进步提出了对其修订的要求，[①]尽管《等级大纲》在词语的收录、等级的划分、字词关系的处理等方面都还存在着修订的空间，但我们相信，《等级大纲》编写的基本原则和基本内容不会有大的改变，它将继续作为对外汉语词汇教学的纲领性文件。

2.3.2 当前通行对外汉语教材对词汇量的控制

教材是第二语言学习者获取目的语词汇的主要来源，在非目的语环境下有时甚至是唯一来源。教材也是教师进行词汇教学的基本依据。因此，研究对外汉语词汇教学必须关注教材。

在对外汉语课堂教学中，“综合汉语课”（有些院校称之为“读写课”或“精读课”）是一门以承担语法和词汇教学为主要任务的主干课型。而在海外的汉语作为外语课堂教学中，“综合汉语课”往往是唯一课型。因此，该课程教材向学生提供的词汇量在很大程度上决定着学习者的词汇量。我们对国内外 10 部较有影响的“综合汉语课”类教材的生词量进行了统计，结果见表 5。

---

① 修订《等级大纲》已经被列入国家汉办科研课题。

表 5　国内外通行汉语作为第二语言教材收词量调查表(不含“专名”)

教材名称	编者、出版单位及日期	收词量
《实用汉语课本》一、二册	刘珣等,商务印书馆,1999	978
《实用汉语课本》三册		911
《实用汉语课本》四册		1163
《初级汉语课本》一、二册	鲁健骥等,华语教学出版社,2002	1033
《汉语初级教程》第四册	邓懿主编,北京大学出版社 1997	1007
《汉语中级教程》一册	杜荣主编,北京大学出版社 1992	681
《汉语中级教程》二册		910
《汉语高级教程》一册	姚殿芳主编,北京大学出版社 1992	1712
《汉语高级教程》二册		1480
《现代汉语教程》一、二册	李德津等,北京语言文化大学出版社,2002	1000
《新汉语教程》一册	李晓琪等,北京大学出版社,2002	814
《新汉语教程》二册		865
《新汉语教程》三册		772
《桥梁》(上)	陈灼,北京语言文化大学出版社,1996	910
《桥梁》(下)		1158
《中级汉语教程》(上)	北京语言学院外国留学生二系,北京语言学院出版社,1987—88	1087
《中级汉语教程》(下)		1078
《高级汉语教程》(上)	北京语言学院外国留学生二系,北京语言文化大学出版社 1990—92	653
《高级汉语教程》(中)		852
《高级汉语教程》(下)		835
《华夏行:现代汉语中级读本》课文 36 课,一年的教学量	周质平等,美国普林斯顿大学出版社,1996	1300
《中文听说读写》初级、中级 1—3 年级用	姚道中等,美国 Cheng & Tsui 出版社,1997	2000

结果显示，供使用一学年的初级汉语水平教材提供的词汇量在1000个左右；供使用一学年的中高级汉语水平教材提供的词汇量在1500个左右。而每篇课文提供的生词在40个左右，似乎是不同教材编者之间的一种默契。据此，在中国专门学习汉语的中级水平学生可能掌握的词汇量大致在3000左右，中高级水平学生可能掌握的词汇量大致在5000左右。至于在海外学习汉语的学生，因受教学时数的限制，其汉语词汇量还很难达到上述标准，这恰好与我们在“2.1.4”所做的词汇量测量数据吻合。

从当前来北京师范大学学习汉语的留学生的情况看，学生年级分布的特点为两端小中间大，即零起点和三年级以上的学生相对较少，学生来源主要集中在那些已经在他们自己国内学过一两年汉语，准备在中国再学习一两年汉语的学生（102—202）中。这些有一定汉语学习背景的学生，在华一两年内接触到的词语一般在3000（中级）到5000（中高级），就算全部掌握，3000词在汉语一般性语料中的覆盖率也只有86%，5000词的覆盖率也不过91%。（刘英林、宋绍周，1992）

对词语识别量与语义理解量的关系，学界的看法不尽一致。有学者认为，根据现代化的词频统计结果，按使用频度排列的前8000词可以覆盖一般语料的95%，而“据学习第二语言的规律，掌握词汇超过相当数量之后（比如超过5000—6000以后），则依据上下文等猜测语义的能力及跳读的能力呈上升趋势，换言之，在8000词的范围内，识别语料的95%的词汇，那么读懂语义的比例就不止95%，而是超过95%”。（刘英林、宋绍周，1992）另有学者对此类统计持怀疑态度，认为这种统计方式“显然与事实不符”。（陈贤纯，1999）正因为如此，学界时有要求“扩纲”的呼声。

笔者认为，目前中级以上汉语水平的来华留学生掌握的词汇量在3000到5000，在一般性语料中的覆盖率达可以到86%至91%，但这并不意味着可以理解相同比例的书面语料，更不意味着可以完成交际任务的86%或91%。这是因为这种覆盖率的统计只考虑到词的书写形式，而未考虑同形词、一词多义以及语境对语义的制约等因素。因此，认识一个词并不等于理解这个词在句中的词义。理解是一个受多种条件制约的复杂的心理过程，如果读者在一个100个词语的语段中有 10 个词不认识，对语段的理解很可能达不到 90%，甚至可能完全不理解。词语的认读率与阅读的理解率相关，但决不相等。从这个意义上说，就是全部掌握《等级大纲》内 8000 多词，也只是能相对满足学习者阅读理解和表达的需要，是把汉语作为第二语言学习中词汇学习的阶段性目标，而非终极目标。掌握 5000 词对于第二语言学习者来说显然是不够的，至于 3000 词就肯定不能满足学习者运用第二语言进行交际的需要。

探讨是否有必要扩大《等级大纲》的收词量，超出了我们的研究范围。但我们注意到一个很现实的问题是，依照目前的教材、教法以及学生的学习习惯，零起点学习者在 4 年中掌握纲内 8000 余词语，尚且是一个很难达成的目标。因此，我们暂且不论"扩纲"的科学性或必要性，在未能真正解决如何有效地扩大学生词汇量的问题之前，在面对现有的大纲都无法达标之前，探讨是否需要"扩纲"以及"扩纲"的规模，并没有太多的现实意义。

学生词汇量不足的现象是由多种原因造成的，教材提供的词汇量不足只是其中原因之一。目前的课程体系、词汇教学方法、课后词汇练习方式等，都是造成学生词汇总量不足的原因。一个学期不足 20 个教学周，一周综合汉语课 6 课时，每周完成一篇课文，每课生词 40 个左右，则一个学期 800 左右生词，一学年 1600 左右生词。这是现阶段国内各院校通过综合汉语课进行词汇教学的平均量。①

为帮助学习者扩大汉语词汇量，特别是帮助他们应考 HSK，学界也有人模仿中国学生记忆英语单词的方法，编写脱离语境的汉语词汇学习材料，我们可以把这类材料看做是另类汉语作为第二语言教材。此类教材通常是依据《等级大纲》收词，按音序排列词语，然后进行汉外对译。据使用者反映，此类教材的作用仅限于帮助 HSK 考生应对考前短期记忆，对学习者有效扩大汉语词汇量（特别是输出型词汇量），并无明显帮助。

---

① 调查表明，国内各院校通常还开设口语课、听力课，向学生提供相当数量的生词，但通常因为未能做到各课型的一体化设计，以使话题循环，词语重现，所以学生反映词语学习负担重，导致记忆效果欠佳。

2.4 本章小结

2.4.1 本章通过对外国学生汉语词汇量的调查发现，中级以上汉语水平的学生存在着汉语词汇量不足的问题。学习者进入汉语中级水平以后，词汇量扩展速度呈明显衰减趋势的现象值得我们关注。学习汉语超过两年的学生，接受型词汇量的平均值不足4000，在一般性语料中的覆盖率不足90%，按照这样的词汇量扩展速度，他们将无法达到《等级大纲》对词汇量的要求，因而当然无法满足汉语阅读与交际的需要。探讨如何有效地扩大学生的词汇量，无疑是当前汉语作为第二语言教学界重要的研究课题。

调查结论显示，词频对学习者的词汇辨识有重大影响，词汇等级越高，词语辨识率则越低。因此，有意识地提高中、低频词语在中高级汉语教材、教学中的出现率与重现率，肯定有助于提高学生的词汇量，有助于改善学生的词汇记忆效果。然而我们将面对的问题是，汉语教学的时数有限，教材课文的词语容量有限，如何在有限的教学时数和有限的教材容量中处理中、低频词语，需要不同以往的教材编写思路。

调查结论还显示，词汇量的大小与汉字辨识能力的强弱紧密相关。因此，汉语作为第二语言词汇教学应当在学生的各学习阶段注入汉字教学的内容。同样，我们也面临着如何把汉字教学与词汇教学结合起来的问题。

2.4.2 本章通过诊断性测试的方式，对外国学生汉语词汇学习的难点进行了分析。结果显示，中级以上汉语水平的欧美学生已经具备了一定的语素意识，能有意识地运用有限的语素知识去猜测词义。利用语素义推断词义是扩大词汇量的有效方法之一，但也容易误导学习者掉入望文生义的陷阱，因为词义毕竟并不等于语素义的简单相加。此外，因为学生缺乏语素位置感，趋于把双音节词作为整体去记忆，所以误认同素异序词语是学习者词汇辨识中的高频错误之一。

无论是受语素义的误导而错误判断词义，还是混淆同素异序词语，其根本原因还是学生的语素意识并不成熟。因此，我们有必要继续深入开展语素义(字义)与词义关系的研究；有必要在一定的词语范围内开展不同水平学习者“从字义猜词义”成功概率的统计研究；有必要探讨促进学习者语素意识形成的方式。可以肯定的是，由于汉字在多数情况下和语素有对应关系，把汉字教学纳入到词汇教学中，加强由字组词的训练，应当是改进汉语词汇教学的一个有效途径。

诊断性测试的结果还显示，中级汉语水平的外国学生，尤其是非汉字文化圈的学生，仍存在着缺乏由汉字类属推断词义的能力的问题。尽管现代汉字“据形说义”的基础由于汉字字形演变和词义引申的影响而受到了限制，但在汉语阅读中，字形类属知识对词义的辨识仍具有积极的意义。

辨析近义词是中级以上汉语水平学习者词汇学习的重点。诊断性测试结果显示，缺乏辨析近义词的能力，恰恰是学生学习汉语词汇时的弱点之一。我们由此得到的启示是，如果利用成年学习者善于联想的能力，采用义类方式开展词汇教学，尽可能让他们在某一课或某一学习阶段同时接触到处于同一语义类属的词语，进而在同中求异，应当不仅有助于他们扩大汉语词汇量，也有助于他们提高学生汉语近义词辨析的能力。

2.4.3 一般来说，第二语言学习者的词汇量与语言教材提供的词汇量有关，而教材提供的词汇量，又与大纲对词汇量的要求有关。大纲的收词量势必会对对外汉语教材的收词量产生影响。据此，本章还从探讨《等级大纲》对对外汉语词汇教学的贡献与局限入手，从当前通行的汉语作为第二语言教材对词汇量的控制入手，对当前对外汉语词汇教学现状进行了分析。

本章认为，尽管《等级大纲》在词语的收录、等级的划分、字词关系的处理等方面存在着修订的空间，但制订大纲的基本原则是正确的。《等级大纲》在过去和可以预见的未来，都是对外汉语词汇教学的纲领性文件。

本章还指出，教材是体现教学内容和教学方法的载体，教师的训练方法必然会受到教材编写意图的影响与制约。当前通行的汉语作为第二语言教材在词汇教学的处理上，有的突出在注释中进行同义词的辨析，有的把在生词表中显示生词的同义词或反义词作为特色，有的则在练习中强调词语的搭配。[①] 但一般来说，通行教材提供的词汇量不足，针对扩大词汇量而设计的课后练习鲜见。应当承认，教材、教法的局限是造成学习者词汇量不足原因之一。而教材提供的词汇量不足，又与拘泥于《等级大纲》有关；与课程设置体系、词汇教学方法、课后词汇练习的处理方式等因素有关；与学界对课文长度、生词量控制、词语重复率等问题的认识有关。当前通行的对外汉语教材在词汇的选取和词语出现的顺序上，主要依据的是《等级大纲》，而《等级大纲》收词的主要依据是词频。无论是大纲还是教材都缺乏总体规划或新思路。因此，在特定的指导思想下设计、编写教材，应当是推进汉语作为第二语言词汇教学的重要工作之一。

本章旨在发现问题和提出问题，而发现问题是进一步深入研究并逐步向解决问题靠拢的基础。研究提高汉语作为第二语言词汇教学效率的方法，可以有多个视角。大纲的修订、教材的编写、教法的研究是一个环环相扣、不可顾此失彼的系统工程。从大纲建设的角度，我们可以论证、修订大纲，使之不断完善；从改进课堂教学法的角度，我们可以尝试加大词汇教学在语言操练中的比重；从完善课程体系的角度，我们可以探讨独立开设词汇课、汉字课的可能；从利用现代化教育技术的角度，我们可以研发适用于汉语词汇教学或词汇记忆的多媒体汉语作为第二语言教学课件。而笔者在三、四章要做的是，从汉语义类与汉字形类的视角研究对外汉语词汇教学，在继承“雅学”与“许学”以及前人相关研究的基础上，在借鉴传统汉语教学方法的基础上，对汉语的“义类”与汉字的“形类”作进一步的探讨，着重研究把“义类”与“形类”应用于汉语作为第二语言词汇教学的可能，尝试提出在遵循成人第二语言认知一般规律并充分顾及汉语词汇系统自身特点的前提下，开发汉语作为第二语言教材并据以开展汉语教学的新思路。

---

① 分别指《走进中国》，北京大学出版社，1997；《实用汉语会话系列教材》，北京：北京师范大学出社，1993；《外国留学生汉语言专业系列教材》，国家汉办 2002 项目，北京师范大学汉语文化学院教师编写。

第 3 章　汉语义类研究及其在汉语作为第二语言教学中的应用

3.1　有关义类的研究

3.1.1　“义类”，是指语义的分类。语义分析要求解决三个平面上的问题：词汇意义、句义、环境意义（包括语言环境，即上下文、全篇主题等；也包括非语言环境，即情景、常识等），其中词汇意义占很重要的位置，是驾驭整个语义系统的基础。因此，我们所说的“义类”特指根据词义划分出的类别。非具体语言环境中的词义是“所指”的概括反映，是词的概括义、静态义。既然“储存状态”的词义是概括性的、综合性的，人们就可以从不同角度对词义进行分类。比如，人们可以按照词所反映的事物本体的种属、性质、功能来分类；可以按照词义的具体和抽象、静止和变化来分类；也可以按照人类感情的好恶、褒贬来分类。（参见许嘉璐，2002：78）分类的标准取决于人们对词与所指之间意义关联的认识，也取决于分类的目的。从意义角度研究语言，对词义进行分门别类的观察，在当前的语言研究中并没有受到足够的重视。

世间万物存在着类别，不断发现和认识这些类别，进而开展分门别类的研究，是人类不断进步的过程。“分类是人类认识事物特征的一种手段，也是人类对事物认识的一种结果。”（林杏光，1999：312）人类社会正是伴随着对主客观世界类属的认识而前进的。分类是一切科学研究的初阶。“分类是开展科研、收集到足够资料后的第一道工序。经过对材料的科学分析，才可能进一步分析和比较研究。”（钟敬文，1996：28）所有学科莫不如此，语言学研究当然也不应例外。

在理论语言学领域，人们就是在分类的基础上开展研究的。比如，历史比较语言学采用谱系分类法，把世界上的语言分为印欧语系、汉藏语系、阿尔泰语系等类别，语系下还可再分语族、语支。再比如，西方语言学家把词分为名词、动词、形词、副词、连词等类，又把句子成分分为主语、述词、宾词、定词、状词、补词等类，进而找出词类与句子成分之间的对应关系，此即语法研究的主要内容。理论语言学曾把语言这个符号系统中符号与符号的关系描写为纵横两条轴线，分别定义为组合与聚合两类关系，这也是一种分类研究。组合关系与聚合关系，前者着眼于语言的线性特点和组合规则，后者着眼于语言成分的可替代性和可选择性，二者的着眼点都在语法关系而不在于意义。因此，组合关系和聚合关系与我们所讨论的义类研究没有直接的关联。

在应用语言学中的语言教学与研究领域，我们对教学对象与教学内容同样需要进行分类。在教学对象方面，通过对语言习得过程与规律的分析，我们区分了第一语言教学与第二语言教学。在把汉语作为第二语言的教学中，我们又把学生分为汉字文化圈与非汉字文化圈两类，对不同类型的学习性质与不同类型的学生，在教学法上有所区别。在教学内容方面，有学者对基于任务的第二语言教学法中的交际任务范畴进行了分类，包括基本交际类、生存类、社会活动类、个人信息类、社会信息类、文化信息类、媒体信息类等等。（马箭飞，2002：556）学界对汉语本体的分类用力最勤，目前对外汉语教学界对汉语分类的重点在语法结构。我们为汉语划分了词类、句类等门类，同一门类下又分若干小类。例如，我们从形容词当中又区分出“非谓语形容词”（定质形容词、[①]区别词）；把补语又细分为程度补语、结果补语、趋向补语等等。而在汉语词汇教学与研究领域，我们根据词汇构成的层级，分出词素（语素）、词、词组（短语）几类；根据词的内部结构，把词分为单纯词和合成词；根据词语在语料库中的使用频度，把词分为甲、乙、丙、丁四类等等。学界也曾从西方语言学引入语义场理论和义素分析法，试图从语义上为汉语词语分类。但语义场研究和义素分析法研究还存在不少问题和困难。比如，对具备什么样的语义关系才算构成“义场”，学界看法并不一致，而义素分析法研究中的任意性问题也每每被人诟病。因此，我们迄今为止所看到的根据语义场理论的词语分类，大多还停留在举例性阶段。

---

① 邢福义先生对形容词的分类，参见《汉语语法学》，第 177 页。

3.1.2　我国现当代对汉语进行的分门别类的研究，总体上说是在西方语言学的框架中进行的，西方语言学有了一种新的分类方式，我们往往从方法到术语都会借鉴过来。事实上，我国古代语言学家对语言的研究同样是建立在分类的基础上，但有自己的分类研究的特色。传统语言学对汉语的分类观察集中体现在语义和语音上。在语义分类方面，首推的当然是我国第一部分类词典《尔雅》；在语音分类方面，传统音韵学对声类、韵部的划分，无论是分类的方法，还是分类的结论，在世界语言学史上都是独树一帜的。有意思的是，中国传统语言学家并不甚重视汉语语法方面的分类研究，这从《马氏文通》问世以前传统语法学术语的贫乏即可看出。例如，传统语言学家仅以"辞（词）"把词区分为虚实两大类；以"对文"、"倒文"、"互文"、"省文"等甚为有限的术语划分句型的类属。相对于现当代语言学家建立起来的汉语语法体系，古人在语法方面的分类研究要简单得多。

人们不禁会发问，在历史上曾比西方文明更为发达的中国，我们的先民可以精确地计算出日食、月食的发生时刻，可以编写出像《九章算术》那样高深的数学专著，难道却发现不了自己语言中的语法规则吗？难道一定要等待 19 世纪的西学东渐吗？揣测其所以然，大约在古人的心目中，汉语是今人所言的语义型语言。他们固然没有那么说，但并不意味着他们没有那样的潜意识。任何一种学术的产生与发展，都是以客观需要为前提的。古人治传统语言学讲究的是"经世致用"，词义明则经义（文义）明，音韵明则训诂通。现代意义上的所谓"语法"大约于读经、于小学均无明显裨益。因此，传统语言学家很早便把对语言的关注集中放在汉语语义的研究上，放在语义的分类上，放在因声求义、据形说义上，而对语法的认识只是散见于训诂专书或先代典籍的注释中。否则，我们很难解释中国学术史上语法研究的这一片空缺。

3.1.3　然而中国在义类的研究领域却是有传统的。有关汉语词汇语义的逻辑分类问题，我们可以上溯到战国时代名学的兴起，上溯到先秦诸子有关名实之辨的论争中。

3.1.3.1　墨家提出根据"实"的类别区分名类的原则，将事物之名分为三个层级，即"达、类、私"。达名即通名，是事物的一般性概念；

类名即同一类属之名，指事物的类概念；私名即专有之名，指个体事物之单独概念。

尹文子则从词语的使用范围将“名”分为三科：“一曰命物之名，方圆黑白是也；二曰毁誉之名，善恶贫贱是也；三曰况谓之名，愚贤爱憎是也。”

荀子对名实关系以及名的分类作了更明白的阐述。《荀子·正名篇》云：“故万物虽众，有时而欲遍举之，故谓之物。物也者，大共名也。推而共之，共则有共，至于无共然后止。有时而欲偏举之，[1]故谓之鸟兽。鸟兽也者，大别名也。推而别之，别则有别，至于无别然后止。”荀子之“大共名”即墨子之“达”；荀子之“大别名”即墨子之“类”；荀子之“别则有别，至于无别然后止”即墨子之“私”。尽管先秦诸子的名实之辨是强调语言的政治作用，是直接为当时政治服务的，但还是为汉语词汇的语义分类打下了理论基础：词汇是可以从语义角度分类的；词汇的分类取决于语言跟客观事物之间的关系；词汇可以分出层级，上位词可以作为“大共名”而统领相同语义类属的下位词。

3.1.3.2 “从中国的训诂学的发展史来看，按义分类的书出现得最早，这就是《尔雅》。”（许嘉璐，2002：118）今人研究古人对词汇语义的分类，不能不论及《尔雅》。早在汉初时期，我国第一部义类词典《尔雅》的问世，就反映了先民对客观事物逻辑分类的认识，对语词分类的认识。“从文化的角度说，这是华夏之族的类概念在语言领域的实践运用。”（许嘉璐，2000：235）如果没有深厚的学术积淀，《尔雅》的问世大概是不可能的。这里所说的学术积淀，包括春秋战国时期训诂实践的积累，也包括战国时期诸子百家奠定的类概念的理论基础的传承。

学界周知，《尔雅》全书 13113 字，分为 19 篇，以《释诂》、《释言》、《释训》前三篇解释一般词语，以《释亲》、《释宫》、《释器》等后 16 篇解释专科词语，构成的是一个颇为完整的汉语词语体系。《释诂》、《释言》两篇在内容上不易区分，大都以今语释古语，以通语释方言，唯《释诂》的义类词群规模较之《释言》为大。《释训》则以解释叠音词和诗书成句为主。《释亲》内部又按义类细分为宗族（父党）、母党、妻党、婚

---

① “偏”本作“遍”，此依王念孙、俞樾校订改。参见王先谦《荀子集解》。

姻，集中体现了区别亲疏、尊卑、男女、内外的礼教核心，故为后16篇之首；《释宫》、《释器》、《释乐》3篇，虽与其后的《释天》、《释地》等篇同为名物训诂，但其内容直接关系到人们的社会生活与日常生活，最体现儒家治国以礼的思想，故紧随《释亲》之后。

许嘉璐先生认为，古人能够对词语如是分类，在主观认识方面是要具备一定条件的。这包括，认识到语词是客观事物和主观意识的标记；意识到客观与主观既有一般性的事物与概念，也有按照一定的特征聚合到一起，起着特殊功用的事物和与之相应的类概念。要之，这是理性阶段的"知类"。为使《尔雅》的编排框架一目了然，许嘉璐先生(2000:242)将其义类体系用下图表示：

- 《尔雅》
  - 一般词语
    - 《释诂》
    - 《释言》
    - 《释训》
  - 专科词语
    - 礼仪制度(人间事)
      - 《释亲》《释宫》
      - 《释器》《释乐》
    - 天文地理(无生界)
      - 《释天》《释地》《释丘》
      - 《释山》《释水》
    - 动物植物(有生界)
      - 《释草》《释木》《释虫》《释鱼》
      - 《释鸟》《释兽》《释畜》

图2　《尔雅》义类体系图

《尔雅》作者先对汉语词语采用二分法，分出一般词语和专科词语，然后又对专科词语进行再分类。《尔雅》在解释一般词语与解释专科词语的方式上有所不同，盖一般词语观其通，专科词语求其别。作者对一般词语通常采用的是将一串被释语排列在一起，用一个通用词语加以解释的方式，如"初、哉、首、基、肇、祖、元、胎、俶、落、权舆，始也。"(见《尔雅·释诂》)这一串被释语之所以能够被编排在一起，是因为作者认定这些词同属于一个义类，而释语"始"则代表着这一串被释语的类义。《尔雅》对专科词语的解释则基本上采用被释语与释语一对一方式，如"金谓之镂，木谓之刻，骨谓之切，象谓之磋，玉谓之琢，石谓之磨。"(见《尔雅·释器》)"镂、刻、切、磋、琢、磨"几词的适用范围虽不同，但"六者皆治器之名"(晋郭璞《尔雅注》语)，故作者把它们归入同一义类，置于“器皿”这个大类之下。许嘉璐先生指出，《尔雅》的分卷分类，是基于对词语意义类别的认识而进行的分类。其中所包含的类义和义类的观念，应该引起我们的重视。

清代学者郝懿行认为，收录一般词语的《尔雅》前三篇也表现出作者对词语的刻意分类：《尔雅·释诂》“皆举古言，释以今语”（收录古今词语）；《尔雅·释言》“约取常用之字，而以异义释之”（收录方俗词语）；《释训》“多形容写貌之词，故重文叠字累载于篇”（收录表形貌词语）。[①]尽管《释诂》、《释言》、《释训》三卷的区别并不似郝氏所说的那么明显，尽管郝氏所说的分类与我们所说的“义类”不尽相同，但“能从复杂的词语中把疏状词分作独立的一类”，立《释训》一篇，是《尔雅》“在语言学史上最大的创造”（洪诚，1982：2）。

3.1.3.3 “古人之所以很早就按义类归纳词，并且编成词典，……反映出汉民族心理上可以接受这种方法，或者说需要这种方法。这是一种民族性，民族特点。”（许嘉璐，2002：90）惟其如此，《尔雅》所开创的通过归纳义类来系统地观察、分析汉语词汇的方式，以及“同义类聚”的辞书编排方法，才有可能对汉代以降的传统语言学、词典学产生巨大的影响。

汉代真正可以和《尔雅》比肩、进入到语言研究层面的，当推《輶轩使者绝代语释别国方言》（以下简称《方言》）和《说文解字》（以下简称《说文》）。我们从《方言》和《说文》的编排中不难窥到《尔雅》的影响。

《方言》一书以记录、沟通异国殊语（主要是当时的口语）为主旨，与以搜集古训、释古今之异言为主的《尔雅》在内容上有所不同。但如果审视《方言》的训诂体例，如“党、晓、哲，知也”、“嫁、逝、徂、适，往也”（均见卷一），我们不难发现《方言》在形式上深深打上了《尔雅》的烙印。《方言》作者或许未得《尔雅》分卷、分类之精髓，但其模仿《尔雅》而作是显而易见的。[②]

《说文》问世于东汉，是我国第一部字典。作者许慎对文字采用的是与《尔雅》同样的分门别类的研究方式。区别只是《尔雅》是对词语

---

① 语出郝懿行《尔雅义疏》各卷卷首义疏。

② 许嘉璐先生认为《方言》在排列方式上模仿《尔雅》，但二者在精神上有本质的不同。《方言》是以通语释方言，其训释语不是类义。参见《未了集》p.86。

的分类，是“同义类聚”，是“义类”；《说文》则是对汉字的分类，是“据形系联”，是“形类”。然而汉字是表意文字，是形、音、义的结合体，古代汉语中的字与词基本上是一一对应的关系，而音、义本来就是词的范畴。因此，在《说文》的形类研究中，我们还可以看到除部首系统以外的“义类”研究痕迹，看到形类与义类的交叉。如《说文·示部》凡63字，字义均与神明有关，而部内又大体以字义决定次第：“禄、祥、祉、福、祺”等吉祥义诸字相邻，“祭、祀、祖、祠、禘”等祭祀义诸字相邻，“祸、祟、禁”等祸患义诸字相邻皆是。又如《说文·玉部》，所收之字字形均从玉，字义均与玉相关，部内124字又大体依“玉的界说”、“玉的别名”、“玉的品种”、“玉器的形制”、“玉的治理”、“似玉之石”等次第排列。有关《说文》对形类的研究，以及义类与形类的交错关系，我们还将在第四章、第五章进一步讨论。

最能称为与《尔雅》编纂方式一脉相承的，莫过于《小尔雅》(汉)、《广雅》(三国)、《埤雅》、《尔雅翼》(宋)、《骈雅》、《通雅》(明)、《别雅》、《比雅》(清)等一系列以“雅”为名、以类训为实、以为《尔雅》拾遗补缺为己任的专释词义的专著了。例如，《汉书·艺文志》有《小尔雅》，书已亡佚。现存之《小尔雅》当为汉人所作而伪托秦孔鲋著，[①]全书分为《广诂》、《广言》、《广训》、《广义》、《广名》、《广服》、《广器》、《广物》等十三章。单从章名即可以看出是书是为补充《尔雅》而作。又如魏张揖仿效《尔雅》撰《广雅》，[②]亦分为《释诂》、《释言》、《释训》等19类，“分别部居，全依《尔雅》”，[③]甚至有些条目的安排次第也和《尔雅》相同。《广雅》在义类研究方面并无超出《尔雅》之处，唯在收集周秦两汉古义方面用力甚勤，故被后人视为《尔雅》之补编。历代连绵不绝、相继而出的“雅书”，再加上为诠释“雅书”而作的《尔雅注》(晋)、《尔雅义疏》、《广雅疏证》(清)一类著作，形成了我国传统语言学中的一门学问——“雅学”。

清代训诂学著作，如《骈字类编》、《通俗编》、《恒言录》等，书名虽不冠以“～雅”，但其上承《尔雅》遗绪，以意义驾驭形式的方法却是显

---

① 说见周大璞《训诂学要略》，第80页。

② 因避隋炀帝杨广名讳，曾改称《博雅》。

③ 说见王念孙《广雅疏证》。

而易见的。例如清乾隆年间翟灏所著之《通俗编》，收集词语 5000 余条，较其他雅书收词范围更广；其根据词语意义划分出的 38 个义类，也较其他雅书的分类更为精细。《通俗编》中一些类目的划分，如天文、地理、身体、器用、饮食等，已为当代义类词典所采用；有些类目的划分，如称谓、数目、语辞、状貌等，已见现代语言学术语之端倪。再如同时代钱大昕所著之《恒言录》，收词语 800 余条，皆分类编次，计 6 卷 19 类。是书注重收集同义词、近义词，对所收词语详加疏证、辨析，溯本求源。钱氏的类目中包括吉语、亲属称谓、单字、叠字、成语、熟谚，仅就其类目即可见作者著书的主旨不在于词语收集的多寡，而在于对词语的分类研究。

《尔雅·释亲》以下 16 篇所释为各种名物，无异于一部百科词典。"其分类归宗以排列材料的方法，为后代的词典、类书等等导了先路。"（刘叶秋，1983：33）比如，唐代的《艺文类聚》，凡 46 部，[①]下列子目 727 个。如《天部》以下列天、日、月、星、云、风；《岁时部》以下列春夏、秋、冬等等。又如，宋代的《太平御览》分为天、地、人事、职官、仪礼、疾病等 55 个部门，各部门下又分若干细目，总计不下五千。与《尔雅》着眼于语词的分类不同，类书着眼的是语料的分类或事物的类属。但《尔雅》开创的"同义类聚"编排体例，无疑是后世类书编排体例的发端。

3.1.4　雅学发展中出现的两个方向值得我们给予特别的关注。

一是雅学发展到训诂学昌盛的清代乾嘉之世，《尔雅》通过归纳义类来观察、分析汉语词汇的方法出现了质的飞跃。王念孙的《广雅疏证》、《释大》等著作"就古音以求古义，引申触类，不限形体"[②]。其于一词之说解下，必有众词辐集，无不以声音为线索，系联声同义近、声近义通之词，动辄三五，乃至十余。《广雅疏证》之作，与其说是为了校注《广雅》，不如说是"借《广雅》以证其所得"。[③]

把雅学推向同源词词族研究，推向完全的语言本体研究，是义类研究的一个重要发展方向。

二是受《尔雅》影响而编纂的一些类书，如《艺文类聚》，注重的是

---

① 《四库全书总目》称"为类四十有八"，差别在于对个别部类的分合不一。

② 语出王念孙《广雅疏证》自序。

③ 语出段玉裁《广雅疏证》序。

辞藻的分类汇集，其编写目的是供文人士子吟诗作文参考。这就使得学者采用“同义类聚”方式对词语的观察与整理跳出了“小学”圈子，不再是经学的附庸，而是作为工具书直接服务于语言应用领域。

把雅学推向完全的语言应用，这应当是义类研究的另一个重要的发展方向。

3.1.5　清代以降，我国古代编写义类词典的传统曾一度中断。新中国成立后，《普通话三千常用词表》(1959)、《简明类语词典》(1984)、《简明汉语义类词典》(1987)、《汉语多用词典》(1990)、《分类双序成语词典》(1990)、《现代汉语分类词典》(1998)等采用“同义类聚”方式编纂的辞书相继问世，现代汉语词语义类研究的成果不容小觑。

郑林曦主编的《普通话三千常用词表》初版问世于 1959 年，1987 年出增订本，收词从 3624 个增加到 3996 个。是书体例略如下表：

表 6　《普通话三千常用词表》示例

词类	词语分类举例	词语释例
名词	天象	太阳、月亮、晴天、阴天、风、雨、雪、霜、雷
	房屋、公共场所	屋子、房子、房间、办公室、图书馆、电影院
	社会关系、称谓	同志、先生、师傅、同事、教授、主席、上级
动词	胳膊、手动作	拿、取、抓、捏、握、摸、抬、打、摇、搂、抱
	日常生活活动	洗澡、洗脸、刷牙、漱口、理发、化装、收拾
	心理活动	感到、觉得、喜欢、佩服、生气、害怕、满意
形容词	形容形状、情况	大、小、高、低、长、短、热闹、清静、整齐
	形容事物性质	好、坏、对、错、真、假、糟糕、贵重、便宜
	温、味、香等感受	热、冷、温、凉、暖和、凉快、甜、酸、苦、辣

《普通话三千常用词表》的编排、检索体例有二，一是从词的读音查汉字写法和词类，即当下通常所见的词条汉语拼音索引；二是按照《中学教学语法系统提要》[①]所列的名词、动词、形容词等 12 个语法上的词类排列，每一词类下又按照词语意义划分出若干小类，共得义类

① 见《语文学习》1984 年 2 期。

157个。某一词类下包括哪些义类，可以在卷首的分类细目中看到。例如，名词下包括天象、地理、时间、动物、植物、政治、军事、交通等30个义类；动词下包括五官和头部的动作、胳膊和手的动作、全身动作、心理活动等15个义类。形容词下包括形容事物的可见形状、形容人的相貌、形容人的品性等7类。词表在编排体例上既继承了古代义类研究的方法，又体现了当代语言研究的成果，是其特色所在。然而这一特色并未得到学界应有的重视。

《普通话三千常用词表》存在的问题也是显而易见的。一是常用词汇的筛选问题。根据编者自己的说明，这本词表"没有采取统计大量材料的方法，而采取选择和统计、检验相结合的方法"。这种方法的缺陷在于过多地依赖选编者的主观感觉而缺乏客观性，而缺乏客观性就必然会带来词语在语料库中的覆盖率问题。① 二是选编者的主要参考资料包括对外汉语教材，同时又指出词表要为对外汉语教学服务，这又不免有"循环参考"之嫌。三是编者检验词表词语常用性所根据的是13万字的语料，其检验结果数据会因语料过少而不一定可靠。《普通话三千常用词表》表现出的不足，与其说是作者的局限，实际不如说是时代的局限。因为在计算机尚未出现的50年代，或计算机技术尚未普及的80年代，要求编者采用语料库语言学的方法编纂、验证常用词表，是不甚切合实际的苛求。

林杏光等人1987年编著的《简明汉语义类词典》收词6万余条，按词义分为18个大类，下辖1730个小类。书后附全书词语的汉语拼音索引。是书的义类划分自成体系，强调大类之间的内在逻辑联系。18个大类是一个有机的整体，以"人物"为起点，按人自身的表现，分为"品德、智能、情感、感觉、仪容、处境"；又按人与人之间的关系，分为"交往、争斗、语言、信息"。与"人物"相对的另一核心是"物质"。与"物质"相联系的，自然有"运动、时间、空间、数量、程度、性质"几类。不难发现，编者在继承《尔雅》以来的雅书及类书传统的基础上，着力于外国义类词典的先进分类方法和中国义类研究传统的统一。

---

① 根据较大规模的一般语料的词频统计资料，3000常用词的覆盖面为86%，5000词的覆盖面为91%，而编者自行验证词表近4000词的覆盖面为87%，即便不考虑作者自定范围的较小的参照语料，覆盖率也明显嫌低。

林杏光等人在义类研究与实践方面用力甚勤。《简明汉语义类词典》甫一问世，他们即着手《汉语多用词典》的编纂，并于1990年出版。编者把为写作、翻译、对外汉语教学、计算机软件研制等工作服务作为词典的编写目的。能够在20世纪80年代末期即特别考虑到为对外汉语教学编写工具书，这在学界学科意识并不是很强的当时是难能可贵的。在《简明汉语义类词典》的基础上，《汉语多用词典》又做了诸多改进。第一，扩大了约20%的收词规模，收词量达7万多条。第二，全书词条按音序排列，克服传统义类词典难于检索的缺陷。第三，也是最值得我们关注的，是对义类类目的重新构建。《汉语多用词典》将词条分为大条和小条。大条指带有近义词群（包括同义关系、近义关系、类属关系等）的词条；大条近义词群中的大部分词语单独按音序排列，称之为小条。小条注明其参见相应的大条，以便于使用者查到每个词条各义项的近义词群。编者还对义类纲目进行了细化，按照世界万物普遍的分类系统把汉语的词义分为38大类、3500多小类。其分类系统如图3。

编者把世界分为自然世界和人工世界。自然世界下辖物质、存在、运动、变化等9类；人工世界下辖29类，分属个体和社会。个体又分为躯体、内心活动、体外活动等三部分；社会又分为物质生活、社会关系、精神生活等三部分。《汉语多用词典》科学的分类系统有着广泛的实用价值和科研价值，对基于对外汉语词汇教学的义类研究具有启发意义，其以音序带义类的编排方式，在词典编纂史上亦值得学界关注。

与《汉语多用词典》同年问世且同样依“同义类聚”原则编写的工具书，还有史有为等编著的《分类双序成语词典》。是书依据心理学原则，在兼顾归纳和演绎的基础上建构类目，将所收之7500条成语分为6大类、24中类、215小类。为方便查找，该书采用了音序、义类双重检索方式。编者认为，“分类仅仅是提供一种查检的线索，因为从意义上分类是不可能穷尽、不可能完美的。鉴于成语意义的复杂性、多义性，概括每个成语的整体含义，并恰到好处地纳入一组适量的类中，这也近乎是不可能的。”（史有为，1990：前言）编者正是根据这一思想，采用了一语一类和一语多类同时并用的原则。其分类系统如图4：

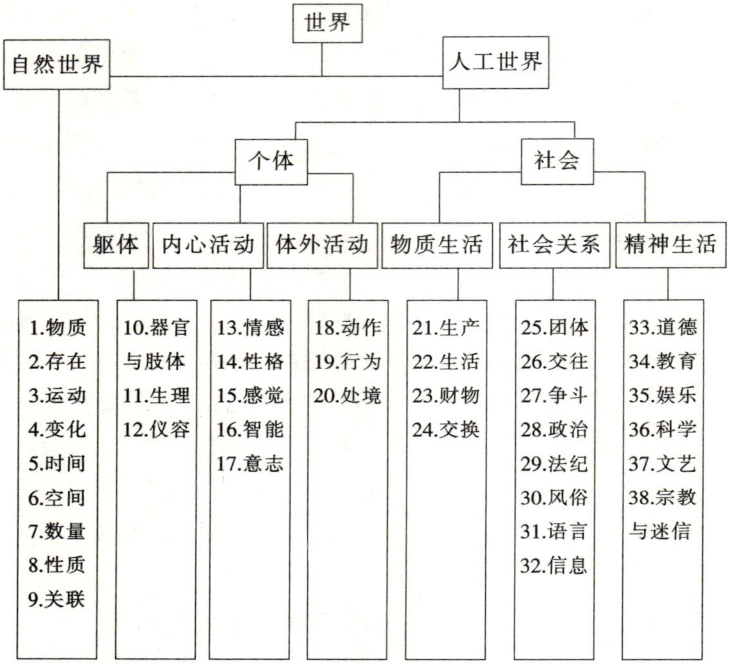

图 3 《汉语多用词典》义类系统图

董大年主编，1998 年出版的《现代汉语分类词典》也是按语义分类编排的辞书。该词典以现代汉语常用的词、词组、成语、熟语和常识性的百科词语为主，酌收少量方言词和文言词，也注意收一些广泛使用的新词新义。是书将普通语词和百科词语分为 17 大类、143 个小类。小类下按同义和同类关系分列词群，意义基本相同或相近的词收在同一词群中，共计 3717 个词群。大类以汉语拼音字母标示顺序，大类内的小类和词群以阿拉伯数字编号。为方便查找，正文后附词目音序索引，并注明词目所在的词群号。

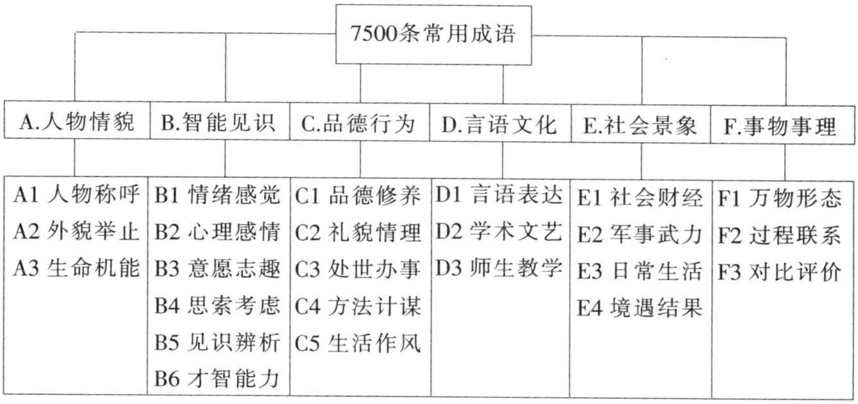

图 4　《分类双序成语词典》义类系统图

如果我们把同义词、反义词的聚合也划归按义分类的范畴，那么收集同义词、反义词的辞书也可以归于义类词典。比如刘叔新主编，1987 年出版的《现代汉语同义词词典》，收录现代汉语中常用的同义词 1640 组，对这些同义词的区别作了详尽的辨析；林玉山编，1988 年出版的《反义词词典》，收录反义词 4039 组，对反义词的区别同样进行了辨析。

3.1.6　上推《尔雅》，下及群雅，纵观我国先秦以来传统的义类研究，我们可以得到这样的认识：从秦汉到清代，大量义类词典的问世不会是偶然的，这反映了由于汉语的特点所产生的客观需要。汉语的特点造就了传统语言学对语义研究的重视，造就了雅学的兴盛，造就了训诂学在语义研究上的突破，也造就了雅学从语言研究层面向应用层面发展。雅学“同义类聚”编排方式的兴盛，又推动了古代类书的编纂，并启发今人编纂现代汉语义类词典。应当说，雅学对我们今天了解和研究古代汉语，对我们开展现代汉语的应用研究，都做出了重要的贡献。

现代汉语义类词典的相继问世，无疑是对古代义类研究的继往开来，其成果同样可以给予我们一些启示。

首先，加深我们对辞书编纂目的性的进一步认识。一般来说，辞书编纂的目的主要是解决使用者见字形而不知音义的问题，或知音义而不知字形的困扰。而义类词典主要担负着帮助使用者寻找恰当的词语的功能，担负着为使用者提供某一词语的同义词、近义词或反义词的功能。从第二语言学习的角度看，教材编写者需要这样的工具书，学习者也需要这样的工具书。而当代义类词典如果要兼有常规辞书的功用，要克服传统义类词典不便检索的弊端，就应该采用音序、义类双重检索方式。

其次，词语按义归类是一门学问。义类是相对的，能指的有限性与所指的无限性的矛盾，必然会造成词语归类的麻烦。依“同义类聚”体例编排工具书，必然会遇到分类标准主观性的问题。《分类双序成语词典》编者对“同义类聚”的一些观点值得我们思考：我们必须从使用者的角度，设身处地地考虑使用者会从那个类属去查找某一词语；从使用者的角度考虑，我们也应当允许“同义类聚”中的词语跨类。

再次，义类研究只有服务于应用、针对性强，才能彰显其存在的价值。当代各类汉语义类词典无论收词还是释义，主要是为汉语是第一语言的使用者服务，为中文写作服务。如何让义类研究以及“同义类聚”的辞书编纂方式专门服务于汉语作为第二语言的词汇教学，是值得我们研究的课题。

3.2 利用义类进行汉语词汇教学的传统

3.2.1 中国在义类的应用领域同样是有传统的。广义的应用语言学包括辞书编纂，而狭义的应用语言学主要指语言教学。且不论古代辞书与教材大多并无严格的界线，即便是严格意义上的语言教学，我们也不难发现义类研究在传统民间教育和第二语言教育中的广泛影响。

3.2.2 我国传统的字词启蒙教育源远流长，其教学方式多有值得我们研究、借鉴之处。已经亡佚的《史籀篇》，是我国第一部有文献可考的字书。根据《汉书·叙传》，此书为“周时史官教学童书也”，因而也可以说是我国第一部字词教材。汉代的《仓颉篇》、《凡将篇》、《急就章》、《训纂篇》等书，也都是当时的字词教材。此类著作的共同特点是按事物类别分章别句，其内容编排大多“分别部居不杂厕”，[①]形式分别为便于童蒙记忆的三言、四言、七言韵语。如《急就章》中的食物类就

① 语出《急就章》首篇。

有"稻黍秫稷粟麻秔，饼饵麦饭甘豆羹，葵韭葱蓼薤苏姜，芜荑盐豉醯酢酱"等等。[①] 这些书所划分的"物类"或"事类"虽然与《尔雅》基于对词语意义类别的认识而进行的义类划分不可同日而语，但也应当看做是利用"同义类聚"的方式进行字词教学。《史籀篇》等小学著作的编排形式，既为后世《百家姓》、《千字文》等童蒙课本效仿，又开"杂字"类著作之先河。

所谓"杂字"，是我国古代一类对坊间儿童或文盲作为识字课本和传播知识的韵语教材。与小学著作不同，"杂字"不见于经传，不是简单的义类词表，而是将相关词语巧妙编辑，注入内容。因其通俗易懂，一般篇幅不大，便于诵读，故适合用于民间字词教学。

李国庆校注，1998 年由齐鲁书社出版的《杂字俗读》一书，其中辑录《幼学杂字》、《四言杂字》、《庄农杂字》、《六言杂字》、《日用俗字》几书，是旧时幼学启蒙经典之汇编。

《幼学杂字》，又名《新增幼学杂字》、《四言便读》，编者佚名，李光明庄刻本。四字一句，凡 700 余句，合计 2800 余字。据词义依次设置天文门、地理门、人物门、时令门、身体门等 21 个门类。某一门类下又附下位门类，如婚姻门下附女工、布帛门下附颜色、鸟兽门下附虫鱼等。其按义分类如：公婆儿媳，岳母丈人（人物门）；朝夕旦暮，夜半三更（时令门）；胸膛嘴脸，咽喉舌齶（身体门）；男婚女嫁，择配良人（婚姻门）；晚米糯米，黄豆芝麻（五谷门）。字词按义分门别类，互不杂厕，是《幼学杂字》在体例上的特色。

《四言杂字》，又名《山西杂字》，民国石印本，不著编者名氏。从内容看，当为村塾启蒙课本，大众识字读物。体例亦为四字一句，凡 880 余句，3500 余字。虽未分设类目，但其内容依次第涉及百姓日常生活衣、食、住、行的各个方面，义类实际上暗含于文中。我们从每一段落中抽出若干字，即不难判断该段字词的类属，如"高粱煎饼，绿豆米饭"（食物类）；"豇豆黍稷，荞麦稻田"（农事类）；"棉袄夹袄，褂子被单"（衣物类）；"天旱水涝，冰雹雪片"（时令类）等等。不以区分字词门类为主，而更注重儒家说教的宣传，是《四言杂字》与《幼学杂字》在内容和

① 转引自《传统语言学词典》，石家庄：河北教育出版社，1990 年，第 182 页。

形式上的不同。

《庄农杂字》，上海锦章书局石印本，编者佚名。是书四字一句，全文押韵，凡600余句，合计2400余字。其体例与《四言杂字》大致相同，即虽不设类目，但字词门类暗含于文中。作者将各个方面的内容巧妙地连属成意义关联的句子以至语篇，内容贴近百姓日常生活而较少正统说教，乡土气息浓郁。例如：

> 主人送饭，到地头上。高粱米饭，豆腐熬汤。咸菜瓜子，苏油拌上。盆子碗子，担一大筐。筷子成对，勺子把长。喝声吃饭，一扫净光。

设置上下文语境，串联相关字词，将实用性与可读性相结合，是《庄农杂字》的特色。

《六言杂字》，民国间上海普通书局石印本，编者佚名。正文六字一句，有韵，凡450余句，2700余字。是书字词亦不设类目，义类暗含于文中。内容涉及农耕、为人、读书、商贾等，如"勤俭富贵之本，懒惰贫贱之苗"；"君尊臣卑要晓，父坐子立当尊"。全书不乏孝悌纲常、劝善戒恶的警句，字词学习与礼教宣传互为表里。

《日用俗字》，清蒲松龄编，清刻《蒲松龄集》本。全书按身体、庄农、养蚕、饮食等分为31章，分类最为细密。正文七字一句，有韵，凡1600余句，计11000多字，在已知杂字类著作中收字最多。在按义分类的前提下，是书为字词提供的上下文语境更丰富，如：

> 姊妹婶姑为父党，两姨姑舅亦尊亲。女有公婆和妯娌，男有哥嫂与连姻。外有丈人及甥婿，内有叔侄与儿孙。

若与《幼学杂字》中的"公婆儿媳，岳母丈人"相比较，《日用俗字》重知识而轻说教，读来更上口，文义更贯通。寓字词学习于百科知识之中，是该书的特色。应当说，《日用俗字》是杂字类著作中的上品。

"杂字"在历史上也曾被应用于第二语言教学。我国西夏少数民族在创制文字后，建立了"蕃学"(党项学)。用西夏文字翻译汉语著作供党项官僚子弟学习。所译著作中就有《四言杂字》。[①]

---

① 参见 www.gansudaily.com.cn"甘肃每日新闻网"文章：《访著名西夏学专家陈炳应》。

3.2.3 宋、元以降，中原与周边民族、国家间的外交、贸易往来日增。设馆教习周边民族、国家的语言文字，培养外族人掌握汉语，是当时社会的需求。在当时的第二语言学习领域，利用义类方式进行教学的例子并不鲜见。南宋时期的《番汉合时掌中珠》[①]、元代的《至元译语》、明清时代的《华夷译语》，都是我们目前能够搜集到的我国第一代第二语言学习的教材。这类教材中相当一部分采用的编写形式是汉外对译的词语义类手册，(参见程相文，2002)特点是集语言教材与工具书于一身，把词汇作为教学的中心内容甚至唯一内容。

比如《番汉合时掌中珠》，作者自序云："不学番言，则岂和番人之众；不会汉语，则岂入汉人之数。"显然，这是一部供番汉两族人民把对方语言作为第二语言学习的教材。是书收词体例依天、地、人三才分部，每部又分上中下三篇，即《天形上》、《天相中》、《天变下》，《地形上》、《地相中》、《地用下》，《人形上》、《人相中》、《人事下》，按义类汇集词语。例如，《天形上》有"皇天"、"昊天"、"旻天"、"九霄"；《天相中》有"日月""玉兔"、"桂枝"、"星宿"等等。

不可否认，第一语言学习与第二语言学习多有不同，当代的第二语言教材与教法较之古代也不乏先进之处。作为早期的第二语言学习教材，往往只教学生机械记忆词语的对译，而不给学生提供使用词语的语境，其不成熟的一面显而易见。但以义类统领词汇的教学方式能够延续近千年的事实，在对外汉语教学史上的影响就不容低估。既然古代可以用中国传统的方法培养出适用的双语人才，其方法就有存在的价值，就有可供我们今天研究、借鉴的价值。

古代也有非义类词典式的汉语教材，课文为汉语学习者提供了上下文语境，所以与现代教材甚为相似。如元末明初(朝鲜李朝初期)专为朝鲜人学习汉语用的教材《老乞大》与《朴通事》。但我们也注意到，即便是这类教材，仍具有同一义类词语在某一段落集中出现的特色。例如《老乞大》：

> 大哥，你从那里来？我从高丽王京来。如今那里去？我往北京去。你几时离了王京？我这月初一日离了王京。既是这月初

---

① (西夏)骨勒茂才著，黄振华等整理，银川：宁夏人民出版社，1989。

一日离了王京，到今半个月，怎么才到的这里？

该段文字谈人之行踪，便有“从、往、来、去、离、到”等相关词语集中显现。《朴通事》亦如是：

> 外手一遭儿十六碟菜蔬。第二遭十六碟，榛子、松子、乾葡萄、栗子、龙眼、核桃、荔子。第三遭十六碟，柑子、石榴、香水梨、樱桃、杏子、蘋蔢果、玉黄子、虎刺宾。

此段文字谈人之饮食，便集中出现了诸多干鲜果品之名。

《老乞大》、《朴通事》的编著是否受到前代或同期义类词典式汉语教材的影响，我们不得而知，也不在我们考证的范围。然而这两部教材仍给我们以启示：某一特定的情境往往与某一义类的词语共现；某一特定的话题必定要靠某一义类的词语支撑。如果说这是言语交际的规律，那么据此规律而编写的汉语作为第二语言的教材古已有之。显然，如何总结古往今来汉语教学的经验，光大其中合理的成分，如何汲取古代语言教育的营养服务于当代社会，同样是值得我们研究的课题。

3.3 利用义类系统进行汉语作为第二语言词汇教学的探讨

3.3.1 我们在“1.3.3”曾提出把汉语作为第二语言词汇教学纳入到一个系统中考虑的思路。事实上，在当前的对外汉语词汇教学研究领域，提出利用义类进行词语教学的观点并不鲜见，但还只是限于感性的、举例性的。而在对外汉语教学领域，无论是教材还是教法，也都不乏以词义聚合为理论依据的词语替换、扩展练习，且已经被学界证实为行之有效，但这一类型的练习通常因为我们对汉语词汇系统研究的不充分以及教材编写思路的不配套而浅尝辄止。目前我们所欠缺的是，开展适用于汉语作为第二语言教学的语义分类与应用的研究，并探讨大面积推衍研究成果的操作方法。而这些都要求我们回顾、审视有关语言系统性、词汇系统性的研究，进而讨论义类是否构成词汇系统以及如何利用这一系统开展汉语作为第二语言词汇教学。

有关语言的系统，索绪尔早有“句段关系”(组合关系)与“联想关系(聚合关系)的论述，英国语言学家弗斯在索绪尔的影响下又进一步描述了语言中系统和结构两个要素的纵横关系(如右图)。

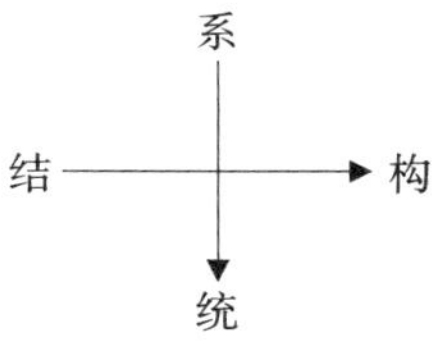

事实上，弗斯的“系统”已经涉及词汇意义问题。由于词汇是一个开放系统，系统性表现不似语音、语法那样显著，所以对词汇是否存在系统，我国语言学界也争论颇多。虽然近年来在系统的有无上意见趋于一致，但在如何描写词汇系统的问题上，学界尚无统一的认识。

葛本仪(2001)从词义出发，把词汇系统分为意指关系、聚合关系、组合关系和语境关系四个层面；邵敬敏(2001)则把词汇系统分为两个方面：依靠形式特征而形成的系统和依靠意义特征而形成的系统。前者包括同音词和同形词；后者包括单义词与多义词、上下位词与类义词、同义词与反义词。而林杏光(1999：105)把学界不同的意见归纳为十四说，即以语言和语言的结构要素进行推理来论述词汇的系统性；以发展演变上的相互关系论述词汇的系统性；以词汇的类集论述词汇的系统性；以词汇的层级论述词汇的系统性；从部分受整体的制约关系论述词汇的系统性；从语法的角度论述词汇的系统性；从词的结构类型论述词汇的系统性；从词素与其所构成词的关系论述词汇的系统性；从同源字的角度论述词汇的系统性；从词族的角度论述词汇的系统性；从词的义类论述词汇的系统性；从上下位词论述词汇的系统性；根据词汇中存在的各种词语结构组织论述词汇的系统性；以八大关系(层级、组合、聚合、同音、同义、反义、联想、派生)论述词汇的系统性。

3.3.2　汉语作为第二语言教学是应用型学科，我们关注词汇系统的研究，更关心如何把研究成果应用于汉语作为第二语言教学的实践。尽管学者们对词汇系统性的认识不一，但各种描述都有助于开拓我们进行汉语作为第二语言词汇教学研究的思路。本书的研究是基于“从词的义类论述词汇的系统性”的观点，基于笔者“3.1”、“3.2”对义类研究的论述，重点讨论义类研究成果在当前汉语作为第二语言词汇教学中的应用。

从汉语作为第二语言词汇教学的要求看，古代对义类的研究与应用对我们当前的教学具有启发意义，而当前的义类研究更具有一定的应用价值。但我们也注意到，我国语言学界现有的义类研究成果尚不能完全满足汉语作为第二语言教学的需要。究其原因有三：一是因为目前的成果形式主要是义类词典，而通过背词典来掌握一门外语，早已被证明不是一种科学、有效的学习方法；二是因为现行的义类词典在收词量的控制或词语的筛选方面并没有完全考虑第二语言学习者的需求，大量的低频词和动辄六七万的收词量显然不适用于第二语言教学；三是学界对词语义类的划分强调系统性、科学性，词典所划分的义类以及将某一词语所划分的语义类属未必是一般学习者所能够联想、推断得出来的。因此，我们有必要在现有的义类研究基础上做进一步的研究与改造，使之适用于汉语作为第二语言词汇教学。

集中代表当前义类研究成果的《简明汉语义类词典》和《汉语多用词典》，前者将《现代汉语词典》6 万多词分为 18 大类，1730 小类。后者收词七万余，其义类系统分别以自然世界和人工世界为纲，纲下再分目和细目，共得 3500 细目。显然，这种分类注重的是理论上的系统性。其编者认为，“词语义类是语言的一个子系统，因此研究义类要立足于系统的高度。……随意抓来一些零星的材料进行研究，是求证不出系统的结论的。”（林杏光，1999：315）但从汉语作为第二语言教学的角度看，6、7 万词的分析量过多，且无论 1730 个小类，还是 3500 个细目，又都过于细密繁杂，其成果为中国人作文、翻译和中文信息处理服务或许尚可，而在汉语作为第二语言词汇教学上却缺乏实用性或可操作性。

当然，我们并不认为进入分类体系的词语和类目越少越好。例如日本学者相原茂编写的《中国语基本单语 1400》，[①]“基本单语”，即常用词语 1400 个，名词分日常生活、社会生活、人际关系、学术、自然等 7 类；动词分生活、娱乐、教育等 5 类；形容词不分类。由于收词过少，故无语言系统可言，且只适用于初学；又由于分类过于粗疏，因而也就失去了语义分类在教学中的意义。

3.3.3　有学者指出，从分类学的基本要求看，对事物的分类应当

① 日本东方书店 2000 年出版。该书编排体例自有其优点，如词语的逆序系联，但不在我们的讨论范围内。

是“不重(互相排除)、不漏(共同尽举)、不杂(标准统一)。”(林杏光，1999:312)然而要建立一个面向汉语作为第二语言教学的汉语义类系统，建立一个利用这一系统进行汉语词汇教学的模式，或基于这一模式开发相应的汉语作为第二语言教材，我们必须面对如下问题：一是对被分类词语的总量控制，因为收词过多或过少，在第二语言教学中都缺乏实用价值；二是词语分类标准、类目的确定，以及对词语分类体系层次深度和宽度的把握，因为分类总是要适应学习者的联想能力和认识事物的一般习惯；三是怎样应用词语分类的结果，若不研究如何应用，成果难免束之高阁。

对于如何解决上述问题，我们的基本思路是，在对被分类词语的总量控制和义类的划分上，充分吸收前人的方法与成果，根据教学实际需求适当调整。不过分追求义类系统的科学性、完备性，而强调在汉语作为第二语言词汇教学中的适用性。

3.3.3.1　对被分类词语的量的控制。

词语的数目是一个动态的、无限的量，因而对词语的分类要做到“不漏”，只能是相对而言的。那么如何控制面向汉语作为第二语言词汇教学的词语语义分类的总量呢？我们认为《等级大纲》应当是重要的依据。

我们在“2.3.1”中评价《等级大纲》时曾提出，尽管该大纲存在着这样那样的问题，尽管大纲不断需要进行阶段性修订，但大纲编写的基本原则和基本内容不会有大的改变，它将继续作为对外汉语词汇教学的纲领性文件。我们在“2.3.2”中还曾讨论过外国学习者汉语词汇量问题，认为全部掌握《等级大纲》内8000多词语，只是把汉语作为第二语言学习中词汇学习的阶段性目标，而非终极目标。掌握5000词对于第二语言学习者来说显然不够，至于3000词就肯定不能满足学习者的交际需要。但就目前现实而言，我们的零起点学习者在4年中掌握纲内8000余词语，还是一个很难达成的目标。如果上述观点成立，那么我们可以把语义分类的对象大体控制在《等级大纲》的范围内并根据交际需要适度扩展就较为现实。

我们也注意到，依据语义的分类其分类对象只能是有意义的词。词汇中的实词系统是与思维中反映客观世界的概念系统相对应的，也是第二语言词汇学习的核心内容。而虚词一般不具备实在的词汇意义，主要表达各种语法意义或语气、感情，因此我们也不容易从词汇意义上为虚词分类。即便研究者勉强为其分类，对学习者的词汇学习大概也难有裨益。根据这样的观点，我们以为，适用于汉语作为第二语言教学的语义分类在词类上不妨控制在大纲实词范围内，更具体地说，控制在名词、动词、形容词范围内。《等级大纲》中的名词、动词、形容词共计6856个，名动、动形、名形兼类词共计465个，合计7321个。如果从《等级大纲》8822个词语中扣除短语和常用结构684个不计，那么大纲中的名词、动词、形容词（含名动、动形、名形兼类）占大纲词语总量的90%，[①]应当说从词语数量上可以反映大纲的概貌。我们在一个相对封闭的词汇大纲中进行有条件的词语选择，因而不能说是“随意抓来一些零星的材料”，这种词类的选择与总量的控制或许不能充分反映词汇的系统性，但这是在对外汉语词汇教学上或许具有针对性且实用性强。

3.3.3.2 对词语分类标准、类目的确定，以及对词语分类体系层次深度和宽度的把握。

在汉语词语义类的划分中，我们无法回避分类者主观因素的影响。如果分类的目的、应用范围、标准不一，其对事物的认识就会不同，对反映该事物的词义理解也就不同，因而大概有多少个分类者就会有多少种分类结果。但无论如何，前人建立的词语分类体系都值得我们充分关注、参考。我们既不能对前人的研究成果视而不见，也不能完全照搬某个已有的语义分类体系而不进行适应性改造。我们应当在借鉴的基础上，创造出一个符合汉语作为第二语言词汇教学要求同时又较为科学合理的语义分类体系，并在不断修改的过程中逐步加以完善。

在建立面向汉语作为第二语言词汇教学的汉语语义分类体系方面，国内外确有一些相关成果可以在分类方法及具体词语归类上为我们提供借鉴。前人制定语义分类体系或依据核心义素，或依据“联想义场”。国外的如日本国立国语研究所的《分类词汇表》（4大类、13中

---

① 本书有关词类的划分，依据《等级大纲》（2001年修订本）。

类、798 小类，收 3200 余词），日本角川书店出版的《类词新辞典》（10 大类、100 中类、1000 小类，收 60000 余词）；国内的如林杏光先生等人的《简明汉语义类词典》（18 大类、1730 小类，收 60000 余词），以及《汉语多用词典》（2 大类、38 中类、3500 小类，收 70000 余词）等的分类体系。在以往研究的基础上并根据我们在了解汉语学习者需求方面的经验，我们初步确定了我们自己的语义分类的几项基本原则，包括：① 词语义类是义项的类别，义类的划分要考虑到一词多义。比如“棒”，作名词，义项是“棍子”，我们把这一义项归入“起居日用”类下的小类“日常用品”；“棒”，作形容词，义项是“（体力或能力）强，（水平）高，（成绩）好”，我们把这一义项归入“评判”类下的小类“评价”中。[①] ② 分类体系的层次深度和宽度须限制，词语义类不宜分得太多太细。③ 不囿于分类学“不重（互相排除）”的要求，不排斥词语在义类划分中“兼类”。[②] 比如“刀”、“刀子”，既可以是“工具”，又可以是“兵器”（凶器），因而我们将这两个词分别列于“起居日用”类中的“日常用品”小类下，“餐饮烹饪”类中的“烹饪”小类下，“军事国防”类中的“军事装备”小类下，以及“司法治安”类中的“治安”小类下。“兼类”现象在本书所附之“汉语作为第二语言教学用词语义类表”（见附录五）中绝非个别。

在确定以上三项基本原则时我们有如下几点考虑。

其一，对词语义类划分中的义项问题的考虑。同一词语的不同义项有可能被划分到不同的语义类属，这是无可置疑的。《等级大纲》是根据词形编排的，没有为使用者提供义项的信息。[③] 那么，一词多义现象究竟会给我们的义类划分带来多大困扰呢？林杏光（1999：315）曾认为“《现代汉语词典》收词六万多，平均每个词四个义项，全书共二十多万个义项。”鲍克怡（1996：22）也认为《现代汉语词典》“全书单字复词的义项总数有几十万个”。若果真如此，我们在处理纲内部分词语的义类划分时，是不是也要面对近三万的分析量呢？然而事实上，新近有学者对《现代汉语词典》的义项做过计量研究，所得结论是，平均

---

① 词语义项的确定依据《现代汉语词典》（第 5 版）。

② 借用语法学术语，此指将同一词语的同一义项划归不同的义类。由于学界对“语义场”尚无统一、明确的界定，故不采用“兼场”说。

③ 《汉语言专业教学大纲》尝试依据词语义项确定词语难度等级，但并未贯彻始终。

每个词只有 1.27 个义项，只有一个义项的词条占全部词条的 76%。(苏新春，2001)笔者也曾对《等级大纲》中的词语义项进行过统计研究，从“表 7”、“表 8”中我们可以看到一些可供参考的研究结论。[①]

表 7　大纲各等级词语平均义项数

词语等级	甲	乙	丙	丁
平均义项数	2.7228	1.9644	1.6949	1.4659

表 8　大纲中名词、动词、形容词平均义项数

词类	名词	动词	形容词
平均义项数	1.6034	1.9141	1.8059

统计结果告诉我们，《等级大纲》中 8566 个词语的总义项数为 15280 个，每个词语的平均义项数为 1.7863 个。而“表 7”显示，甲、乙、丙、丁 4 级词语各级义项数随词语级别的升高而降低。据此推论，超纲词的平均义项数应当低于丁级词的 1.4659。相对《等级大纲》而言，《现代汉语词典》有五万多超纲词，这正是《现代汉语词典》词平均义项数低于《等级大纲》的原因。

我们在划分义类时应当根据义项考虑词语类属，并适当根据义频、难度等因素考虑某些义项的取舍。鉴于进入我们义类划分对象词语的平均义项数低于 2，所以义项问题并不会给我们的分类工作带来太多的困扰。比如甲级词“表”，在《现代汉语词典》中共列出 11 个义项，是典型的多义词。我们在义类划分时只针对其中的义项⑦“用表格形式排列事项的书籍或文件”和⑩“计时的器具，一般指比钟小而可以随身携带的”。对其他义项如④“俗称用药物把感受的风寒发散出来”、⑤“榜样”、⑥“古代文体奏章的一种”、⑧“古代测日日影的标杆”等等，因其义频低而置于我们分类的视野之外；而对义项①“外面，外表”、③“把思想感情显示出来”等，则在处理相关双音节词如“表面”、“表明”时解决。

---

① 该研究采用的方法是，将《等级大纲》全部词语减去《现代汉语词典》未收的词语，共得词语 8566 个，再根据《现代汉语词典》所标注的义项逐词进行统计。

其二，对分类体系类目的确定、层次深度和宽度问题的考虑。要分类必然要涉及分类的标准和依据。如果是严格意义上的科学分类，其标准不能是双重的，因而分类的结果就应当是互相排除的。但我们认为，如果是一种应用型的分类，如果分类的目的是服务于汉语作为第二语言词汇教学，那么对分类的科学性要求就应该另当别论。因为标准是人为选定的，而依据则是客观存在的。即便分类标准不能是双重的，分类依据却可以是双重甚至是多重的，因而分类结果就有可能不是互相排除的。我们可以把适用于汉语作为第二语言词汇教学的分类标准规定为：既要便于一般学习者联想、检索、记忆，便于学习者"急用先学"，又要方便教材编写者利用。在这样的分类标准下，我们的义类体系类目的数量与层次都不宜太多。但我们允许把语义相关而在"科学意义"不是同一类属的词语归入同一类目；允许同一词语由于划分依据不同而复现在不同的词义类属中。

我们在划分词语义类时有两条依据：一是依据某词语在一般科学意义或大众常识上的类属；二是依据话语交际情境、交际话题对特定类属词语的需求。我们知道，依据语境、话题对特定类属词语的需求来划分义类最便于第二语言学习中的联想、记忆，但由于有相当数量的词语并不集中出现在某一特定的语境中，因而我们也须依据词语在一般科学意义上的类属分类。简言之，我们的语义分类体系与林杏光的"自然世界＋人工世界"的分类体系不同，我们是采用"专用＋泛用"的分类方法，但尤其注重义类划分与交际情境、交际话题的结合，因为据此划分的义类不仅适用性强，而且可以得到语言学理论的支持。

认知语言学认为，根据 Rumhart 1985 年提出的语言认知加工的相互作用模型，（转引自李荣宝等，1999）某个词被选中的可能性取决于这个词的自身频率、主体对它的熟悉度以及语境条件。"从神经语言学的角度来分析，大脑词库中有不同的类聚。在大脑词库中，词是以多维特征储存的，词 A 可以按照语音特征相近与词 B 储存在一起，也可以按照语义特征相近与词 C 储存在一起，同样如果是文字形式的话，也可以按照正字法特征与词 D 储存在一起。"（杨亦鸣等，2002）综合上述理论，我们可以得出这样的观点：特定的语境条件常常伴随有特定的词语，而这些特定的词语又因为语义特征相近、相关，可以在学习者的心理词典中形成类聚。比如，若谈及“餐饮烹饪”，人们的心理词典有可能形成这样的词语类聚如“图5”：

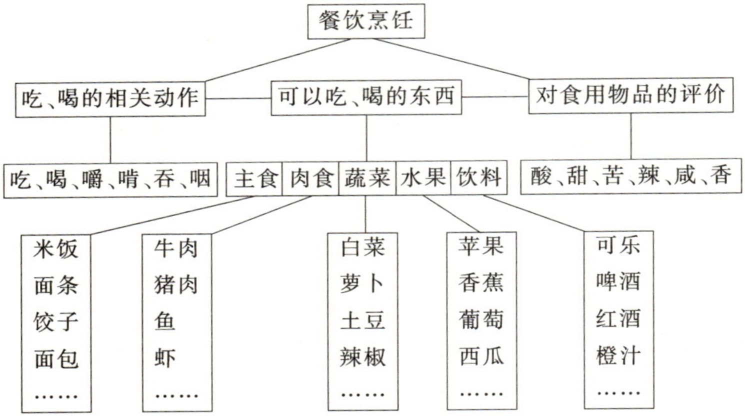

图5　心理词典联想示例图

义类系统不是人为地编造出来的，而是客观世界的系统性在语义中的反映。事实上，图5所显示的只是“餐饮烹饪”类目下词语类聚中的一部分，“餐饮的场所与专门人员”、“餐饮的用品与器具”、“食品加工的方式与材料”等等，也都可以因语义相关而形成词语的类聚。

从“图5”我们也可以看出，义类体系是一个多层次、多分枝的网状结构。我们的汉语义类系统层次深度与分支宽度的确定，取决于汉语作为第二语言词汇教学的需要。层次太浅不利于词语义类的划分；层次太深则使得类目过多而不利于检索。分支过窄有悖于扩大使用者词汇量的初衷；分支过宽则又超出使用者的联想范围。总之，对义类体系中不同类目的层次深度和宽度应因需而设，因类而异。

其三，对词语“兼类”问题的考虑。我们所说的“兼类”，是指一个单义词的单一义项或一个多义词的某一义项分处不同义类，而非一个多义词的各个义项在义类划分中的兼属。比如“鸡”、“鱼”，我们既可以归入“动物”，又可以划分到“餐饮烹饪”；“厨师”既可以归入“餐饮烹饪”，又可以划分到“求职就业”；“警察”本属“求职就业”，又可以出现在“司法治安”。这都是我们所说的“兼类”。而“放”的义项之一“释放”可以归入“司法治安”，另一义项“搁置”可以划分到“动作”，则不是

“兼类”。

我们认为，如果分类依据是双重或是多重的，分类结果就免不了交叉。这样的分类结果既体现了人们从不同角度对同一事物的认识，体现了语义场本身的层次性、交叉性和变化性，又符合应用型义类划分的特色，便于使用者联想、检索、记忆。因此，无论是把汉语作为第二语言学习者本身已有的“汉语心理词库”，还是教师、教材刻意要帮助学习者建立起来这样一个“词库”，都应该呈这样的状态：心理词库中的同一词语或某词语的某一义项，可以按词语不同的语义特征分别储存在不同的“义类文件夹”中，作为词语储备，供使用时提取。

当然，在我们构建的义类系统中，某一词语可能兼属不同类目的数量实际上是有限的。这一方面因为，我们对词语类属的划分是基于一般人基本认同的、经验性的、常识性的判断，而非基于某一个或几个学科、专业的科技分类视角；另一方面因为，多数“泛话题词语”因其与特定语境没有经常性的共现，如果让这样的词语出现在多个类目下，就会给使用者带来困惑，从而失去语义分类的意义。

语义分类系统的建立是一件十分困难的事情，因为搭建合理的分类框架不易，处理具体词语的义类归属就更难。我们根据自己制定的语义分类的上述几项基本原则，在词语分类标准和词语义类类目的划分以及具体某一词语的义类归属等方面进行了探索，并初步拟定了一份“汉语作为第二语言教学用词语义类表”。① 对于难以判断语义类属的少数词语在该表中暂且不予归类，并在词表后以附表列出。因为即便我们勉强把某词归入某类，而学习者未必认同，因而也就失去了制定分类词表的意义。未归类词共计 35 个，在所分析的 7321 词中不足 0.5%。词表中词语的排列一依义类而暂未顾及音序与词语等级，但我们仍旧在每一词后标示出词语等级，以供使用者参考。词表分为 48 大类，92 中类，我们在吸取前人研究成果的基础上，尝试为每个大、中类目命名。在中类下的词语可进一步细分的，我们以“ * ”号表示，某一中类不再细分的，也以“ * ”号计为一小类，据此共得 256 小类。小类的首个词往往可以统率该小类，但由于不具普遍性，我们不再设小

---

① 参见本书附录（五）。

类类目名称。在此表基础上，我们本应根据语言生活实际适度扩展，如本书表9所示，但那是我们今后的工作，本表词语仅限于纲内词语。

我们首先把需划分义类词语的范围限定为“常用词语”，即“3.3.3.1”所描述的《等级大纲》中的名词、动词、形容词，然后根据词语是经常性出现于某一特定语境，或是可以出现在各种语境，把“常用词语”分为“特定话题词语”和“泛话题词语”两大部分。在“特定话题词语”下，我们又区分出“日常生活”、和“社会生活”两类；在“泛话题词语”下，我们又分为“名称”、“情状”和“运动”三类。

我们知道，在话语活动中，交际情境、交际话题与词语义类的关系是相对的，二者既有联系，又有交叉。同一情境、话题可以包容不同的词义类集，同一词义类集也可以出现在不同的情境、话题中，而有些中高级话题甚至很难确定哪一词语类集能与之匹配。至于针对不同水平的学生应当设置哪些交际情境与话题，也是需要我们研究的课题之一。此类研究已经开展，但还有待深入。[①] 因此，我们的“特定话题词语”和“泛话题词语”是相对而言的，而“日常生活”、“社会生活”之间也并无十分清晰的界线。

所谓“日常生活”词语，是指以人们衣、食、住、行等日常交际活动为核心的词语类聚；所谓“社会活动”词语，是指以政治、经济、军事、宗教等相应交际话题为核心的词语类聚。对“泛话题词语”下的细目，我们依据的是“一般科学意义上的类属”。辩证唯物主义告诉我们，世界是物质的，运动是物质的根本属性和存在的根本形式，物质在一定的空间、时间运动时会表现出某种性状。据此，我们把“泛话题词语”按事物的名称、事物的情状、事物的运动分为三类。如“图6”所示，我们的义类系统框架由两纲、五目统摄48大类92中类256小类构成。

---

① 参见杨寄洲《对外汉语教学初级阶段教学大纲》。此外，北京师范大学2006级硕士研究生李健的学位论文《对外汉语初级口语教材话题研究》(未刊)，也在进行特定话题与特定词汇的相关性研究。

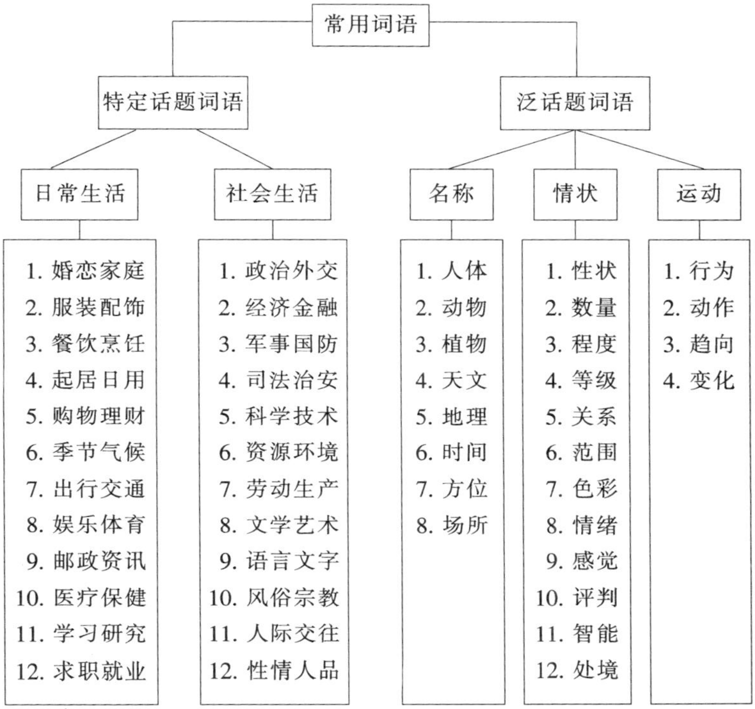

图6　"专用+泛用"义类系统示意图

3.3.3.3　词语分类结果的适用范围与应用方式。

首先，面向汉语作为第二语言教学的汉语义类系统研究成果可以服务于教材的编写。

有学者评价现阶段的对外汉语教学，认为目前的语音教学基本上是成功的，而最成功的则是句型教学，成功的原因是对教学内容实现了集中强化。但在句型阶段以后，我们没有进行本该进行词语的集中强化，因而教学的路子走错了。(陈贤纯，1999)如果这一评价成立，那么我们现行的对外汉语教材在其间的作用与局限同样不容忽视。当前一些有代表性的对外汉语教材，在语法项目的安排上遵循教学大纲，注重利用现有的第二语言习得顺序的研究成果。应当说，这些教材为语法项目的集中强化教学提供了指引与保证。至于在词汇的安排方面，当前的通行教材主要考虑的是按大纲规定的词语范围和词语等级划分循序渐进。这虽然在一定程度上克服了早期教材在词汇处理上任意性、随机性的不足，但尚不能满足词语集中强化教学的需要。迄今为止，我们尚未看到特别服务于汉语词语集中教学的教材，而我们确实需要这样的教材。

我们承认，不同的学习阶段应侧重不同的教学内容，而进入汉语学习的中级阶段以后，词汇教学尤其需要加强，这在“2.4.1”中已有论述。但我们并不完全赞同要把词汇的集中强化教学放到汉语学习的中级阶段以后的提法。这种提法或许会造成误解，造成在汉语学习的初级阶段轻视词汇学习。事实上，词汇学习在第二语言教学的各个阶段始终举足轻重。脱离语义的参与，语音教学就会乏味；脱离词汇的支持，句型教学会被架空，结构——功能——文化相结合的教学理念也就成了一句空话。

我们尝试提出这样的教学思路：以特定的交际任务为纲，以相应的交际情境、交际话题为第二语言操练平台，以扩充学习者在特定语境下达成交际所需的词汇为主要教学目的，以帮助学生“编织”联想、对比、类聚的词语网络为主要教学手段。实现这样的教学思路需要与之匹配的、与以往编写理念不同的教材。这种教材以语境为纲，以特定类属的词语为目，不是确定了语法项目再编课文，继而从课文中挑选生词，而是根据交际任务、情境、话题先确定词语表，再根据词语表编写课文。即便是选取现成文章作为课文，也要在练习中根据不同话题扩展相关词汇。语法项目依旧是教学内容之一，依旧要循序渐进，但只是作为“暗线”渗透于词汇教学中，为词汇教学服务。显然，我们所说的汉语词汇义类系统正可以为这样的教学思路和教材编写提供帮助。

如果强调教材的设计、编写以交际任务为纲，以词语义类为目，就要求在一篇课文中，即某一交际情境或特定话语活动中，集中出现某一义类的词语。例如，谈论社会治安或司法制度话题，可供选择的“司法治安”类词语类聚至少可以如“表 9”中所示。

显然，要做到在一篇课文中集中出现某一义类的词语，仅仅通过“文选”的方式编辑课文是难于实现的，“撰写”可能是此类教材课文编写的重要形式。我们认为，只要符合现代汉语规范，撰写出的“以词语义类为目”的课文在语言上的真实性不容怀疑。限于课文的长度、难度及生词量，我们所说的“集中出现某一义类的词语”，不是也不可能是全部出现某一义类的词语。教材规划中的某一义类的全部（或大部）词语的显现，可以通过同一情境或话题在不同层次的若干课文中的数次循环以及课后练习的补充来解决。我们认为，如果教材的编写能体现上述思路，将有利于学习者记忆所学词语，从而有效扩大汉语词汇量，提高在特定话语活动中的表现能力。

表9　司法治安类词语表①

<table>
<tr><th colspan="2">义类细目</th><th>司法治安类词语</th></tr>
<tr><td rowspan="2">涉法行为</td><td>违法行为</td><td>屠杀、暗杀、杀害、谋杀*、（尸体）、劫、抢劫、劫持、劫机*、绑架、挟持、（人质、失踪）、强奸*、偷、偷窃、盗、盗窃、（丢）、窃取、窃听、吸毒、贩毒*、（毒品）、贪污、诈骗、贿赂、行贿、受贿*、走私、卖淫*、嫖娼*、（妓女、嫖客）、性骚扰*、赌博、诽谤、陷害、诬陷、污蔑、教唆、闹事、颠覆、恐怖主义*、（暴力、炸弹、炸药、炸、爆炸）违法、非法、（合法）、违犯、触犯、犯罪、犯法、（守法）、罪、罪恶、罪名、罪行、罪状</td></tr>
<tr><td>司法行为</td><td>逮捕、拘留、起诉、诉讼、（证据）、上诉、胜诉*、败诉*、辩护、罚、罚款、没收*、侦察、审、审理、审讯、（坦白）、审判、判处、处决、判决、判刑*、（刑、有期徒刑*、无期徒刑*、缓刑*、死刑）、枪毙、放、释放</td></tr>
<tr><td colspan="2">法律法规</td><td>宪法、国法、法制、法律、法令、法规、司法、刑法、民事、刑事</td></tr>
<tr><td colspan="2">涉法场所</td><td>派出所、公安局*、～现场、法院、法庭、监狱、刑场</td></tr>
<tr><td colspan="2">涉法人员</td><td>警察、公安、侦探、法官、律师、证人*、原告、被告
强盗、匪徒、贼、小偷*、流氓、罪犯、犯人、～犯*、嫌疑人*</td></tr>
<tr><td colspan="2">治安状况</td><td>治安、安全、安宁、太平、吉祥、稳定、和谐
危险、动荡、混乱、动乱、恐惧、恐怖、案件、案情</td></tr>
</table>

其次，面向汉语作为第二语言教学的汉语义类系统可以以“义类词表”的形式服务于“汉语作为第二语言义类词典”一类工具书的

① 为适度避免某一类聚中的词语遗漏，可以酌情补充了一些相对高频的超纲词，表中加“*”号词是超纲词举例，括号中的词为相关联想和逆向联想举例。

编纂。

编词典不易，编有特色的词典更难。我们设想，“汉语作为第二语言义类词典”因其使用对象与常规汉语词典不同，故应有服务于第二语言学习的特色。在收词范围上，宜在相关词汇大纲的基础上适度扩展或删减；在编排体例上，与按音序或按部首排列的常规汉语词典不同，词语应按义类布局，同时附有汉语拼音索引；在释义上，由于义类是义项类属的划分，因此在特定类目下不必解释某一词语的无关义项，而以“参见”的方式解决一词多义问题。该词典的重点不在于某词的意思怎么讲，而在于某词何时、何处用，和怎么用。如果我们勾勒出的这种义类词典在汉语作为第二语言教学中有应用价值，那么我们的“义类词表”无疑可以作为此类词典编纂的重要参考依据。

最后，面向汉语作为第二语言教学的“义类词表”还可以直接服务于学习者。

因为“义类词表”的篇幅有限便于携带，且有类目、拼音双重检索功能，故可供学习者在书面表达或口语表达“词穷”时“急用先查”；又因“义类词表”中的词语是基于《等级大纲》的，因而也可以供学习者用于平日的词语学习，或用于 HSK 考前的词语突击记忆。

我们在“3.3.2”指出，通过背词典来掌握一门外语，早已被证明不是一种科学、有效的方法。但“义类词表”与通行汉语工具书或其他音序词表不同，“义类词表”由于与交际情境、交际话题密切相关，因而有一定的语境提示作用，可以引发学习者联想，因而还不能说词表完全脱离了语境。

3.4 利用义类进行词汇教学的实验报告

3.4.1 我们知道，本书“3.3”中提出的汉语义类系统研究成果在汉语作为第二语言教学中的应用还只是一种推理或假设。尽管我们认为，我们的研究依托了我国古代的学术积淀，借鉴了当代语言学界先期研究成果，参照了我们自己的教学、研究实践经验，但我们的研究在教学中是否有效，是否有助于学习者记忆词汇，都还需要教学实验来证明。毫无疑问，课堂教学跟踪对比实验应当是对一种新的教学方法最好的检验方式，但是受诸多条件限制，那样大规模、长时间的实验不易施行。因此我们采用小规模、重复性课堂教学实验的方法，通过两次对比实验组与对照组的学习效率和记忆效果，检验、证明利用词语义类进行词汇教学的可行性。

3.4.1.1 关于实验方案的确定

我们有两种同属“同组匹配实验”的方案可供选择。方案 A：对同一组被试先后分两次分别采用音序词表和义类词表进行教学，两个词表在控制词语等级的前提下采用不同的词语样本，两次词语教学的时间长度、教学步骤完全相同，但因两个词表排列的方法不一而呈现不同的教学方法。方案 B：设立汉语水平同等的实验组和对照组，两组使用词语样本完全相同但分别按音序和义类排列的词表，同样是通过词语排列的差异体现不同的教学方法。

方案 A 的特点是，同组被试不存在实验主体是否有学能及汉语水平差异的问题，但前后两次采用不同的词表，则难于保证两个词表学习难度的一致性。尽管我们可以控制词语等级，但仍有语义、汉字等多种因素会干扰到词语记识的难度。此外，在前后两次不同方法的词语教学过程中，学习者难免会将前一次的学习方法迁移到后一次学习中。而一旦实验词表与对照词表的实际难度不一，一旦前后两次词语学习方法的界限不明，我们实验结果的信度就会大打折扣。

方案 B 的特点是，两组使用词语样本完全相同而排列不同的词表，这就保证了词表难度的一致性，也避免了两种词汇教学方法的相互干扰。将被试分为实验组和对照组，两个介入实验的主体在学能及汉语水平方面难免会存在着一定的差异。而将原有准备参加实验被试人数一分为二，也会影响到实验组的被试量。

在综合考虑了两个方案各自的长处与局限后，我们认为，方案 B 相对更能保证实验结果的信度，因此我们决定采用方案 B。

3.4.1.2 关于实验用词表的设计

考虑到既要给被试一定的词语记忆、识别压力，又要控制实验给被试带来过重的记忆负担，我们选择了 60 个词作为实验词表样本，把这 60 个词分成两组，每组 30 词。30 个词从词语教学量上说与当前初级以上水平一课书的词汇量大体相当，也符合董明等学者(2002)提出的一篇课文不宜超过 38 个生词的观点,[①]因而可行性较强。我们再分别把每组的 30 个词设计成两份排序不同的词表,供被试学习、记忆。一份依学习者通常所见的汉语拼音音序排列,一份依义类排序。两个音序词表依声母划分,共得“B、C、D、F、G”等 9 个同声母聚合,每个聚合有 5 至 9 个词不等;两个义类词表依据我们构建的义类体系划分,共分出“疾病”、“司法治安”、“蔬菜”、“水果”、“情绪”、“地理”、“电器”、“动物”等 8 个词义聚合,每个聚合有 7 至 9 个词不等。[②] 德国心理学家艾宾浩斯(Hermann Ebbinghaus)的“遗忘曲线”理论告诉我们,不同性质的材料有不同的记忆效果。比较容易记忆的是那些有意义的材料,而那些无意义的材料在记忆的时候比较费力气,回忆起来的时候也很不轻松。[③] 我们由此可知,在词汇学习、记忆实验中,对词义内涵的理解有助于学习者对第二语言词汇的感知、储存。据此,我们实验词表中全部 60 个词都给出英语、日语、朝鲜/韩国语翻译,以保证所有被试对词义的准确理解。[④] 我们试图通过词义对译的方式,帮助被试将注意力集中在对已知概念的不同语言表达方法的记忆上。

为保证实验信度,我们需要实验用词表中的词语对被试来说尽可能是先前未曾学习过的,这样才能有效对比不同学习方法的学习效率与记忆效果。因此,在我们选定的 60 个实验用词语样本中,超纲词有 40 个,约占 67%。即便是 20 个纲内词,也尽可能保证一定难度,其中丁级词如“绑架”、“起诉”、“烦躁”等 13 个,丙级词如“半岛”、“丛林”、“鲸鱼”等 5 个,甲、乙级词只有“高原”、“西瓜”2 个。换言之,在我们实验用词表中,丙级词以上的词汇超过词表词汇的 96%。根据当前通行教材的收词情况以及我们首次实验设定的被试的汉语水平,我们的实验用词表应当具有“生词表”的属性。

---

① 参见本书 1.3.2.4。

② 我们知道,依音序、义类区分的两个词表应分为同样多的板块,实验才最为科学。但在设计词表的实际工作中,在词语完全相同的前提下,以同样数量的义类板块匹配同样数量的音序板块是一件非常困难的事情,故我们姑且以 8 个义类板块匹配 9 个音序板块。

③ 参见http://edu.sina.com.cn/l/2002-11-21/34414.html《心理学教授谈记忆魔法——艾宾浩斯遗忘曲线》

④ 有关实验用词表的设计,可参见本书附录(三)。

3.4.1.3　关于被试的选择与实验的时机

我们的首次实验把被试的汉语能力定位于初级的中上水平（指具有一年以上、800学时左右的汉语学习经历），因为这一水平的被试已有词汇量有限，但又基本可以听懂实验主持者的汉语指引，同时对汉语生词和汉字也已有较强的接受能力。因而，我们选择了北京师范大学汉语文化学院2007年春季学期留学生102—2和102—3两个教学班，每班各13名学生，一个班作为实验组，另一个班作为对照组。[①] 被试中包括韩国学生17人，日本学生6人，泰国学生2人，印尼学生1人，大体均匀分布在两个班中。我们选择在开学后一个月的正常课堂教学中进行实验，此时针对汉语水平不一而进行的班级调整已经完成，而距离期中考试尚有时日，因而无论是对被试水平的控制还是被试本身的心态，都有利于实验的进行。

3.4.1.4　关于实验的方法及步骤

我们首先在两天内对实验组与对照组各进行两次词汇教学，每次用时约10分钟，教授30个生词，两次课堂词汇教学的方法相同。具体步骤是：向被试发放词表，请学生朗读一遍词语，每个学生朗读2至3个词语，用时约3分钟；老师带读一遍，特别提示实验组和对照组分别注意词语编排是音序板块或义类板块，用时约2分钟；请被试按教学方法提示自行默记生词，不得抄写，用时约5分钟。课堂词汇教学结束，回收词表。

我们在第二次词汇教学后另用3分钟复习全部60词，然后随堂测试学生掌握情况，作为即时记忆效果考察；一周后复测，作为延时记忆考察。即时记忆效果考察采用的方式是请被试写出自己刚学过的生词，要求是能写汉字最好，其次写拼音，再次写母语。测试用时15分钟。延时记忆效果考察则采用测试卷方式进行，用时15分钟。复测内容涉及词义选择、加注拼音、选词填空，也包括在给出义类或音序提示的前提下写出自己一周前学过的生词，测前无复习。对被试的要

---

① 有关年级代码和被试汉语水平的描述，参见本书2.1.1。在本实验完成后不久的期中考试中，对照组的考试成绩略好于实验组，这消除了我们在选择实验方案时的担心，同时更进一步支持了我们实验结论的信度。

求仍是能写汉字最好，其次写拼音，再次写母语。[①] 本实验由同一教师操作，[②]以保持两组间教学步骤的一致性。

3.4.2　试验结果

我们采用百分制考察被试即时记忆效果，不同的记忆表现在成绩中权重不同。被试通过回忆能用汉字记录自己所学过的词语且书写正确的记 3 分；用汉字书写，虽字形有误但仍可以辨识的记 2 分；用拼音书写且拼写正确的亦记 2 分；用母语书写，所写确为我们学过的生词记 1 分。测试共有 60 个词语，每个词语完全记忆记 3 分，则总分为 180 分。将每一被试的得分总数除以 180，即可以百分制测算出该学生的记忆效率得分。

即时记忆效果实验结果显示，采用义类学习方法指引的实验组的记忆效率平均得分为 48.29，而对照组的记忆效率平均得分为 31.75，实验组的得分高出对照组 16.54 分，是对照组成绩的 1.5 倍，不同记忆方法的差距相当可观。对外国的汉语学习者而言，在没有语境且未经多次重现的前提下，在短时间内记忆 60 个生词绝非易事，因此 48.29 的得分也是很不错的成绩。值得注意的是，在即时记忆测试中，虽没有义类或音序的提示，包括对照组在内的被试都有将同类词集中共现的现象，更有一名被试将问卷纸折成 8 个格，按义类分格填写。这在一定程度上反映出人们在记忆词汇时对事物类属的依赖。有关该测试的详细结果可以参见本书附录(四)。

延时记忆效果的测试同样采用百分制，测试卷第一、二、三大题每 10 分，每小题 2 分。第四大题评分标准与即时记忆效果测试相同，但是前三大题题干或选项中出现过的 15 个词语不再计分。试卷总分为 165 分(30 分＋45×3 分)，将每个学生的得分总数除以 165，即是该学生百分制的延时记忆成绩。

延时记忆效果的实验结果显示，采用义类学习方法指引的实验组，延时记忆平均成绩为 36.36，而对照组的延时记忆平均成绩分为 19.53，实验组的得分高出对照组 16.83 分，采用义类学习方法的延时记忆效率几乎是对照组 1.9 倍。

---

① 测试卷见附录(四)。

② 两次实验均由北京师范大学汉语文化学院步延新博士实施。

为印证本实验结论的可信度和可重复性，同时探讨采用义类学习词汇方法在中高级汉语水平学习者中的效用，我们在 2008 年秋季学期，依旧选择与首次实验相同的时机，分别以北京师范大学汉语文化学院留学生 301—1 班和 301—4 班为实验组与对照组，再次进行了汉语词汇学习、记忆效果对比实验。301—1 班参加实验的有效人数为 12 人，301—4 班有效人数为 13 人。25 名被试中，包括韩国学生 19 人，日本学生 1 人，泰国学生 1 人，印尼学生 2 人，美国学生 1 人，希腊学生 1 人，大体均匀分布在两个班中。

我们采用了与首次实验完全相同的词表，但考虑到对 301 高年级的学生来说，词表中大约只有 60%的词具有“生词”属性，因而我们把首次实验时分两次学习词表的步骤合并为一次，用时 15 分钟。对两组被试的即时记忆与延时记忆效果的测评，则完全与首次实验相同。

实验结果显示，在即时记忆效果的对比方面，采用义类学习方法指引的实验组的记忆效率平均得分为 73.97，而强调按音序学习词汇的对照组的记忆效率平均得分为 51.06，实验组的得分高出对照组 22.91 分，是对照组成绩的 1.4 倍。在延时记忆效果的对比方面，实验组的记忆效率平均得分为 59.15，而对照组的记忆效率平均得分为 33.89，实验组的得分高出对照组 25.26 分，是对照组成绩的 1.7 倍。第二次实验的结果表明，对中高级汉语水平学习者来说，采用不同词汇学习方法导致的不同记忆效率的差距同样相当可观。有关两次测试的详细资料亦可参见本书附录(四)。

我们认为两次实验可以证实我们的假设：利用义类进行汉语词汇教学，无论对即时记忆还是对延时记忆，无论是针对初中级水平学习者还是针对中高级水平学习者，都有显而易见的好处，而延时记忆效果比即时记忆更为突出。艾宾浩斯认为，凡是理解了的知识就能记得迅速、全面而牢固。那么，义类信息是否也是一种帮助理解的教学资源呢？答案应当是肯定的。

3.5　本章小结

3.5.1　本章上溯先秦，下及当代，对我国历史上的汉语义类研究进行了理论上的审视，梳理了《尔雅》以降语义分类研究的发展脉络。

我们认为，从秦汉到清代，大量义类词典的问世在一定程度上反映了汉语的特点所产生的客观需要。汉语的特点造就了传统语言学对语义研究的重视，造就了雅学的兴盛，造就了训诂学在语义研究上的突破，也造就了雅学从语言研究层面向语言应用层面发展。雅学“同义类聚”方式的兴盛，推动了古代类书的编纂，也启发了今人对编纂现代汉语义类词典的关注。

我们在这一章还回顾了我国历史上利用汉语义类进行语言教学的传统。从《史籀篇》等官修的启蒙字词读物，到以“杂字”为名的各种坊间识字课本，再到《番汉合时掌中珠》一类把汉语作为第二语言的专门教材，利用“同义类聚”方式进行词语教学，始终是我国传统的语言教学的重要手段之一。古代的语言教学，包括把汉语作为第二语言的教学，自有其不成熟的一面。但我们认为，以义类统领词汇的教学方式能够延续近千年的事实，在对外汉语教学史上的影响不容低估，对我们今天的汉语作为第二语言词汇教学研究同样有参考、借鉴的价值。

3.5.2　考察古代的义类研究及其应用，目的是服务于今天的汉语作为第二语言词汇教学。本章在继承当代义类研究成果的基础上，探讨了如何构建一个面向汉语作为第二语言教学的词汇义类系统，并利用其进行教学。本章对词语分类的范围、标准、类目的确定，以及对词语分类体系层次深度和宽度进行了理性思考，并在此基础上对《等级大纲》中的名词、动词、形容词进行了尝试性的义类划分，得出一份“汉语作为第二语言教学用词语义类表”。或许这一词表疏漏与偏颇之处所在多有，但我们相信，这样的词表在进一步研究修订之后可以服务于汉语作为第二语言教学的教材编写和工具书编纂，也可以直接服务于学习者的汉语词汇学习。

3.5.3　我们采用重复性实验的方式，涉及被试 50 多人，尝试印证汉语义类系统研究成果在汉语作为第二语言教学中的应用效果，两次实验成绩见表 10。

表10　两次实验结果对照表

实验结果 / 实验次第	即时记忆		延时记忆	
	实验组	对照组	实验组	对照组
第一次实验	48.29	31.75	36.36	19.53
第二次实验	73.97	51.06	59.15	33.89

由上表可知，实验组与对照组的成绩差别性显著，实验结果相当令人振奋。实验在一定程度上证明了利用词语义类进行词汇教学的有效性和可行性。

我们同时也注意到，由于种种条件限制，我们的实验至少有两点不足。

一是被试数量偏少。尽管我们相信，具有可重复性的实验结果在一定程度上可以证明利用词语义类进行词汇教学的有效性和可行性，但如果能有更多的被试介入，实验将会更有说服力。

二是我们的实验词表以名词为主，因而实验无法判断利用义类方法记忆汉语词汇时在不同词类上的效率差异。我们所构建的面向对外汉语教学的汉语词汇义类体系涉及《等级大纲》中的名词、动词、形容词共计7321个。在这7321个词中，动词、形容词约占50%，而在我们的实验词表中只占13%，我们显然应当对实验词表词类的均衡给予更多的关注。

第 4 章　汉字形类研究及其在汉语作为第二语言教学中的应用

4.1　有关形类的研究

4.1.1　“形类”，是指依据汉字形体划分出的类别，形类研究则是在基于汉字形体结构对汉字进行的分门别类的研究。我们曾在“3.1.1”指出，人类社会是伴随着对主客观世界类属的认识而前进的。既然分类是一切科学研究的初阶，那么我国传统语言学对汉字的研究当然也不例外。

4.1.1.1　古代学者对汉字研究的“知类”，最早表现在“六书”学说中。

“六书”一词始见于《周礼·地官·保氏》：“养国子以道，乃教之六艺，一曰五礼，二曰六乐，三曰五射，四曰五驭，五曰六书，六曰九数。”没有列出六书的细目。班固《汉书·艺文志》：“《周官》保氏掌养国子，教之六书，谓象形、象事、象意、象声、转注、假借。”郑玄《周礼注》引郑众《周礼解诂》：“六书，象形、会意、转注、处事、假借、谐声也。”班、郑二家虽道明六书细目，却未解析六书之具体内容。唯许慎在《说文·叙》中的表述相对最为清楚：“《周礼》八岁入小学，保氏教国子先以六书：一曰指事。指事者，视而可识，察而见意(本作“察而可见”此依段注本)，上、下是也。二曰象形。象形者，画成其物，随体诘诎，日、月是也。三曰形声。形声者，以事为名，取譬相成，江、河是也。四曰会意。会意者，比类合谊，以见指撝，武、信是也。五曰转注。转注者，建类一首，同意相受，考、老是也。六曰假借。假借者，本无其字，依声托事，令、长是也。”

学界大多认为，许慎所说之前四书是从造字法着眼对汉字形体的分类，可以认为是真正的“形类”。而后二书则着眼于用字之法，是以不造新字的方法达到造字的目的，因而实际上与造字无涉。但也有学者认为，“转注”是为同义词造字的一种方法。“建类一首”的“类”指字类，“首”指部首。所谓“建类一首，同意相受”，是说为若干同义词造字要统一它们的部首，使它们共同受意于这个部首。转注字一是部首相同，二是同义互释。至于字形结构，仍不出前四书的范围。（许嘉璐，1988：183）无论我们对“转注”如何解释，“六书”主体上是汉朝学者根据小篆字形对汉字结构所做的分类。可以这样认为，“六书”学说是我国最早的、主要从汉字形体出发的对汉字的分类研究，是汉字形类研究之始，也是许慎进行进一步形类研究以探索汉字结构系统的理论依据。

4.1.1.2　许慎不仅诠释了“六书”学说，更是通过他所著之《说文》把汉字形类研究大大推向前进。如同我们在“3.1.3.3”曾指出的那样，《说文》与《尔雅》采用的是同样的基于分类的研究方式。区别只是《尔雅》是对词语语义的分类，分出的是“义类”；《说文》则是对汉字形体的分类，分出的是“形类”。

《说文》根据“六书”理论，首创有系统的汉字形类体系。许慎首先从形体结构入手将汉字分为“文”与“字”两大类。其《说文·叙》曰：“仓颉之初作书，盖依类象形，故谓之文；其后形声相益，即谓之字。文者物象之本；字者言孳乳而寖多也”。这是说，源于图画式的象形字和指事字是“文”，也就是独体字；而在独体字基础上构成的会意字和形声字是“字”，也就是合体字。区分“文”与“字”的意义在于，既然“字”是由“文”孳乳、增益而成，“字”就有了拆分的可能；不同的“字”中包含有相同的“文”，“字”就又有了再分类的可能。于是，许慎将所收之 9353 字（计“重文”则 10516 字）按形体分为 540 部，然后“据形系联”，使这 9000 余字“分别部居，不相杂厕”。[①]

许慎的 540 部每部各立一个部首，每一部首本身也是一个形、音、义一体的汉字（部首字多为“文”），部首字后以“凡某之属皆从某”系联同部之字。有学者称这些部首字为“基础汉字”，《说文》所收的万余字都是由这些基础字再度组合而成的。（邹晓丽，1990）由于汉字是表意文字，形义相关，所以同部字不仅在字形上含有同样的构字部件，也有

---

① 语出许慎《说文解字·叙》。

因同部首而享有的共同义素贯穿同部字之始终。如《走部》:“走,趋也。从夭止。夭者,屈也。凡走之属皆从走。”又如《疒部》:“疒(音nè),倚也。人有疾痛也。象倚箸之形。凡疒之属皆从疒。”[①]许慎撰《说文》时未能见甲骨、金文,其说解字形依据的是小篆。以当今的文字学眼光观之,许慎的字形分析和分部或有失当之处,但这并不影响《说文》义类研究得整体科学性。

我们这里姑且不讨论许慎辨形分部的得失,只是体会许慎据形说义从而建立汉字形类系统的用心。因为无论是“夭”是否该解释为“屈”,或是“疒”是否“象倚箸之形”,从“走”之字如“趋、赴、超、越、赶”等皆有“行走”义,从“疒”之字如“疾、疫、痛、痒、瘤”等皆有“病痛”义却是无可置疑的。我们据此可知,许慎的“凡某之属”不只是字形上的类属,也是字义上的类属。如果说《尔雅》是以一个“类义”统摄一个“义类”,那么《说文》则是以一个部首作为一个“类目”,沟通一个形义相关的“字族”。在“知类”方面,二书确有异曲同工之妙。

《说文》分析字形、考究字源、说解字义、辨识读音,其在中国乃至世界语言文字学史上的价值这里自不必多说。单是许慎首创的汉字形类研究方法——以偏旁分部统摄汉字的“部首法”,就一直为人们所沿用,至今仍是中文字典编排的主要体例之一。同时,运用“部首法”解析汉字,也成为汉语作为第一语言教学的“语文教学”,和汉语作为第二语言教学的“对外汉语教学”中重要的教学内容或教学方法。

以当今词典学的眼光观之,许慎的形类研究则有不尽如人意之处。《说文》的540部首或失之于繁琐,或不易检索。如“戌”、“亥”二字各立为一部,虽字下亦云“凡某之属皆从某”,但其实并无所从之字;“宫”不在“宀”部而自立一部;“字”不在“宀”部而在“子”部;“桑”不在“木”部而在“叒”(音ruò)部;“牧”不在“牛”部而在“攴”(音pū)部等等。同一部首中的若干字,排列次第的规律也并不十分鲜明。因此,即便是古代学者,查阅《说文》也不是一件易事。《说文》“大徐本”的校订者、南唐著名的文字学家徐铉便称:“偏旁奥秘,不可意知。寻求一

---

① 本书所引用之《说文解字》均依据“段注本”。

字，往往终卷。”[①]由此可以想见今人检索《说文》的难处。

4.1.1.3　东汉以降的字典，大都继承许学，在《说文》形类研究的基础上，结合汉字形体的隶变与楷化，本着“据形系联”、“分别部居”的方法，或在收字的范围上拾遗补缺，或在汉字偏旁部首的分合上继续推敲，或在编排体例上推陈出新。无论怎样，《说文》的影响都显而易见。如晋吕忱的《字林》（书佚，部首划分一依许慎之 540 部，收 12824 字）、南朝顾野王的《玉篇》、唐颜元孙的《干禄字书》（先按平上去入四声分部，再依偏旁排列）、宋司马光等的《类篇》（基本依据许书分部，收 53165 字。其体例主要特点有，古今字形体不一则不从许书而按今字分部，无部可归的字皆以类相聚）[②]、宋戴侗的《六书故》、宋李从周的《字通》（依《说文》推究字源，而按楷书笔画分为 89 部）、元李文仲的《字鉴》（按平上去入四声和 206 韵编排文字）、明梅膺祚的《字汇》、明张自烈的《正字通》（体例一依《字汇》之旧而在内容上勘误补缺）、清张玉书等的《康熙字典》等等。从审视形类研究发展变迁的角度看，在上述著作中，又以《玉篇》、《六书故》、《字汇》、《康熙字典》几字书最值得我们关注。[③]

《玉篇》凡 30 卷，基本依照《说文》的分部又稍有增删，将所收之字分为 542 部，而部首排列的顺序与《说文》有所不同。如卷三，收“人、儿、父、臣、男、民、兄、弟”等 13 部，把和人有关的部首排列在一起；卷二十三，收“马、牛、羊、犬、豕、鹿、兔、象、熊、虎”等 29 部，把与动物有关的部首排列在一起。这让我们依稀看到了《尔雅》义类的影响。《玉篇》又首创异部重文之例，并在有些字下标出与该字同声符而不同义符之字所属之部首，这样既便于检索，又有助于探求语源、归纳词族系统。

《六书故》凡 33 卷，是书一反许书体例，将所收之字分为“数”、“天文”、“地理”、“人”、“动物”、“植物”、“工事”、“杂”、“疑”等 9 部。戴侗将义类分明的字分别归入前 7 部，其他不易归类的字则收入“杂”、

① 语出徐铉《说文解字篆韵谱·序》。转引自刘叶秋《中国字典史略》，中华书局，1983 年，第 24 页。

② 参见许嘉璐主编：《传统语言学辞典》，河北教育出版社，1990 年，第 222 页。

③ 本小节所述诸字书体例主要参考了刘叶秋的《中国字典史略》，中华书局 1983。

“疑”二部。[①] 一部之内的字再按指事、象形、会意等“六书”次第排列。如果说我们从《玉篇》的分部中可以看到《尔雅》的影响，那么《六书故》的分部就很有些类书的味道了，这或许是唐宋两朝类书风行的影响所致。然而戴侗著书的要旨在于以“六书”阐释字义，所以我们仍可把他的著作看做是形类研究。戴氏的研究也提示我们，正因为汉字是表意文字，形类与义类就有可能交叉，这也是我们提出形类研究可以应用于词汇教学的依据之一。

《字汇》凡 14 卷，收 33179 字，除首末卷外，正文按 12 地支字分为 12 卷。著者梅膺祚将许书的 540 部首归整为 214 部，各部的排列顺序依部首字的笔画多寡为先后，一部之内的汉字亦依笔画数排列顺序。关注笔画、笔顺并按笔画排字，为梅氏首创。从词典学的角度看，方便检索，是《字汇》对《说文》的重大改进。《字汇》也因此风行于明末，其体例后世字典莫不遵从，一直延续至今。

《康熙字典》收 47035 字，分部与编排一依《字汇》，为 214 部。较之以往字书，《康熙字典》以收字丰富、体例谨严为特色。有一点值得注意的是，为了用偏旁形体阐明字义，《康熙字典》改动了《字汇》、《正字通》对一些字的分部。如“颍、颖、颎”几字，《正字通》都在“页”部，而《康熙字典》将三字分别归入“水、禾、火”三部；“问”和“闻”不属“门”部而分属“口”部和“耳”部；“鸣”不属“口”部而属“鸟”部等等。如此分部或许不便检索，但可见张玉书等人深受许书形类研究的影响，编纂字典时徘徊于形义关联的“据形系联”与重形轻义的“便查优先”两者之间。

4.1.2　当代字典辞书大多按音序排列文字，除增加汉语拼音检索外，部首和笔画仍是重要的检索手段之一，只是根据国家公布的语言文字规范，对旧有的部首做了进一步的归整合并，定为现在的 201 部。[②]

纵观汉字形体的演变以及《说文》以来字书的传承，我们大致可以得出两点结论：一是随着时代的发展，许慎著书所依据的小篆形体发

---

① 这种形类、义类相结合的研究汉字的方式也为今人所采纳，邹晓丽著《基础汉字形义释源》即依义类编排，将 540 部。

② 参见《汉字统一部首表》（草案），《语言文字规范手册》，语文出版社，2004。

生隶变、楷化、简化，本来尚可识别的“笔意”渐次变为“笔势”，因而形义关系变得模糊，无论是“据形说义”还是“据形系联”都变得相对困难；二是后世字书减并部首或依笔画排序，都是为了“便查”。随着字典“方便检索”的要素被强化、突出，基于“据形系联”的汉字形类研究呈现出逐渐被淡化的趋势。

如果我们从形义关联的角度看《说文》，如果我们从建立汉字形类系统的角度审视许慎对汉字的分部，其实许慎是自有其道理的，比如前文曾提及的“字”不在“宀”部而在“子”部、“牧”不在“牛”部而在“攴”部的例子即是。因为许慎著书旨在“据形说义”，所以他并不顾及后人检索便利与否。

反观当代通行字典辞书的分部体系，本来相当于形类“类目”的部首，有些已经变成不再表达“类义”的构字部件。如“思”字，在《现代汉语词典》（商务印书馆第 5 版）与《新华词典》（商务印书馆 2001 修订版）中“心”部、“田”部两属，而《现代汉语规范词典》干脆就归入“田”部；[①]又如“邑”字，在《现代汉语词典》和《现代汉语规范词典》中为部首字（阝在右），而《新华词典》却归于“口”部。检索系统背离形义关系系统，对我们利用部首所构成的形类进行字词教学会产生一定的影响。

汉字隶变、楷化、简化以及部首表义功能的淡化，使得传统的形类研究在一定程度上受到了局限，可供我们据以进行字词教学的资源也因而受到了限制。至于现代汉字在形义关系上还有多大程度能“视而可识，察而见义”；至于许慎所创建的以部首为类目、形义相关联的汉字形类体系，经过历代以减并为主要内容的归整后，在当今对外汉语字词教学中还有多大的应用价值，我们将在本书“4.3”一节中探讨。

4.1.3　从《说文》到《康熙字典》，在汉字形类研究中，除许学一脉相承外，也有标新立异的“另类”，这就是以宋人王子韶（字圣美）为代表的“右文说”。

沈括《梦溪笔谈》卷十四云：“王圣美治字学，演其义以为右文。古之字书，皆从左文。凡字，其类在左，其义在右。如木类，其左皆以木。

---

① 《现代汉语规范词典》（外语教学与研究出版社，语文出版社，2004）凡例：上下结构或左右结构的字按照先上后下、先左后右的方法提取部首。若所提取的部分不是部首，则再从下边或右边提取。

所谓右文者，如‘戋’，小也，水之小者曰浅，金之小者曰钱，歹而小者曰残，贝之小者曰贱，如此之类，皆以‘戋’为义也。”王圣美倡导“右文说”的著作已经失传，但我们据沈括语可以得知，“右文说”认为，声符相同的一组形声字具有共同的语义特征，而义符相同的一组字只说明它们同处一个事类。

汉字中确有声符相同意义相通的字族，如“经”(《说文》:“经，织纵丝也。”即织物的纵线。)、“径”(《说文》:“径，步道也。”即供步行之窄路。)、“茎”(《说文》:“茎，草木干也。”)、“颈”(《说文》:“颈，头茎也。”即脖子。)、“胫”(《说文》:“胫，胻也。”即人之小腿。)、“泾”(《释名·释水》:“水直波曰泾。泾，径也，言如道径也。”即水径直涌流。)等字，均从“巠”得声，皆有“直而细长”之义；再如“盲”与“忘”都从“亡”得声，均有“逝去”义；又如“登”有“向上”义(《说文》:“登，上车也。”)，从“登”的“凳”、“灯”(燈)、“镫”、“蹬”(《集韵》:“蹬，立貌”)、“磴”(山路的石级)等字既从“登”得声，又皆从“登”获义。

可见，“右文说”的出现有着必然的原因，因为语言生活中支持这一学说的例子并不鲜见。“右文说”具有合理性的一面在于，汉语词义的分化往往伴随字形有规律的变化。一个词通过词义的引申分化成意义相关的一组词，而起初这组词可能仍用一个汉字形体来记录。后来为了区别，才在这个形体的基础上添加不同的义符，于是最初的形体就成了后起字的声符。后人从相同的声符入手，自然就有可能求得一组意义相关的同源词。此外，语音相近的词有可能就是同源词，而语音相近的词当然也有可能采用统一声符表音。因此，王圣美解析汉字的角度还是有一定的可取之处，只是若把“演其义以为右文”绝对化，就会背离语言事实。

以段玉裁、王念孙为代表的清乾嘉学者，吸收“右文说”之精髓，且又突破了字形的限制，以声音同训诂，把“演其义以为右文”推进为“声同义近，声近义通”。即如王念孙所说：“就古音以求古义，引申触类，不限形体”。[①] 比如，“州”、“舟”、“周”三字同音却互不谐声，但皆有“环绕”义；“通”、“洞”、“葱”、“钟”几字义符各异，声符不一，但都有“中空”

① 语出王念孙《广雅疏证·叙》。

义。很难否认这两组字的各组内部诸字没有语义关联，但各组字的字形却互不相涉。语言事实告诉我们，一组字若具有共同的语义特征，关键不在“右文”，而在字音，只是字音在一定程度上可以在字形上反映出来罢了。从重视“右文”到关注“右声”，是训诂学在方法论上的一次飞跃。

王圣美研究汉字的方法是另辟蹊径，但与许慎有一点相同，即“右文说”也是从汉字形体入手探讨字义问题，只不过许慎系联汉字主要着眼于义符，而王圣美则着眼于声符。因此，我们把王圣美的“右文说”也算作形类研究的一种放在本节讨论。至于段玉裁、王念孙以及其后的清代学者，他们对同源字族的研究用力甚勤，对训诂学的贡献至巨。但既然它们的研究“不限形体”，自然就与“形类”无涉，因而也就不在我们深入讨论的范围了。①

4.1.4　传统的汉字形类研究发展到当代，随着汉字字形的现代化、语文工具书检索的现代化，特别是中文信息处理对汉字编码的需求，逐步背离“以义相属、据形系联”的《说文》形类系统，形成了以“部件”取代“偏旁”的学说。许慎以“从某，从某”拆解汉字，所切分出的是汉字的“偏旁”，包括作部首的“形旁”（又称“形符”、“义符”）与“声旁”（又称“声符”），形旁和声旁在古代又都是可以独立的“字”或是“字”的省笔。《说文》的形类系统与字音、字义紧密相关，这我们在“4.1.1.2”中已经论及，而“部件”则是在“偏旁”的基础上对现代汉字字形的进一步切分，这种切分只考虑字形，不考虑字音、字义，如“足”字可以拆分成“口”、“止”两个部件。有学者为“部件”这样定义：“部件也叫字根、字元、字素，它是由笔画组成的具有组配汉字功能的构字单位。从构成汉字的三个层次说，部件介于笔画和整字之间，它大于或等于笔画，小于或等于整字。”（苏培成，2001：74）由于提倡“部件说”的学者对部

---

①　清代至近代还有不少学者通过汉字谐声系统研究汉语声韵，虽然研究的落脚点不在语义，但他们的研究方法却是据“右文”系联，在某种程度上亦可视为“右文说”的影响所及。如严可均的《说文声类》、姚文田的《说文声系》、张惠言的《说文谐声谱》等等。此类研究以近代学者沈兼士编著的《广韵声系》较有代表性。其自序云：“吾人欲建设汉语学，必须先研究汉字之字族；欲作字族之研究，又非先整理形声字之谐声系统不可。”据沈氏自序，是书编辑主旨约有四点，“一、叙列周秦两汉以来谐声字发达之史迹。二、提示主谐字与被谐字训诂上文法上之各种关系。三、比较主谐字与被谐字读音分合之现象。四、创立以主谐字为纲之字典模范。”其主旨之“四”对我们今天的汉字教学亦有启发。

分部首字不再拆分，所以有些部首也是部件。根据国家语言文字工作委员会于 1997 年发布的《信息处理用 GB13000.1 字符集汉字部件规范》，汉字基础部件为 560 个，这是当代的形类研究的成果。

当代形类研究之以"部件系统"取代"部首系统"，是一个渐进的过程。1925 年出现的四角号码检字法就已经打破讲究构字理据的部首统摄汉字的格局，初见"部件"端倪，但这些新的检字法"没有推广开，还是部首编次法占着优势"。（刘叶秋，1983：227）直至 1988 年《新部首大字典》问世，我们看到了对《说文》偏旁部首系统颠覆性的革命。

《新部首大字典》是一部收 5 万余字的大型字典，其编者王竹溪教授身为国际著名的物理学家兼数学家，又殚思于汉字形体结构，专门博雅，两擅其长。他以一人之力且耗时 40 余年编成是书。王氏字典依据他的部首系统立"新部首"56 个，并据此排列字序。他认为，这 56 个新部首"是汉字组成的单元，它们在构成汉字的作用上与英文字母构成英文单词的作用在形体上相当……用新部首分解五万多个汉字，基本上是无重码的"（王竹溪，1988）。王氏的新部首是由部分传统部首加上笔画构成的，但其检字方法特殊。比如，翻检"页、顶、额"几字，如果查传统或其他当代字典，这些字均在"页部"，且"页"是部首字。但《新部首大字典》将"页"字置于"一部"，在"一部"下再查"一丶"；而"顶"字不与"页"字相属，须查"一部"以下之"一亅"，也就是从"丁"查"顶"；至于"额"字则要到"丶部"去找，完全与"页、顶"二字不同部。王氏的部首系统何以如此"另类"？我们从字典的"编者前言"和"总序"中可知，《新部首大字典》追求的是汉字部首的字母化和检字无重码，王氏对《说文》部首系统的改革是主要为计算机自动检索服务的。可以说，《新部首大字典》是我国较早的面向中文信息处理的形类研究。

如果我们了解了王氏的"新部首系统"，再看当今流行的"部件系统"，我们会发现它们的实质是相同的，即只考虑汉字构形，不关注形义、形音的关联，不关注汉字构形的理据。"新部首"与"部件"的主要应用范围，都应该是服务于中文信息处理，只不过"新部首"是以字典的形式问世罢了。

4.2 利用形类进行汉字教学的理论与实践

4.2.1 纵观上节所述的汉字形类研究，其成果至少应当包括基于小篆的、从造字角度对字形的分类，即“六书系统”；从“形义关联”的角度对字形的分类，即通过部首系联汉字的“部首系统”；从“声符表义”的角度对字形的分类，即依据声符系联汉字的“右文系统”；以及基于现代汉字、单纯从构形角度对汉字的拆解分类，即只考虑汉字构形不涉及音义的“部件系统”。[①] 这些研究成果，无论是在由古及今的、面向国人的语文教学中，还是在面向汉语作为第二语言的教学中，都在发挥着不同程度的作用，[②]同时，形类研究也在应用中被不断拓展并推向深入。以下我们针对两类不同的教学对象分而论之。

4.2.1.1　形类研究与面向国人的语文教学

字词教学是我国古代幼童启蒙教育中的一项重要内容。有教育的需求，就有服务于教育的研究。古人治学之要务在于应用，在古代被称作“小学”且作为经学附庸传统语言文字之学就更不例外。我们曾在上节指出，古代学者对汉字研究的“知类”，最早表现在“六书”学说中。而古人之所以建立“六书”理论，也完全是为了应用。无论是《周礼·地官·保氏》还是许慎的《说文·叙》都明确指出，“六书”作为“六艺”之一，是针对少年学童即所谓“国子”的教学内容。形类研究最早就是服务于小学生汉字教学的，而古代的字与词又基本是一一对应。因此，基于“六书”理论的古代汉字教学说到底是服务于汉语词汇教学，最终服务于研读儒家经典。

字词教学同样是我国当代基础教育语文教学中最重要的一项内容，因为识字能力直接关系到学生的阅读写作能力，进而影响到学生的汉语表达水平甚至智力发展。教育部制订的《全日制义务教育语文课程标准(实验稿)》(以下简称《课程标准》)规定，学生在九年义务教育阶段，应当掌握 3500 个常用汉字。其中一至二年级掌握 1600 至 1800 字，到三至四年级要掌握 2500 字。这是一个切实可行却又要付出努力才能实现的标准，因为即便是语文教学界也有不少人认为，汉

① “形类”还可根据由“初文”或“准初文”派生孳乳字的系统进行归纳，比如，我们可以根据“文”与“字”在现代汉语中有无意义联系把部分汉字分为三组。其一，由“文”到“字”无明显意义关联的孳乳，如：木→沐、且→祖；其二，由假借形成的无意义关联孳乳，如：求→裘、其→箕、莫→暮；其三由引申形成的有意义关联的孳乳，如：昏→婚、家→嫁、取→娶。鉴于这样归纳形类的方式不便于大面积应用于对外汉语词汇教学，下面不再论及。

② 形类研究成果亦在中文信息处理领域应用，但不在本书研究范围。

字有“三多、三难”，即字多，难记；形多，难写；音多，难读。

字词教学的效率问题一直困扰着我国语文教学实践活动，但同时也是推动我国当代小学汉字教学几十年来不懈探索的动因。众多研究者特别是一线教师总结出不少行之有效的教法，如集中识字、分散识字、拼音识字、循环识字、字理识字、字族识字等等。在诸多教学方法中，“六书”学说及其所依据的“因义赋形、因形见义”的方法所发挥的作用最为突出。

尽管“六书”学说是基于对汉字小篆形体的归纳，尽管汉字经过隶变、楷化，进而又经过简化，图形表意渐次变成符号表意，但作为一个符号系统，古今汉字是一脉相承的，稍加追溯、解释，还是可以帮助学习者在一定程度上沟通形义关联。因此，今人在语文教学的汉字教学中仍可以充分利用“六书”学说。

以“字理识字教学法”为例，该教学法中包括“形象法”和“义缀法”等13种方法，所谓“形象法”，针对的是汉字中的象形字。“象形字的教学应该根据字的特点来进行，即先出示字的原始图形，分析图形与字义的联系；再讲解由图到字的演变过程，分析图形与字形的联系；然后综合分析图形、字形与字义的联系三者之间的联系。”所谓“义缀法”，针对的是汉字中的会意字。“会意字的教学，教师应该先将字分解成几个构件，让学生了解各个构件的意义，再将这些意义连缀起来，理解该字的意义，最后因义识形，让学生从构件和字的意义关系方面掌握该字的形体。”[①]不难看出，字理识字教学法研究者所依据的正是“六书”理论，针对不同类型的汉字制订教学方法。

也有研究者将自己的研究命名为“汉字形义联想教法”，并直接表明自己的研究依据就是“六书”。研究者指出，汉字教学应当“遵循汉字的‘四书’（指“六书”中的前“四书”）结构规则，采用据形释义，形义联想的方法教学，这可以使汉字学习化难为易，帮助学生明白字的形义关系。”研究者还认为，“汉字形义联想教法当遵循先教象形字，次指

① 参见王玮《字理识字教学法》，载于人民教育出版社网页，http://www.pep.com.cn/200406/ca439794.htm，我们对引文中的个别文字作了订正。

事字，再会意字，再形声字的教学程序。"[①]"汉字形义联想教法"本质上仍是"字理识字教学法"，而"六书"学说则是该方法的理论基础。

许慎根据"据形系联"方法建立的汉字部首系统虽经历代减并、改造，在语文教学中的作用仍不可小觑。

"汉字形义联想教法"的倡导者在讨论形声字教学法时就提出，讲形声字要"先讲清形旁和形旁表示字的词义类属范围"，"在形声字的形旁中，能统摄同部字并表示所统字的词义类属范围的形旁，在字典中称为部首。形旁分组教学，主要针对这些能作部首的形旁，其统字量约占形声字的 90%，既方便，又利于系统提高教识效率"。[②]

"字理识字教学法"同样也很重视部首的作用，其"求同法"即指出，汉字的部首系统最能体现汉字据形知义的特点。这就是要求我们在合体字，尤其在形声字的教学中，必须引导学生对同部首字的字义进行分析、归类，让学生认识到每个部首都存在着表义的类属性。

当代语文教学中的汉字教学对"右文系统"与其说是利用，不如说是改造，而这种改造早在沈兼士先生从整理谐声系统入手进行字族研究时就已经开始。利用谐声系统进行汉字教学，不关注"右文"的表义功能，只注重"右文"作为"基本字"的可扩展性，可以看做是语文教学界对改造、应用"右文说"的一种新的尝试。

在我国语文教学法中颇具影响力的"集中识字教学法"可以说是一种归类识字法，[③]其基本方法包括形声字归类、基本字带字和形近字归类三种。其中"形声字归类教学法"就充分利用了形声构字规律，根据广义的"右文"将形声字归类。比如，教学生学习"清、晴、情、精、静"一组字，使他们知道这一组字的共同点是都有表音的声旁"青"，再加上不同的表义形旁就构成了这一组汉字。"基本字带字教学法"则是通过给"基本字"（通常相当于"右文"）加偏旁部首的办法引导学生利用基本字学字、记字，比如"主"就是"住""柱""往"一组字的基本字。"集中识字教学法"的关键在于利用一组字的相同部分组成字串，突出

---

① 参见 http://www.s266.com/ blogger/safe/20061116/22346.html，载哈尔滨师范学校戴云文章，我们对引文中的个别文字作了订正。

② 参见上举戴云文章。

③ 集中识字教学法源于 1958 年辽宁省黑山县北关学校的教学实践，并在一定的范围内得到推广。集中识字教学法所采用的归类识字法实际上也是一种形类研究。

其不同的偏旁部首，通过分析比较，强化记忆字的不同部分，从而识别并记住生字。

一般来说，我国基础教育阶段语文教学中的汉字教学强调汉字构形理据，因此，当代形类研究所得出的“部件系统”不能完全符合汉字教学的要求。或许基于这种考虑，《课程标准》只是提出小学生需要掌握汉字的基本笔画和常用的偏旁部首，并未采用“汉字部件”的说法。从我们掌握的材料看，当前基础教育中通行的汉字教学的方法与目标也与《课程标准》一致。

4.2.1.2 形类研究与面向汉语作为第二语言的教学

汉字历来是外国学生学习汉语的主要难点之一。造成这种情况的原因主要有二：一是汉字自身的特点。早期汉字因义赋形、因形见义，但经过几千年的形体演变，汉字大多失去了形义关系明显的特色；尽管汉字中绝大多数都是形声字，但在汉字中记录同一音节的音符往往不止一个，又由于古今音变，有的形声字声符的读音和汉字的读音相差甚远；现代汉字的笔画种类多达二三十种，不少笔画之间的区别甚小，而笔画之间的不同关系正是区别汉字字形的重要手段。因此，在非汉字文化圈的外国学生眼中，汉字成了由一堆毫无规律的笔画组合起来的符号。二是学习者的特点。不少外国学生在学习汉语前对汉字几乎一无所知，他们获得的文字知识和文字技能都是在拼音文字体系中进行的，初次接触汉字，让他们对汉字充满了神秘感和畏惧感。因此，如果说要求中国学生在九年义务教育阶段的前 4 年掌握 2500 汉字、其后掌握 3500 个常用汉字不易，那么对非汉字文化圈的外国学生来说，在四年汉语言专业本科阶段掌握 2503 个汉字，或在 HSK 高级阶段掌握 2905 个汉字就更难，[①]更何况能够通过来华就读四年制汉语言专业本科来学习汉语的人在全部汉语作为第二语言学习者中只是极少数。也正因为如此，对外汉语教学界始终关注汉字教学法的研究与实践。

研究汉语作为第二语言教学中的汉字教学，我们不能不关注我国的语文教学，不能不借鉴语文教学中的已有的经验。事实上，凡在国

---

① 《汉语言专业教学大纲》(附件一)收 2503 字，《等级大纲》收 2905 字。

内语文教学界使用过的汉字教学方法，在对外汉语教学界也大都进行了尝试。

学界有不少研究者强调对外汉字教学要利用“六书”理论，他们认为“无论汉字如何地由繁到简，笔势如何地由肥笔改为瘦笔、弧形线条改为直线条，汉字的演变始终没有离开表意的特征。‘六书’作为汉字的结构方式，充分体现了汉字内在的理性意义，从符号学的角度看，有理性意义的符号相对于无理性的符号更容易理解，容易记忆。”（邓小琴，2001）在对外汉语教学课堂上，基于“六书”理论，运用字形溯源的方式介绍汉字形义关系，是常见的教学方法。例如，对“子、木、果、水、自、门”等字的讲解：

子 → ，像襁褓中新生婴儿的形状；

木 → ，像树的形状；

果 → ，像树上长着果实；

水 → ，像水流形状；

自 → ，像人的鼻子；

门 → ，像两扇门。

以上是通过古文字形体讲解象形字，用这种方法在处理独体字时常常可以取得较好的教学效果。对于合体字的教学，尤其是会意字或形声兼会意字教学，我们有时无需借助古文字形体。比如教“嫁”、“娶”二字，告诉学生汉字是如何“比类合谊，以见指撝”，说明“嫁”是女子结婚到丈夫家；“娶”是男子把女人“拿”到手；教“烦”字，只要告诉学生“页”在古代汉字中代表“头”，学生即可以领悟这个字的造字意图。这样分析字形，一方面能帮助学生了解汉字笔画及构字的理据性，另一方面，也是更重要的，能引起外国学生对汉字的兴趣，这将有助于他们克服学习中的畏难情绪。总之，适当利用“六书”理论帮助学生学习汉字，不失为对外汉字教学有效的方法之一。

我们在上一节曾指出，许慎创立的汉字部首系统不只是字形上的类属，同时也是字义上的类属，部首的作用相当于一个义类的类目。利用汉字部首系统进行汉字教学，既可系联形类，又可沟通义类，因此这一方法在对外汉语教学界受到广泛重视。有学者就明确指出:"字义系联是结合词汇教学,借助认知语义场的概念,进一步巩固和扩大汉字量的一种有效方法。字义系联的第一种做法是充分利用形符(或意符)特别是部首,如人(亻)、刀(刂)、言(讠)、土、口、山、广、水(氵)、女、手(扌)、日、月、文(攵)、火(灬)、心(忄)、石、示(礻)、衣(衤)、金(钅)、禾、走(辶)、足、门、雨、食(饣)、鸟、鱼、竹、目、田等,基本上都可以表示一个义类,我们把含这些意符的相关字串联起来,组成一个个字族。在对外汉语教学甚至包括汉语作为母语教学的实践中,我们一直偏重表意偏旁,采用的方法多为意符系联,即把同一部首的汉字放在一起教。"(周健、尉万传,2004)在偏旁教学中以部首教学为主是有道理的。这种局面的形成,是汉字的表意特点决定的,与《说文》所开创的形类研究影响有关,也与表音偏旁自身数量大、位置灵活、表音规律复杂有关。

当然,学界也不断有人呼吁在对外汉字教学中要充分利用"右文",也就是汉字的声符。德国学者柯彼德(1995)就指出,"除了指出形旁所表示的意义范畴,在现代化的汉字教学中应该多发挥声旁的作用……今后要设法建立从 2/3 的汉字具有表音功能出发的教学系统。"我国学者亦指出,在对外汉字教学中要"注意利用现行汉字声旁的表音作用。这既发掘和调动了汉字表音功能的积极因素,又能发挥外国学生自小养成的善于把字形与字音联系起来的潜在优势。"该学者认为,在学了"青"和以"青"为声符符的一些字后,就可以出现这样的语句:"河水清清天气晴,青蛙长着大眼睛"、"唯物论和唯心论不是决定思维方法的唯一因素",以此来分辨和巩固以"青"为音符的一组汉字"清、晴、睛"和都含有"隹"的一组汉字"唯、维、惟",增加识字量,并进一步体会现代汉字的有关特点。(费锦昌,1998)这完全是借鉴了我国小学语文教学"集中识字教学法"中的"形声字归类教学法"。

与中国语文教学中的汉字教学不同,对外汉语教学界不乏针对利用汉字部件进行对外汉字教学的研究。崔永华基于下述四点假设,提出利用部件进行汉字教学的可行性:第一,汉字拆分出的记忆单位越少,越利于识记;第二,汉字拆分出的记忆单位的可称谓性越高,越利于识记汉字;第三,汉字拆分出的记忆单位的含义越明确,越利于识记汉字;第四,学生识记汉字的错误,与部件识记不准确有较强的相关性。根据这四点假设,他分别作出相应的求证:第一,《等级大纲》中8822 词共用 2866 字,如果以部件为识记单位,平均部件数为 2.91;第二,汉字构字部件全部可称谓的加上基本可称谓的共占近 70%;第三,构成《等级大纲》甲级词所用的 801 个汉字的 330 个部件中有 226 个有较固定的含义,占部件数的近 70%;第四,有统计显示,留学生书写错误中,形错字占 83%。(参见孙清顺、张朋朋,1985)崔永华(1997)据此认为,"利用汉字部件进行教学,会帮助学习者掌握汉字的构形规律,这不但可以加快学习的进度,而且可以使他们掌握识记汉字的方法,为今后的学习打下良好的基础。"与崔永华持大致相同观点的还有张旺熹(1990)、费锦昌(1998)等学者。

4.2.2 如果我们审视当前的中国语文教学和对外汉语教学,我们不难发现,形类研究的四类成果中至少有三类在对内、对外汉字教学都得到了不同程度的应用,也都有一定的收效。不可否认,对两类学生的汉字教学的确有很多共性,但值得我们探讨的是,中国语文教学和对外汉语教学毕竟是两种不同性质的教学,面对把汉语作为第二语言学习的学生,我们汉字教学方法的差异何在呢?我们怎样才能做到既充分利用形类研究成果,又突出第二语言教学的特色呢?

在汉字学习方面,基础教育阶段的中国学生与把汉语作为第二语言学习的学生(尤指非汉字文化圈的外国学生)存在诸多不同。认识这些不同点,有助于我们制定相应的汉字学习策略。

4.2.2.1 从学习主体年龄差异带来的特点看,基础教育阶段中国学生的主体为少年儿童,而对外汉语教学中的外国学生基本是成年人。① 一般来说,少年儿童的记忆能力强于成人,但却不及成人的理解能力、逻辑思维能力和文化素质。是以中国小学语文教学中让学生一个生字反复写 10 遍 20 遍的方法可以奏效,但这种通过多次机械重复加强记忆的方法如果挪用到面向海外成人的教学,势必会受到学生抵制。而汉字形类研究成果用于对外汉字教学,恰好符合成人善于归纳、联想、类推的思维、记忆特色。

① 当前海外汉语教学学习主体的年龄呈明显下移趋势,如何针对海外儿童进行汉字教学,需要专门研究。

4.2.2.2　从学习主体的语言文字能力看，中国学生在学龄前已经通过母语习得获取了较高的汉语听说能力，他们的语言水平远远（甚至永远）高于他们的汉字认读、书写能力；而外国学生通常是在开始学习汉语时才接触汉字，他们能听懂、说出的不多，能看懂、写出的就更少。[①] 因此，面向中国学生的利用"形类"的汉字教学，可以采用编写儿歌、口诀，通过让学生背诵来分辨、记忆字组的方式。比如，综合"部首系统"和"右文系统"学习"烂、拦、栏"一组字，可以通过背诵"兰加火字旁，万家灯火多灿烂；兰加提手旁，一条大河把路拦；兰加木字旁，花园两边有栏杆"来实现。有学者提出对外汉字教学也可以借鉴这样的方法，编写为识字教学服务的语句，如"河水清清天气晴，青蛙长着大眼睛"。（费锦昌，1998）但我们认为，采用这种方法有三个前提：一是此法只适用于有独立的汉字课的"集中识字"，否则汉字教学会冲击汉语教学；二是对所编语句的语言难度必须加以控制，否则会平添学习者的负担而得不偿失；三是在国内对外汉语教学中，所编语句须"成人化"，否则容易受到成年学习者的排斥。

4.2.2.3　从两类学生学习汉字的动机看，中国学生学习汉字的目的是要把他们已经能说的和听到的写下来，或看懂别人写的是什么。初级汉语水平外国学生学习汉字无非是了解他们刚刚学会说的词语怎样用文字记录，或是通过学习汉字帮助自己了解将要学习说什么和怎么说。学习汉字的目的、动机不一，重视汉字的程度自然也不一样。自古以来，中国的基础教育都把认读、书写汉字放在首位，上学主要是为了识字，大量的语文课堂教学时间投入到"识字"，也正因为如此，"上学"又被民间称作"念书"。而对外汉语课堂教学对汉字认读、书写投入的时间要少得多。对一些非汉字文化圈的学生而言，由于借助汉外对译和汉语拼音也能学会说汉语，所以有些人出于畏难情绪而抵触汉字学习。因此，引导外国学生重视汉字学习，是对外汉字教学的首要工作。经验告诉我们，在教学中适当利用"形类"的方法，特别是运用"六书"理论引入古文字字形说明汉字构形理据，恰恰是吸引学习者对汉字产生兴趣的有效手段。

---

① 不排除少数汉学家从认读汉字开始学习汉语，可以从事汉语研究而始终不具汉语的听、说能力。

4.2.2.4　从两类学生对汉字的认知能力和认知水平看，由于汉字是单音节文字，适应汉语“音节语言”的特点，这使得已经掌握汉语的中国学生比较容易接受汉字；又由于越来越多的生活在目的语环境下的中国幼童在入学之前既已对汉字有了一定的感性认识，所以他们入学后在教师指导下分清汉字的笔画、偏旁并不是一件很困难的事。而对非汉字文化圈的外国学生而言，汉字笔画神秘莫测，形近字的笔画差异难于分辨。因此，他们要么以“画字”代“写字”，要么下意识地用自己所熟悉的拼音文字知识与技能去同化汉字。比如，把“管”的“竹字头”写成两个并排的“K”，把“官”的下半部写成“B”，把“口”一笔写成字母“O”等等，都是欧美学生书写汉字常见的错误。

4.2.2.5　从两类学生在书写、认读汉字时出现的错误类型看，在汉字书写方面，汉字基础欠佳的中外学生都会出现写错字、写别字的情况。但相比较而言，外国学生由于对表意文字的认知水平有限，且又受拼音文字的影响，他们从小形成的一套文字观念是用符号记录语音的，对形音的联系特别敏感，因而他们写别字的几率要高于中国学生。有学者的研究结果显示，在外国学生汉字书写偏误中，写别字占88％。（参见吴英成，1991）中国学生写错字较多情况是笔画的误增、误减，而外国学生除了写别字以外，其他的常见错字类型可以归纳为部件混乱、部件错误（包括“偏旁省代”、“形近相混”、“镜像错位”、“点撇无定”、“出头与否无定”）、结构松散和结构混乱。学界有人把外国学生上述书写偏误称之为“汉语书面语的中介形式”（张旺熹，1997）。在汉字认读方面，中国学生容易出现的错误是误以声符为字音，即所谓“秀才识字读半边”；外国学生常见的误读类型则是受该字构词能力的影响，或受相邻汉字的影响而读成另外一字，有学者称之为“念白字”，比如，把“新婚”读成“新结”，把“游览”读成“旅览”把“京剧”读成“北话”等等（参见冯建明，1995）。产生此类错误的原因我们已在“2.2.2”中论及，这里不复赘述。根据两类学生对汉字不同的认知水平，我们认为，对外国学生更有必要通过汉字偏旁教学强化他们的“字感”和对“形义关联”的认识，同时通过“由字组词”的训练，强化他们的语素意识。

4.2.3 以上是从学习者的角度看中外学生在汉字学习方面的差异。从教学者角度看，在汉字教学的总体安排或教学策略上，中国语文教学中的汉字教学和对外汉字教学也存在差异。

由于母语学习必定是“先语后文”，故中国基础阶段的语文教学一直在探讨是“集中识字”还是“分散识字”哪一种方法更有效的问题。而在对外汉语教学界，“集中识字”只是在很小的范围内进行教学实验，[①]还远未到推广普及的地步，至于海外的汉语教学，“集中识字”就更为鲜见了。在汉语作为第二语言教学界，人们一直在探讨的是“先语后文”还是“语文同步”，甚至是要不要“学语弃文”。

目前，对外汉字教学在总体安排上可以分成下述四种情况。

一是“先语后文”，即在初级阶段只教拼音，不接触汉字，待学生具备了一定口语水平后再教汉字。“先语后文”的方法是受小学识字法的启发。中国的小学生在学习汉字之前就已经具备了正常的汉语听说能力，在此基础上学习汉字相对容易一些。但我们认为这个方法对外国学生并不太适用。这主要是因为外国学生在学汉语之前对汉语一无所知，如果让他们在口语水平达到一定的水平之后再学汉字，不仅会影响汉语学习效率，而且会助长学生日后对汉字学习的畏难情绪和抵触心理。

二是“语文并进”，即随着课文出现的词语，逐一认读汉字。“语文并进”的方法在当前对外汉字教学中占主流地位，表现形式为课文中出现什么词，就教什么字，识字、用字同步进行。当前无论国内还是海外，通行汉语作为第二语言教材都是以“词”为教学本位，通过“由词及字”的方式，为“语文并进”的教学方法服务。一般认为，用“语文并进”的方法教授汉字易于学习者边学边巩固，同时对教师的汉字知识与汉字教学技能没有特别的要求，因而可操作性较强。但也正是这种方法容易给学生造成了汉字没有规律、汉字难学的印象。

三是“语文穿插”，即拼音与汉字在课文中交叉分布，有计划地控制生词数量和调节汉字出现的顺序。“语文穿插”的办法可以有计划地控制生字的数量和安排汉字出现的顺序，但哪些汉字先出，哪些汉

① 北京大学对外汉语教育学院李大遂教授长期以来从事此类研究。

字后出，也是一个很棘手的问题。

四是“单独开设汉字课”，即不依附于按词汇项目和语法项目编排的课文，单独开设读写汉字的课程，编写使用专门教材。“单独开设汉字课”的做法，在汉字教学的安排上可以体现汉字的系统性，可以尝试进行“集中识字”，可以提高学生学习汉字的效率。不过通常有人对此持不同观点，认为这种教学法和以交际为目的语言活动很难结合。此外，这种教学模式需要以学生一定的汉语水平为前提，以一定的课时投入为保障，也应该以一定的汉字教学量为依据。（参见张和生等，2006：115）

4.2.4 以上我们对比、分析了中国语文基础教育和对外汉语教学在汉字教学诸方面的异同。对比研究可以帮助我们在如何进行对外汉字教学方面得出如下一些建设性意见。

首先，两种类型汉字教学既有相当多的共性，又有各自的特点。中国语文基础教育由古及今已有几千年的传统，而对外汉语教学则是一个新兴学科。就对外汉字教学而言，我们既要吸收中国语文教学中汉字教学的有益经验，又要区分第一语言教学与第二语言教学，当然还要区分教学对象是否从属汉字文化圈，教学对象是否成年，从而突出自己的学科特色，突出汉语、汉字的特色，突出关照不同学习者认知规律的特色。只有这样，我们才能建立起有效的对外汉字教学模式。

其次，以往的理论探讨与实践经验都向我们显示，形类研究及其成果有助于我们开展汉字教学，形类研究可以而且应该继续在汉语作为第二语言教学领域得到充分的应用。此外，形类研究本身也可以在应用性、针对性方面进一步深入拓展。

再次，我们期待学界能开发、推广适用的对外汉字教学独立课程，期待该课程既能反映汉字的系统性，帮助学习者提高汉字读写学习效率，又能沟通字词关系，服务于汉语词汇教学。但就当前国内对外汉语教学界而言，由于对外汉语课堂教学总体设计研究的局限，由于对外汉字教学模式研究的局限，大范围地开设独立的对外汉字教学课程，时机似还不够成熟。至于海外不同层次的汉语教学，由于当地语言人才培养目标、课堂教学时数以及师资知识结构等条件限制，汉字教学还是会在以“语文并进”为主的模式下进行，但这并不排斥海外汉字教学在一定程度上对形类的利用。

4.2.5 通过对中国语文基础教育和对外汉语教学在汉字教学方面的对比、分析，值得我们思考、探讨的问题至少还有如下二事。

4.2.5.1 第一，“汉字部首系统”与“汉字部件系统”是不同时期汉字形类研究的成果，二者之间是什么关系？我们在对外汉字教学中究竟应当采用哪一系统？

我们先看“汉字部首系统”。从许慎的540部首到《字汇》、《康熙字典》的214部，再到国家发布的《汉语统一部首表》的201部，部首的表意功能渐次衰减，从“据形说义”的依据渐次转变为以服务于字典的检索为主，一些没有表意功能、不能独立成字的构字符号（或曰“构字部件”，如“乛、𠃌、⺄、乚”等）也取得了部首资格。

我们再看“汉字部件系统”。由于对汉字部件的切分可以分多个层级，因此不同的切分标准会得出不同的部件数目。国家颁布的《汉字部件规范》规定汉字基础部件为560个，这里既有不成字的笔画，也包括独立成字的部首。“汉字部件系统”最初是基于服务计算机字处理而进行汉字切分的，因而只管部件构形，不问部件表意与否。

可见，“汉字部首系统”与“汉字部件系统”二者在构成内容上有重合的部分，但由于对汉字切分的目的不同、原则不同，因而二者还是有显而易见的差异。在对外汉字教学上采用不同的说法，不只是术语的不同，更会带来教学法上的区别。尽管一些汉字部首的表意功能已经缺失或淡化，但从整体上说，依据“汉字部首系统”进行汉字教学总是要强调构形理据，反对过于细碎的汉字构形切分；而如果纯粹依据“汉字部件系统”进行汉字教学，关心的就只是构字部件的位置了。

我们主张在对外汉字教学中依旧采用“汉字部首系统”，并把该系统纳入到内容更为宽泛的“汉字偏旁系统”中，同时要进行现代化改造。我们知道，无论是讲形旁（部首）还是讲声旁，都是在强调现代汉字尚存的构形理据，而强调构形理据有助于成人的汉字学习。认知心理学告诉我们，记忆有意义的事物符合人们的记忆规律，符合人的主体建构生成思想，那么记忆有意义的偏旁应该比记忆无意义的部件来得更容易。[①] 此外，形旁、声旁本身绝大多数是可以独立使用且常用的汉字，[②]在学习者识字过程中，作为构字成分的形旁、声旁在单位时间内会得到有效重复，比较容易被视为一个心理认知单元。我们在"4.2.1.2"曾引用过崔永华提出的利用"部件"进行汉字教学所依据的四点假设，即"一、汉字拆分出的记忆单位越少，越利于识记；二、汉字拆分出的记忆单位的可称谓性越高，越利于识记汉字；三、汉字拆分出的记忆单位的含义越明确，越利于识记汉字；四、学生识记汉字的错误，与部件识记不准确有较强的相关性。"事实上，这四点假设，特别是前三点，用"偏旁"代替"部件"可能更加贴切。

我们注意到，提倡利用"汉字部件"进行对外汉字教学的学者也清楚地认识到现行"汉字部件系统"的局限。崔永华(1997)即指出，"在对外汉语教学中，利用部件进行汉字教学的前提，是建立一个科学的、针对教学的汉字部件体系"。"'部件规范'的部件体系是为中文信息处理用的。从信息处理的角度，它有较强的科学性，也可以作为对外汉字教学参考。但是它并不完全适合对外汉字教学的需要。比如从信息处理的角度，部件系统应当控制在一个合理的数量，以适应键位的分配。而汉字教学就不必有这种顾虑，可以而且应当根据教学的需要，对'部件规范'的体系作适当的，也许是较大的修改。"李禄兴也指出："部件分析法一般不注重字的理据性，部件取舍的标准基本依据频度的原则和可组合的原则，对于分析出来的部件是否容易称说，是否易学、易记则考虑得不多。"[③]

我们提出对"汉字偏旁系统"进行现代化改造，是因为我们也注意到，随着简化字的推广，传统的"因义赋形"、"分别部居"的形类关系已经受到了挑战，如果一依其旧，在教学中免不了会遭到质疑。比如，"听"字本从"耳"作"聽"，简化后从"口"；"动"本作"動"，从"力，重声"，今声旁简化为"云"等等，字形的变化让我们无法利用旧有的系统讲解

---

① 参见本书"3.4.1.1"所提及的德国心理学家艾宾浩斯的"遗忘曲线"理论。

② 根据刘伟《语文识字教学科学方法建构的心理学依据》一文，北京师范大学心理系统计分析了北京市小学语文 12 册课本中的汉字，在全部 2011 个声符中，1850 个声符可以独立成字，占 92%。见人民教育出版社网页 www.pep.com.cn/200406/ca439837.htm

③ 参见李禄兴《汉字部件教学分析》，载语言文字网 http://www.yywzw.com/stw/stw5-20.htm

构形理据。汉字简化是国家立法行为,应当是不可逆转的。因此,我们对传统的"汉字偏旁系统"也必须与时俱进、进行改造,使之在理论上与现代汉字系统更匹配,在应用上更具针对性,适用于对外汉字教学。而"汉字部件系统"从现代汉字学的角度出发,可分析性和可组合性相结合,这一点突破了传统汉字学依据"六书"分析现代汉字字形的局限。在帮助学习者准确认识汉字构形、了解书写规范、改正笔画错误方面,"汉字部件系统"有自己的长处,也应当为"汉字偏旁系统"吸收,在汉字教学中发挥作用。我们认为,如果能真正建立起一套适用于对外汉字教学的形类系统,术语用"偏旁"或是"部件"其实并不重要。

4.2.5.2　第二,我们知道,无论是"语文并进"还是"独立开设汉字课",都可以应用形类研究的成果来强化教学效果,但在对外汉字教学的研究与实践中,"语文并进"与通过开设独立汉字课推行"集中识字",毕竟是两种不同的教学思路。我们究竟应当采用哪一思路?我们应当怎样协调二者之间的关系?

我们认为,汉语作为第二语言学习的初级阶段,对学习者(尤其是非汉字文化圈的学习者)来说,是实现汉字教学"零突破"的阶段,也是打基础的阶段。在这一阶段,汉字教学的任务应当是渐进式的积累,其中包括积累一定的汉字认读能力,也包括积累一定数量的汉字构形的基础知识。这一阶段比较可行、比较通行且比较合理的教学安排还是"语文并进"的方法。因为汉字是记录汉语的符号系统,汉字必须以自己的字形表现语言中的语音和语义才有价值。如果说对事实上已经"语在文先"的中国学童可以尝试"上大人,孔乙己"式的"集中识字",那么对外国学生来说,汉字教学只能从属于汉语教学。脱离语境的汉字教学,不符合第二语言学习规律。在运用"语文并进"的方法进行汉字教学时,如何恰当地应用形类研究成果来消除学生汉字难学、汉字没有规律的印象,如何降低学生学习汉字的难度,帮助他们克服对汉字的畏惧感,提高他们学习汉字的兴趣与效率,是需要我们认真探讨的问题。

可以肯定,在汉语学习的中高级阶段,利用现有的形类研究成果,开设独立的汉字课,是"集中识字"、提高汉字学习效率进而推动汉语词汇学习的有效手段，这在一些院校的教学实验中已经得到了证实。但如何把握识字量，如何将汉字教学与词汇教学相结合，如何使汉字教学与以交际为目的语言活动相结合，怎样编写一部适用的对外汉字教学教材，都是尚需研究的课题。因为对于绝大多数外国学生来说，即便到了汉语学习的中高级阶段，学习汉字的目标仍不是掌握汉字的构形系统或理解每个字的来源，而是通过认读汉字理解汉语文章，通过书写汉字表达自己的思想从而达到交际的目的。

说到识字量，中国人到底应该掌握多少汉字就可以基本满足认读与书写的需求呢？我们自然有 1988 年国家语委和国家教委公布的《现代汉语常用字表》2500 个常用字和 1000 个次常用字为依据。2500 字至 3500 字是一个禁得起考验的识字量。根据国家语言资源检测与研究中心 2005 年的《中国语言生活状况报告》，[①]在包括平面媒体、有声媒体、网络媒体共计 7.32 亿字次的大型语料库中，2500 字的覆盖率为 99.26％，3500 字的覆盖率为 99.84％。增加 1000 次常用字，覆盖率仅提高 0.58％。对外汉字教学量的控制，必定是在上述 2500 字至 3500 字的基础上根据教学和学习者交际的需要进行调整。在当前对外汉语教学中，我们主要以三部大纲作为汉字教学量的参照。[②] 我们把三部大纲对汉字教学量的要求大致按初、中、高三级分列于下表：

表 11　相关对外汉字教学大纲对照表

	初级	中级	高级	总计
《等级大纲》	800（甲级字）	804（乙级字） 590＋11（丙级字）	670＋30 （丁级字）	2905
《教学大纲》	1414（初等阶段汉字）	700（中等阶段汉字）	491（高等阶段汉字）	2605
《汉语专业教学大纲》	795（一年级一级字） 696（一年级二级字）	545（二年级）	467（三、四年级）	2503

① 即国家语委发布的《中国语言生活绿皮书》(2005)，商务印书馆，2006。

② 有关三个大纲的全称，参见本书"2.3.1"。本科生用的《汉语言专业教学大纲》的汉字教学量少于长期生用的《教学大纲》，颇令人费解，但不在我们讨论范围之内。

我们认为，在上述三个大纲中，《等级大纲》的制订相对最为严谨，所收 2905 字包括《现代汉语常用字表》全部 2500 个常用字和部分次常用字，只是对字的等级作了些许调整。近 3000 字的汉字教学量比较符合当代中国语言生活实际，也比较符合对外汉语教学的需求。① 此外，我们在"2.3.1"曾指出，由于《等级大纲》较另外两个大纲早出 10 年，而且又是 HSK 的命题依据，因而在对外汉语教学界的影响最大，通常是开展字词教学的依据。

上文指出，无论是"语文并进"还是"独立开设汉字课"，形类研究的成果都是可以利用的教学资源。但在现阶段，由于我们尚无一套针对现代汉字的、适用于对外汉字教学的形类系统，我们利用形类方法进行汉字教学的规模、范围都很有限。我们在教学中对"六书"学说的应用基本上是举例性的，目的仅在于引起学生对汉字的兴趣，或者帮助学生对汉字有一些初步认识；我们对偏旁部首的利用也只是以举例的方式在部分汉字中体现；我们的汉字教学与汉语词汇教学尚未紧密结合起来。

如果我们依据《等级大纲》控制对外汉字教学量，如果我们想使"汉字形类教学法"系统化，我们还需对如下一些问题作进一步探讨。这些问题包括：依据"六书"理论，《等级大纲》各类汉字的具体数量及所占比例几何；纲内汉字理据度的高低，即我们在字词教学中究竟有多少可以利用的形类资源；汉字学习与词汇学习的关系，即如何借助汉字学习扩大词汇量等等。其实，这些问题正是"汉字形类教学法"的关键，我们将在下一节进行专门探讨。

4.3 现代汉字构形理据与字词关系探讨

4.3.1 对《等级大纲》中汉字的分类

如果根据"六书"理论，按象形、指事、会意、形声前"四书"对《等级

---

① 《中国语言生活绿皮书》(2005)的统计，581 个汉字可以覆盖 80%的语料。于是有学者据此提出，在把汉语作为第二语言的教学中，此 581 字应作为对外汉字教学初级阶段的基础汉字。我们采用"由词推字"的方法对这 581 字进行了考察，得出的结论是，581 字无法满足初级汉语教学或基础汉语交际的需求。而据《中国语言生活绿皮书》的统计，只需在 581 字的基础上增加 300 字，语料覆盖率就会增加 10%。因放弃 300 字而降低 10%的覆盖率，在教学上是很不经济的。

大纲》2905 字进行分类，各类字的数量及所占比例如下表：[①]

表 12　纲内汉字分类表

《等级大纲》内汉字按“四书”分类	数量	比例（%）
象形字	240	8.3
指事字	40	1.4
会意字（含单纯会意 519、会意兼指事 1、象形兼会意 7）	527	18.1
形声字（含单纯形声 1804、形声兼会意 173、会意兼形声 121）	2098	72.2
总计	2905	100

通常认为，形声字在全部汉字中要占 80% 以上，但在我们的上述统计中，形声字仅占 72.2%。如果把其中的形声兼会意字和会意兼形声字并入“会意”类，则形声字比例更会降低至 62.1%。这是因为，汉字在孳乳、衍生过程中，主要是采用“形声相益”的方式，因而越是基础字、常用字，形声字的比例就越低，反之形声字的比例越高。《等级大纲》所收自然是常用字，且作为基础汉字的独体字占了近 10%，纲内形声字比例偏低也就不足为怪了。

4.3.2　《等级大纲》内汉字理据度分析

所谓汉字的“理据度”，是指对汉字构形的可解释性的量化分析结果。古代造字或“因义赋形”，或“形声相益”。因此，我们或可从字形得字义（包括从部首求得字义之类属），或可从偏旁得字音。无论是可以因形得义还是能因形得音，都是汉字的构形理据所在，也是我们得以利用“形类”进行汉字教学的基础。随着古今汉字形体的变迁，汉字构形的直观性和可解释性逐步衰减。这就要求我们对《等级大纲》所收汉字构形的理据进行量化研究，以便为“汉字形类教学法”提供依据。

---

① 我们的分类主要依据曹先擢、苏培成《汉字形义分析字典》（北京大学出版社，1999），并参考吴润仪《汉字详解字典》（四川人民出版社，2001）和谷衍奎《汉字源流字典》（华夏出版社 2003）。他们的分类与《说文》字形说解或有不同，也与当代其他学者的分类存在些许差异。

苏培成(2001A:103)明确提出“理据度”的概念,其计算公式为:

实际具有的理据值÷可能具有的最大理据值=理据度

苏培成根据这一公式和他提出的“新六书”(1. 会意字;2. 形声字;3. 半意符半记号字;4. 半音符半记号字;5. 独体记号字;6. 合体记号字),以1、2两类为“理据字”,3、4两类为“半理据字”,5、6两类为“无理据字”,对《新华字典》中“又、冫、刂、鱼”四部共203个汉字做了抽样调查,这四部的理据度分别为0.29、0.46、0.65、0.86,并据此推测,现代汉字的理据度大约在0.50上下。

我们也将采用与苏培成基本相同的研究方法,对《等级大纲》中的汉字进行理据度抽样分析,但在判断、计量理据值时将从教学实际操作的可能性出发,采用不尽相同的测量尺度。我们将高理据度汉字称之为形义、形音关系“透明”,随着理据度的降低依次为“半透明”和“不透明”。凡形义、形音关系“透明”的,我们将理据值计为10;形义、形音关系“半透明”的,理据值计为5;形义、形音关系“不透明”的,理据值计为0。需要说明的是,无论我们怎样界定形义关系的“透明”、“半透明”和“不透明”,对汉字理据值的判定难免有研究者的主观因素,因此我们得出的理据度,无论是某一字的,还是某一类字的,都只能是一个参考值。

4.3.2.1　象形字、指事字、会意字的理据度分析思路

《等级大纲》中象形、指事、会意三类字总计807个,占纲内汉字总数的27.8%。

对象形和指事两类字,我们可以采用字形回溯的方式分析其理据度。对通过字形回溯可以把握、领会字义的,定为形义关系“透明”,如“马、鱼、册、车”等象形字和“本、末、寸、刃”等指事字;对通过字形回溯、讲解就基本可以了解字义的,定为形义关系“半透明”,如“臣、高、回、京”等象形字和“亦、元、朱、甘”等指事字;对通过字形回溯、讲解仍难于说清字义的,定为形义关系“不透明”,如“不、丁、白、毕”等象形字和“亏、七、八、只”等指事字。

对会意字的理据度分析,我们可以采用将偏旁义相加求得字义的方式。对通过偏旁义相加就可以比较清楚地体现该字字义的,定为形义关系“透明”,如“卡、尖、甭、冰”等字;对通过偏旁义相加并需再加以

解释方可辗转体现该字字义的，定为形义关系“半透明”，如“取、初、北、烦”等字；把通过偏旁义相加后经解释仍不能体现该字字义的，定为形义关系“不透明”，如“皮、器、件、加”等字。

考虑到象形、指事、会意三类汉字在大纲内远不及形声字所占的比例高，同时考虑到个人的能力及本书写作工作量的限制，我们对象形、指事、会意三类汉字只是提出理据度分析思路，而将纲内部分汉字理据度的具体分析限制在形声字范围内。

4.3.2.2 形声字的理据度分析

《等级大纲》中有形声字2098个，是四类汉字中最需要注意的一类。测量形声字的理据值与测量象形字、指事字、会意字的指标不同，形声字主要考虑因素是义符能否清楚表明该字字义类属，若仅有三五个字隶属同一部首，即便它们具有共同的义素，也很难说是构成一个形类，或者说这样小的形类在教学上不具备太多“以少驭多”的意义。出于这样的考虑，我们采用在2098个字中选择部分形声字进行理据度分析的方式。我们选择了统摄10字(含10字)以上部首作为测量对象，共得51个部首，我们称之为“大部首”，下辖1781个汉字。[①]应当说，1781字的分析量不算太少。而51个大部首仅占201个部首的25%，但所统摄的1781个汉字却约占全部2098个形声字的85%，这可以说明被选中的51个部首在“汉字形类教学法”中的应用价值。[②]

我们把义符可以清楚表明该字语义类属(主要考虑现代汉语语义)的，或声符与该字读音(依据今音)完全一致的(两个条件居一即可)，定为形义、形音关系“透明”，如“蝉、芳”等字，“蝉”为虫属，“芳”与“方”声同；把需经解释才能表明义符与该字语义类属关系的，或声符与该字读音相近的(两个条件居一即可)，定为形义、形音关系“半透明”，如“适”、“造”二字旧有“行进”义，且旧义在现代汉语书面词汇“无所适从”、“造访”中保留，“完”、“客”二字分别从“元”、“各”得声等等；把义符已不能表明该字语义类属或声符与该字读音完全不一致的定为形义、形音关系“不透明”，如“这、筑”等字。

---

① 见附录(六)。

② 苏培成分析了4898个形声字，构字20个以上的形符有54个，与我们统计的51个部首数量大体一致。参见苏培成2001B:133。

依据上述判定标准，我们对 51 个大部首所辖的 1781 个汉字进行了逐字分析，测量每一大部首的平均理据度和 1781 个形声字的平均理据度。以“冫”部所辖的 15 字为例，“冫”，古代字形像冰凌，是以从“冫”之字当有“寒冷”义。“冷、冻、凄、凌、凉、凝”等 6 字均有此义，故为“透明字”，6 字之理据值为 60；“净、减、凑、决、冲”等 5 字之今义与“寒冷”义相去已远，但每字之声旁与该字声近，故为“半透明字”，5 字值理据值为 25；“冯、况、冶、准”4 字之今音、今义与其声旁、部首义无涉，故为“不透明字”理据值为 0。据此，则“冫”部字的平均理据度为 0.57。表 13 是我们测量统计 51 个大部首平均理据度的结果。

表 13 纲内部分形声字理据测量表

部首	字数	透明字	半透明字	不透明字	实际理据值	最大理据值	理据度
厂	10	6	1	3	65	100	0.65
亻	89	38	43	8	595	890	0.67
亠	15	0	4	11	20	150	0.13
冫	15	6	5	4	85	150	0.57
刂	23	11	8	4	150	230	0.65
力	16	11	3	2	125	160	0.78
土	46	29	11	6	345	460	0.75
艹	71	49	13	9	555	710	0.78
口	101	71	20	10	810	1010	0.80
山	14	7	5	2	95	140	0.68
彳	16	6	3	7	75	160	0.47
广	15	6	4	5	80	150	0.53
门	10	3	7	0	65	100	0.65
宀	22	6	9	7	105	220	0.48
辶	50	26	23	1	375	500	0.75
尸	13	2	7	4	55	130	0.42
女	37	19	14	4	260	370	0.70
马	17	8	9	0	125	170	0.74
王	19	10	8	1	140	190	0.74
木	96	64	25	7	765	960	0.80
犭	22	13	8	1	170	220	0.77
车	15	9	6	0	120	150	0.80

续表

攵	10	1	6	3	40	100	0.40
日	25	18	7	0	215	250	0.86
贝	25	21	1	3	215	250	0.86
氵	140	118	17	5	1265	1400	0.90
扌手	163	139	20	4	1490	1630	0.91
月	46	38	6	2	410	460	0.89
火灬	41	37	3	1	385	410	0.94
心忄⺗	85	76	7	2	795	850	0.94
石	30	20	8	2	240	300	0.80
目	22	21	1	0	215	220	0.98
禾	27	13	8	6	170	280	0.61
疒	23	23	0	0	230	230	1
穴	11	8	3	0	95	110	0.86
耳	11	4	3	4	55	110	0.50
页	18	6	11	1	115	180	0.64
虫	26	16	5	5	185	260	0.71
竹	27	22	3	2	235	270	0.87
衤	15	13	0	2	130	150	0.87
米	14	11	1	2	115	140	0.82
糸纟	59	34	18	7	430	590	0.73
走	10	6	4	0	80	100	0.80
酉	12	5	5	2	75	120	0.63
足	27	22	5	0	245	270	0.91
邑阝在右	12	5	3	4	65	120	0.54
言讠	67	52	13	2	585	670	0.87
雨	10	6	3	1	75	100	0.75
阜阝在左	29	13	6	10	160	290	0.55
钅	48	41	4	3	430	480	0.90
饣	16	12	2	2	130	160	0.81
合　计	1781	1201	409	171	14055	17810	0.79

如果与苏培成举例性的理据度测量结果对照，我们发现，在苏培成统计的“又、冫、刂、鱼”四部中，“又、鱼”两部因各自在《等级大纲》内统辖的汉字不足10字，而不在我们的统计范围内。苏培成的“冫”部

字理据度为 0.46，低于我们的 0.566，原因是苏培成以《新华字典》为统计对象。该字典“冫”部收 33 字，其中“习、尽、弱”等无理据字，因不是形声字而不在我们“冫”部的计量范围中。而苏培成的“刂”部字理据度为 0.65，与我们的统计结果完全相同。

汉字理据度的测量结果对我们利用形类进行汉字教学的思路应当是一种鼓舞，因为由 51 个常用汉字部首所统摄的近 1800 形声字，其理据度接近 0.8。即便把未进入统计的那 317 个形声字全部计为“不透明”(而事实并非如此)，以 20980 为最大理据值，纲内形声字的理据度仍可达到 0.67，大大高于与苏培成所推测的 50%。这样高的形声字构形理据度若不在汉语字词教学中加以利用，可以说是忽视了汉语、汉字的特色，是一种教学资源的浪费。

4.3.3 汉字学习与词汇学习

我们在“1.3.2.2”论及汉语作为第二语言教学中“字本位”与“词本位”之争时曾指出，根据科学性与实用性原则以及现阶段学界对汉语本体的研究水平，当前的汉语作为第二语言词汇教学还不宜大规模地以“字”为基本教学单位，或干脆在教学中以字代词。但因为“汉语的语素和汉字多数是一对一的关系”(吕叔湘，1979:16)，因为《等级大纲》1033 个甲级词中单音节词占了大约 45%，因为这些字与词高度重合的高频单音节词有着很强的组成复合词的能力，所以我们主张强化汉字教学在汉语词汇教学中的作用，在理论上分清字与词，在教材编写和教学中沟通字与词的关系。换言之，汉字学习不等于词汇学习，而汉字学习可以紧密服务于词汇学习，促进学习者词汇量的扩展。

我们在“2.3.1”还曾指出，在《等级大纲》所收 8822 个词语中，有 8566 个被收入《现代汉语词典》。据统计，这 8566 个词语的总义项数为 15280 个，平均义项数约为 1.8 个，而其中的单音节词的平均义项数约为 3.1 个，远高于多音节词的义项数，显示出“单音节词多义项、多音节词单义项”这一汉语词汇发展趋势。具体数据统计如表 14。

表 14　8566 词语之音节数与义项数关系表

音节数	单音节	双音节	多音节	总平均义项数
平均义项数	3.1209	1.4125	1.1955	1.7861

我们知道,《等级大纲》中有单音节词 1930 个,双音节词语 6343 个,三音节以上词语 549 个。若以"表 14"所列的义项数为依据计算,则单音节词共有 6023 个义项,覆盖全部义项的 38.5%;多音节词共有 9615 个义项,覆盖全部义项的 61.5%。也就是说,约 20%的单音节词大约覆盖了 40%的义项,而约 80%的多音节词只覆盖了 60%的义项。这个统计结果告诉我们,如果说词汇学习在一定程度上就是词语义项的学习,那么在一个字与一个单音节词基本对应的前提下,汉字学习当然应当是词汇学习的有效策略之一。更何况,在绝大多数情况下,复合词中每一个汉字的字义都对该复合词词义的形成起决定作用,因而汉字学习在词汇学习中的意义是显而易见的。我们有理由相信,充分利用汉字(语素)进行汉语词汇教学,其效率将大大高于印欧语词汇教学的"词根法"。当然,对外国学生而言,尤其是对非汉字文化圈的学生而言,"由字识词"的能力是需要通过教学的指引与训练逐渐养成的。

4.4　本章小结

4.4.1　本章回顾了"六书"理论的发展和以许慎为代表的传统的汉字研究,并对《说文》以降各代字书的汉字形类研究进行了梳理。我们发现,随着时代的发展和汉字形体的演变,随着语文工具书检索的现代化,特别是中文信息处理对汉字编码的需求,基于"以义相属、据形系联"的汉字形类研究被逐渐淡化。"部件系统"取代"部首系统"的趋势使得传统的形类研究的发展在一定程度上受到了限制,也使得可供我们据以进行字词教学的资源受到制约。但即便如此,形类研究及其应用一直在持续。

我们把形类研究的成果归纳为基于小篆的、从造字角度对字形分类的"六书系统",从"形义关联"角度对字形分类的"部首系统",从"声符表义"角度对字形分类的"右文系统",和基于现代汉字、单纯从构形角度对汉字拆解分类的"部件系统"。本章审视了形类研究成果在汉语教学史上的应用,包括面向国人的语文教学和面向汉语作为第二语言的教学。我们发现,形类研究的成果在对内、对外汉字教学中基本上都得到了应用,也都取得了一定的收效。

本章在分析了对内汉字教学与对外汉字教学的异同后指出，对第二语言学习者更有必要利用形类开展汉字教学，包括通过偏旁教学强化他们的“字感”和对“形义关联”的认识，通过“由字组词”的训练强化他们的语素意识。我们认为，无论是“语文并进”还是“独立开设汉字课”，两种教学模式上都可以应用形类研究的成果来强化教学效果。而在汉语学习的中高级阶段，开设独立的汉字课，是“集中识字”、提高汉字学习效率进而推动汉语词汇学习的有效手段。

4.4.2　形类的本质是“形义关联”。因此，探讨形类研究在对外汉字教学中的应用就不能不研究现代汉字构形理据以及字与词的关系，以便为对外汉语字词教学提供依据。

我们在本章提出了象形字、指事字、会意字构形理据度分析思路，并对《等级大纲》中 51 个统摄 10 字以上的部首所下辖的 1781 个汉字进行分析，通过对汉字形义关系的“透明”、“半透明”和“不透明”的考察，测量这些形声字的构形理据。我们得出的结论是，85％的纲内形声字的构形理据度接近 0.8。这一量化研究结果可以为利用形类开展对外汉字教学的思路提供数据上的支持。

在分析汉字学习与词汇学习的关系的基础上，本章还提出，汉语作为第二语言教学要在理论上分清字与词，而在教材编写和课堂教学中要沟通字与词的关系，关注汉字学习应当是词汇学习的有效策略之一。

第 5 章　余　论

5.1　义类与形类关系的讨论

5.1.1　我们在“3.1.3.3”曾论及《说文》的形类研究中有“义类”研究的痕迹，论及汉字形类与汉语义类的交叉。我们在本节继续讨论义类与形类的关系。

形类与义类的交叉源于汉字的形义关联，也就是字与词的关联。古代学者对字词关联早有深刻认识：“小学有形、有音、有义，三者互相求，举一可得其二。”[①]先贤以形、音、义“三者互相求”的方式考据语义，已经不是单纯的“字”或者“词”的研究范畴所能概括的。

我们当前的义类、形类研究均是在继承传统语言学研究的基础上进行的，因此，不仅我们形类研究中包含有义类的内容，我们的义类研究中也同样也包含形类的内容。

如前所述，我们所说的义类是对汉语词汇的语义分类，而形类是对汉字形体的分类。尽管“字”与“词”在当代语言研究中是两个不同层面的概念，但由于汉字是表意文字、单音节文字，与汉语“音节语言”的特点相适应，汉字形类研究自然与字义密切关联，从而与义类关联。比如，从形类上讲，“打、搬、擦、扔、抬、拍、指、捡、推、摸、摘”等“字”都在形声字之“扌”部下，而从义类上讲，这些“词”又都在“动作类——手脚肢体动作”下。同理，某一义类的词语在用汉字记录时也会在形体类别上有所体现。比如，义类之“医疗保健——疾病”收“病、症、疼、痛、痒、癌、疤”等“词”，而记录这些词的“字”又都在形声字之“疒”部下。[②]

形类与义类的交叉不仅体现在单音节词上，在汉语词汇的主

---

① 语出段玉裁《广雅疏证序》。

② 见附录（五）、（六）。

体——复合词上也显而易见。人们不难注意到，同一义类的复合词往往包含有相同的“词素”（也就是字本位观点所说的“字”）。例如，在“婚恋家庭——婚恋养育”类中，收有“抚育、生育、节育、养育、孕育”等词，诸词均含“育”字；在“医疗保健——医疗”类中，收有“医生、医务、医学、医疗、中医、西医、医院、医务室、医治、医药”等词，诸词均含“医”字；在“司法治安——司法”类中，有“法院、法官、执法、法人、法制、国法、宪法、法律、刑法、司法、法定、法规、法令、法则”等词，诸词均含“法”字。如果我们依据字本位主张把复合词看做是“字组”，那么上述由“同素字组”构成的“字组集合”或可以被看做是一种广义的形类。

我们知道，义类不是汉语所专有，利用义类进行辞书编纂和第二语言教学也不是汉语所独创，①但如上所述的大面积的义类与形类的交叉，应当是汉语的特色之一。若以汉英两种语言进行对比，我们不难发现，汉语单音节词表现出的义类与形类的交叉（同部首同义类），与使用拼音文字英语根本不具可比性，而汉语复合词在构词时表现出的义类与形类的交叉（同词素同义类），在规模上与英语也有显著差异。②

5.1.2　我们研究汉语义类与汉字形类都是立足于应用。既然形类与义类存在着交叉关系，既然汉语学习者在接触熟悉度较低的合成词时词素信息相对重要，（参见冯丽萍，2002）那么我们就应该探索如何把义类与形类统一于对外汉语词汇教学。

我们曾在“3.3.3.3”提出以特定的交际任务为纲，以相应的交际情境、交际话题为汉语作为第二语言的操练平台，以扩充学习者在特定语境下达成交际所需的汉语词汇（而非语法结构）为主要教学目的，以帮助学生“编织”联想、类聚、对比的词语网络为主要教学手段的教学思路。如果这就是全部，那么这一教学思路主要涉及的只是义类的

---

① 很多语种均有按义类编纂的工具书。英语如《汉英分类插图词典》，广州：广东人民出版社，1981；俄语如《汉俄分类常用词典》，天津大学出版社，1998；日语如《中日分类词典》，外文出版社，1991。美国普林斯顿大学暑期中文项目“PIB”，为方便学生学习在华基本生活词语而下发的《学生手册》，亦为按义类编辑。

② 英语中亦有“football，basketball，volleyball”（足球、篮球、排球）这样的构词方式，但更多的情况则是，在汉语同一义类词语共享同一词素时，对译的英文词语拼写形式毫不相干。如“市长、校长、院长”对应“mayor，president，dean”，“汽车、火车、摩托车”对应“car，train，motorcycle”，“医院、医生、医药”对应“hospital，doctor，medicine”等等。

应用而尚未涉及汉字教学以及形类研究的应用。

在以不同语言为目的语的第二语言教学中，汉语教学因为涉及汉字教学而独具特色，汉语又历来因为用汉字记录而成为外国人学习的主要难点之一。这不仅因为熟悉了拼音文字体系的外国人初学表意文字不得书写要领，还因为汉字与汉语的关系较之其他语言与文字的关系有很大不同。在以汉字记录汉语的一个字符串中，一个独立的书写符号所记录的一个音节，既可能仅仅是一个字，又可能是一个语素，还可能是一个词。即便属于汉字文化圈的韩国，由于相当长的一个时期以来，国民汉字教育式微，导致年轻一代对“汉字词”的认识逐渐淡漠。有研究表明，84%的韩国学生不知道汉语复合词中的每个汉字有独立的意义，更不知道能从汉字(语素)中推导出词义。(参见张辅允，2004)帮助学习者认读、书写汉字，指导学生利用汉字知识扩展词汇，应当是重要的汉语作为第二语言词汇教学策略，因而也应当是我们教学思路不可或缺的一部分。

开设独立的对外汉字教学课，固然是向学习者贯彻形类观念，从而系统地学习汉字并据以扩大学习者汉语词汇量的有效方法，这一点我们在“4.2.3”和“4.2.5.2”已经论及。但鉴于目前国内对外汉语课堂教学的现状，特别是海外的汉语作为第二语言教学现状，独立开设汉字课“集中识字”的条件并不成熟。若想有条件地打通字词界限，将汉字教学融入词汇教学，若想将义类与形类的研究成果结合在一起应用于课堂教学，我们还得在综合课(或称精读课、读写课)的教材编写与教学法上下大气力。

根据我们的初步研究以及课堂教学实践的经验，我们认为，学习者在不同的学习阶段有不同的记忆特征，因而不同学习阶段的教材编写思路与课堂教学模式应有所不同。体现我们教学思路的教材、教法或许应当按下述方法设计。

初级阶段，围绕最基本的日常生活设置交际场景和交际任务，在某一特定场景下集中出现一类或几类以高频词为主的词语。[①] 限于课文的长度与难度，我们所说的"集中出现某一义类词语"，不是也不可能是某一义类词语的全部或大部。教材规划中某一义类主干词语的完整呈现，可以通过同一情境或话题在不同等级教材的数次螺旋式循环以及课后练习的补充来解决。这一阶段的汉语词汇学习应以"整词记忆"为主，课后词汇练习可以采用"替换练习"的方式。例如：

教室 → 学习 → 复习
↓
我去　银行 → 换钱 → 开户
↓
医院 → 看病 → 打针

与当前以操练句型为主要目的的替换练习不尽相同，我们所说的替换练习，是在教师的指引下引导学习者进行词语联想，培养学生"知类"并按义类记忆、扩展词汇的学习习惯。词汇练习还可以采用"拆分复合词"的方式，在"整词记忆"的同时，初步培养学习者汉字"一字一义"的语素意识。[②] 例如：

电话：电——电线、电灯、电视；话——说话、讲话、谈话

理发：理了两回发；见面：见过三次面

在汉字教学方面，这一阶段应当以培养学生对汉字的基本认知和兴趣为主，应当选用课文中出现过的汉字，通过举例性的对汉字构形理据介绍，帮助学生初步了解形类。

中级阶段，围绕较复杂的日常生活与简单社会生活话题设置交际场景和交际任务，在考虑与初级阶段交际情境衔接、词语循环的基础上，继续在某一特定交际任务下集中出现某一类或某几类词语。中级阶段的词语教学仍应以大纲词汇为主，但为了完成交际任务的需要，

① 《教学大纲》对汉语词汇教学的规定是，初级阶段，达纲词≥85％，超纲词≤15％；中级阶段，达纲词≥80％，超纲词≤20％；高级阶段，达纲词≥75％，超纲词≤25％。考虑到应用义类、形类对词汇教学的促进作用，我们尝试提出在完成大纲教学任务并适度提高词汇教学总量的前提下，在各个阶段，尤其是高级阶段，将超纲词的比例相应提高。

② 国内外英语教材的练习中多有"word study"环节，很多练习方式值得我们借鉴。

可以适度扩大词汇教学总量以及超纲词在教学中的比例。这一阶段的词汇练习，应继续以巩固、拓展学习者通过义类学习、记忆词汇的能力为目的。词汇练习可以包括由“字”及“词”的词汇扩展练习。例如：

车 → 汽车 → 火车 → 自行车 → 摩托车 → 机动车
车 → 车轮 → 车胎 → 车辆 → 车速 → 车次 → 车祸
法 → 法院 → 法官 → 法律 → 法令 → 法规
法 → 司法 → 违法 → 犯法 → 执法 → 合法

词汇练习还可以包括选择同义类词语多种选择填空等练习形式。例如：

现在他的心情十分____。（舒畅、紧张、苦恼、郁闷、悲伤……）
法院昨天审理了一件____案。（杀人、抢劫、盗窃、行贿、贪污……）

在汉字教学方面，可以将已经学过的汉字按字形归类总结并辨析字义，以培养学生的形类观念，体会义类与形类的交叉。例如：

踢、蹬、踩、踏、跺——字均从“足”，都与脚的动作相关
盯、瞪、瞧、瞅、睁——字均从“目”，都与眼睛的动作相关

我们还可以结合上述由“字”及“词”这一“广义形类”练习，进一步培养学习者的语素意识。

高级阶段，宜继续采用螺旋式循环方式，围绕复杂的日常生活场景与各类社会生活话题设计交际任务，继续在某一特定交际任务下集中出现某一类或某几类词语。高级阶段的词汇教学要紧密服务于交际任务对表达的需求，既要保证基本完成大纲规定的词汇教学量，又不必过分顾及超纲词应≤25％的限制。高级阶段的词汇教学固然要注重同义词的辨析，但这一阶段的词汇教学更要注重与汉字教学的结合，突出由字及词与由字义猜词义的强化语素意识练习，努力使学习者的语素意识逐渐内化成他们推断生词词义的能力。

常识告诉我们，认识事物不外乎分析“内部结构”和“外部联系”，学习、记忆汉语字词也是如此。我们认为，义类、形类研究及其在对外汉语词汇教学上的应用正是从三个角度分析汉语字词的“内部结构”与“外部联系”：分析汉语“词”的构成，特别是复合词中两个词素如何

构词，是分析词的“内部结构”，而分析某一词语有可能跟哪些词有共同的语义类属关系，有可能和哪些词在某一交际场景或特定话题中共现，是分析词的“外部联系”；分析“字”在“字组”（合成词）中的表义度，是分析“字组”的“内部结构”，而分析某一汉字有可能与其他哪些汉字组合，构成不同的“同素字组”，亦即“广义形类”，又是分析字的“外部联系”；分析现代汉字的构形理据，自然是研究每一汉字的“内部结构”，而基于形义关联的类别划分，涉及某一汉字与其他同类汉字的关系，又关乎“外部联系”。我们相信，如果能真正从上述三方面处理好汉语字词的“内部结构”与“外部联系”，汉语作为第二语言的词汇教学应当会有一个新局面。

5.2 本研究的局限与今后研究的方向

5.2.1 我们所做的研究均是围绕着汉语作为第二语言词汇教学展开。概括起来，我们主要在以下方面进行了探索。

我们采用抽样调查定量研究的方法，了解了外国学生的汉语词汇量状况，探讨了他们的词汇量与其汉语水平的关系，并通过诊断性测试，分析了不同水平的学习者在学习、记忆汉语词汇时面临的问题和难点，研究了他们在词语辨识和理解中容易出现的错误。我们在梳理“雅学”、“许学”以及前人相关研究的基础上，对汉语的“义类”与汉字的“形类”作了进一步的研究，并着重探讨了“义类”与“形类”研究在汉语作为第二语言词汇教学上的应用。我们根据义类划分服务于应用的原则，尝试重新构建了面向汉语作为第二语言词汇教学的义类类目，并在汉语水平等级大纲范围内对实词（名、动、形）进行了相应的词语义类划分。我们还对利用义类开展词汇教学方法的效率进行了实验。我们探讨了现代汉字形义关系以及如何利用形类系统进行词汇教学，并对 51 个常用部首下辖的 1781 个形声字进行了理据度分析。我们分析了义类与形类的交错关系，进而提出综合利用义类、形类开展对外汉语词汇教学，即利用义类集中识词，利用形类促进识字，并通过识字促进识词的学习策略。

我们姑且把上述学习策略称作“义类、形类综合法”。我们认为，“义类、形类综合法”的研究对推进汉语作为第二语言词汇教学应当是有益的尝试。但受限于个人能力、本书篇幅以及其他客观因素，我们研究的局限也是显而易见的。

从本体研究角度看，我们对汉语义类与汉字形类的探索在方法论上缺乏突破，同时又都存在深度、广度不足的问题。我们的义类研究，局限于《等级大纲》，且没有涉及名词、动词、形容词以外的其他词类，没有涉及不同文化背景对词语义类认知上的差异；我们的形类研究，也基本局限在《等级大纲》形声字范围，而对现代汉字中象形字、指事字、会意字的构形理据分析仅仅是举例性的；此外，我们对现代汉字构形理据度的分析标准也还可进一步细化、量化，以求分析数据更为精准。

从应用研究角度看，我们所进行的几个实验或样本嫌小、被试嫌少，或周期嫌短，或实验方法还可进一步优化。未能进行长期跟踪式的教学效果对比实验，是我们研究中的一大遗憾。所做的《汉语作为第二语言教学用词语义类表》，虽用力颇多，但无论是类目的设置，还是某一具体词语的归类，都难避主观推断之嫌，词表的科学性、适用性，也都尚未经过实验的证实。我们提出的综合义类、形类研究成果用于汉语词汇教学的方法，还只能仅仅算作一种教学“思路”。如何确定不同汉语水平教学中的交际任务，如何将任务、情景、话题与特定词语有机结合，如何将汉字教学融入词汇教学，如何把握汉字理据度与使用频度的关系，如何有针对性地安排各个学习阶段的字词练习，特别是如何处理教材编写与课堂教学中结构、功能与词汇的关系，我们还有很长的路要走。

5.2.2　我们提倡“义类、形类综合法”，并不意味着排斥其他字词教学法，相反，一切已经被证明有利于扩大学习者词汇量的手段和帮助学生记忆词汇的方法，都要充分吸收，并努力与“义类、形类综合法”融为一体。例如，同一类集词语在教材中的显现要充分考虑词频，在教材有限的词语容量下，低频词的显现与复现一般要为高频词让路。再如，同一类集词语在课文中的显现要考虑“搭配法”的原则，如动词与宾语的搭配，量词与名词的搭配等等。在短语和句子中学习词汇，在教学总结中归纳词语类集，应当是扩展与记忆词汇的有效手段。又如，词语重现率的高低是评价第二语言教材优劣的标准之一，因此“义类、形类综合法”同样要充分注意生词的重现率。某一义类的词语作为生词在某一交际情境或话题中集中出现后，不但可以在同一情境或话题的循环中复现，也可以在其他情境或话题中复现。

“义类、形类综合法”应当充分利用词汇系统中的其他因素。如前所述，在汉语词汇系统的多个研究角度中，除义类系统外，同语素词族的研究、同义词与反义词的研究、上下位词义的研究等都可以应用于对外汉语词汇教学且可以与“义类、形类综合法”并行不悖。例如，同语素词族的研究即可以服务于“义类、形类综合法”。因为同一词义类集不一定是同语素词族，但同语素词族往往处于同一词义类集。“义类、形类综合法”正可以充分利用语素在类集中的作用，指导学习者借助汉字(语素)识别词语，通过汉字沟通义类，进而达到扩展、记忆词汇的目的。

综上所述，我们可以把“义类、形类综合法”概括为：以义为经，以形为纬；按义分类，联系情境；集中显现，分散复出；利用形类，强化识字；由字及词，点面结合；总结归纳，强化记忆。

就在本书即将付梓之际，我们高兴地看到已经有国外同行和我们进行着大抵同样的探索与实践。

法国学者柳烟(Agnès Auger)为帮助具有中高级汉语水平学习者记忆生词、扩大汉语词汇量，编写了《中文话题词汇》(LE MOT ET L'IDÉE CHINOIS Révision thématique du vocabulaire，OPHRYS，2008)。作者首先依据词义，将词语分为房子、家庭、学校、饭菜、植物、动物等分属 36 大类，大类下又分若干小类，将大约 10500 个词语按义归类，然后用每一小类的词语编写一个小语段，以方便读者在一定语境中学习、记忆词汇。作者并不强调同一义类下各语段之间意义上的逻辑关联。

比如“健康”类下的第“1”小类，有“棒、健壮、精力、生病、健康、骨折、扭伤、痛、不舒服、伤口、愈合、留、疤痕”等词语，作者为这些词语编写的语段是：

> 身体很棒、很健壮、很有精力的人通常不生病，他们很健康。骨折、扭伤就会感到很痛，很不舒服。伤口愈合后会留下疤痕。

又如“健康”类下辖的“疾病”类，有“疾病、传染病、流行病、支气管炎、不治之症、重病、小病、要紧、得病、病人、高血压、身体不好”等词

语,作者也将这些词语集词成句:

> 疾病有很多种,像传染病、流行病(如支气管炎)等。不治之症是重病,一般来说,小病不要紧。得病的人是病人,有高血压的病人身体不好。

值得注意的是,作者收词参考了《等级大纲》,又不拘泥于《等级大纲》。在10500词语中,超纲词达到4000,占收词量的38%。[①]

尽管《中文话题词汇》作者对词语的分类还值得推敲,尽管作者编写的语段或与"自然语言"还有一定差距,尽管作者在编写中突出了"义类"而未涉及"形类",但此书毕竟还不是我们传统意义上为课堂教学服务的教材,而更像一部学习工具书,书中的欠缺也正是我们实施"义类、形类综合法"的难点所在。

法国学者白乐桑虽力主以"字本位"从事汉语词汇教学,但仍对编者的思路给予肯定、鼓励,为其书作序。《中文话题词汇》2008年11月出版,首印2000册,截至2009年6月,已售出1500册。[②] 以法国的汉语学习规模论,此书应属畅销。这在一定程度上反映出国外学习者对利用义类进行词汇学习的认同。

毋庸讳言,完善与实施"义类、形类综合法"汉语词汇教学模式将会面临很多困难:被学习者认同的词语类集的划分及其与交际情境或任务的配合本身就是一项繁复的工作,而在教材设计中既不能忽视结构、功能,又要合理安排情境与义类的配合,既要考虑词频、注意生词的重现率及话题循环,又要顾及识字与识词类的关系,就更是一项不小的系统工程。至于"义类、形类综合法"的教学效率,则需要得到语言认知实验与教学实践的证实,而这又需要较长的研究周期。尽管如此,我们仍然认为值得继续去探索、去实践。因为无论成败,都会给汉语作为第二语言词汇教学留下些许启示。

---

① 该书对36大类下辖的词语小类基本上仅以阿拉伯数字分组,而不再为小类标出语义类目。也有少量例外,如在大类"健康"下又设小类"疾病",在大类"人体"下又设小类"脸"等等。这种体例上的不严谨也反映出为语义分类命名的不易。作者增收4000超纲词,少收2000纲内词的现象可以显示其收词标准:从方便学习者联想、记忆考虑,不是所有的纲内词语都有必要分类,同时也不必限制因为联想带来的词语扩展,这一点与本书观点不谋而合。

② 数据由作者本人提供。

参考文献要目

著作及工具书类：

白兆麟《简明训诂学》，杭州：浙江教育出版社，1984。

曹先擢等《汉字形义分析字典》，北京：北京大学出版社，1999。

董大年《现代汉语分类词典》，汉语大词典出版社，1998。

高　明《古文字类编》，北京：中华书局，1980。

葛本仪《现代汉语词汇学》，济南：山东人民出版社，2001。

谷衍奎《汉字源流字典》，北京：华夏出版社，2003。

国家对外汉语教学领导小组办公室《高等学校外国留学生汉语教学大纲》，北京：北京语言文化大学出版社，2002。

国家对外汉语教学领导小组办公室《高等学校外国留学生汉语言专业教学大纲》，北京：北京语言文化大学出版社，2002。

国家汉语国际推广领导小组办公室《国际汉语教学通用课程大纲》，北京：外语教学与研究出版社，2008。

国家汉语水平考试委员会办公室考试中心《汉语水平词汇与汉字等级大纲》(修订本)，北京：经济科学出版社，2001。

郭绍虞《汉语语法修辞新探》，北京：商务印书馆，1979。

国家语言文字工作委员会《信息处理用 GB13000.1 字符集汉字部件规范》，北京：语文出版社，1998。

国家语言资源检测与研究中心《中国语言生活状况报告》，北京：商务印书馆，2006。

洪　诚《中国历代语言文字学文选》，江苏人民出版社，1982。

胡明扬《西方语言学名著选读》，北京：中国人民大学出版社，1999。

黄伯荣、廖序东《现代汉语》，北京：高等教育出版社，1997。

季羡林、徐通锵《语言论·序》，长春：东北师范大学出版社，1997。

李国庆《杂字俗读》，济南：齐鲁书社，1998。

林汉达等《汉语的词儿和拼写法》，北京：中华书局，1952。

林杏光《简明汉语义类词典》,北京:商务印书馆,1987。
林杏光《汉语多用词典》,北京:中国标准出版社,1990。
林杏光《词汇语义和计算语言学》,北京:语文出版社,1999。
林玉山《反义词词典》,哈尔滨:黑龙江人民出版社 1988。
刘叔新《现代汉语同义词词典》,天津:天津人民出版社,1987。
刘叶秋《中国字典史略》,北京:中华书局,1983。
刘 珣《汉语作为第二语言教学简论》,北京:北京语言文化大学出版社,2002。
吕叔湘《语法学习》,北京:中国青年出版社,1954。
吕叔湘《汉语语法分析问题》,北京:商务印书馆,1979。
吕叔湘《语文常谈》,三联书店,1980。
吕叔湘、龚千炎《中国语法学史稿》,北京:语文出版社,1987。
吕叔湘、朱德熙《语法修辞讲话》,上海开明书店,1951。
潘文国《字本位与言语研究》,上海:华东师范大学出版社,2002。
邵敬敏《现代汉语通论》,上海:上海教育出版社,2001。
盛 炎《语言教学原理》,重庆:重庆出版社,1990。
史有为等《分类双序成语词典》,北京:中国物资出版社,1990。
苏培成《现代汉字学纲要》(增订本),北京:北京大学出版社,2001。
苏培成《现代汉字学参考资料》,北京:北京大学出版社 2001。
苏新春《当代中国词汇学》,广州:广东教育出版社,1995。
索绪尔《普通语言学教程》,北京:商务印书馆,1980。
王安节等《简明类语词典》,黑龙江人民出版社,1984。
王竹溪《新部首大字典》,上海翻译出版公司、电子工业出版社,1988。
吴孟复《训诂通论》,合肥:安徽教育出版社,1983。
吴润仪《汉字详解字典》,成都:四川人民出版社,2001。
邢福义《汉语语法学》,长春:东北师范大学出版社,1996。
徐通锵《语言论》,长春:东北师范大学出版社,1997。
徐通锵《基础语言学教程》,北京:北京大学出版社,2001。
许嘉璐主编《古代汉语》,北京:高等教育出版社,1988。
许嘉璐《未辍集》,北京:中国社会科学出版社,2000。
许嘉璐《未了集》,贵阳:贵州人民出版社,2002。

许嘉璐主编《传统语言学词典》，石家庄：河北教育出版社，1990。

杨寄洲《对外汉语教学初级阶段教学大纲》，北京：北京语言文化大学出版社，1999。

张和生等《汉语可以这样教——语言要素篇》，北京：商务印书馆，2006。

张永言《训诂学简论》，武昌：华中工学院出版社，1985。

张志公、林杏光等《简明汉语义类词语·序》，北京：商务印书馆，1987。

郑林曦《普通话三千常用词表》(增订本)，北京：语文出版社，1987。

周大璞《训诂学要略》，武汉：湖北人民出版社，1984。

邹晓丽《基础汉字形义释源》，北京：北京出版社，1990。

Anthony Woods 等著，陈小荷等译《语言研究中的统计方法》，北京：北京语言文化大学出版社，2000。

论文类：

鲍克怡《现代汉语工具书的代表作》，《〈现代汉语词典〉学术研讨会论文集》，北京：商务印书馆，1996。

陈　曦《关于汉字教学法研究的思考与探索——兼论利用汉字"字族理论"进行汉字教学》，《汉语学习》2001 年第 3 期。

陈贤纯《对外汉语中级阶段教学改革构想——词语的集中强化教学》，《世界汉语教学》1999 年第 4 期。

程相文《试论汉语第二语言教材发展的三种形态》，《北京语言文化大学参加中国对外汉语教学学会第七届学术讨论会论文汇编》，2002。

崔永华《汉字部件和对外汉字教学》，《语言文字应用》1997 年第 3 期。

邓小琴《汉字课教学技法初探》，《海外华文教育》2001 年第 3 期。

董　明、吕俞辉《"两种信号系统"学说与对外汉语教学》，《北京师范大学学报》2002 年第 6 期。

费锦昌《对外汉字教学的特点难点及其对策》，《北京大学学报》1998 年第 3 期。

冯建明《外国学生"念白字"现象的考察与分析》，《北京师范大学学报》,1995 年增刊。
冯丽萍《词汇结构在中外汉语学习者中文词汇加工中的作用》,北京师范大学 2002 年博士论文,未刊。
胡炳忠《基础汉语的词汇教学》,《语言教学与研究》1987 年第 4 期。
胡鸿等《集合式词汇教学探讨》,《世界汉语教学》1999 年第 4 期。
胡明扬《对外汉语教学中词汇教学的若干问题》,《语言文字应用》,1997 年第 1 期。
胡明扬《现代汉语语法的开创性著作》,《语言科学》,2002 年创刊号。
黄曾阳《HNC 理解处理的 52 个论题之 29:论新词辨识》,见"黄曾阳及 HNC 理论"主页。
贾　颖《字本位与对外汉语词汇教学》,《汉语学习》2001 年第 4 期。
江新等《外国学生汉语字词学习的影响因素和〈大纲〉字词的选择与分级》,2004 年 3 月国家汉办"《等级大纲》修订专题研究项目"研讨会论文,未刊。
姜春力《汉字教学理论指导下的对外汉语多媒体汉字教学课件涉及与开发》,北京师范大学汉语文化学院 2003 硕士学位论文,未刊。
柯彼德《关于汉字教学的一些新设想》,《第四届国际汉语教学讨论会论文选》,北京:北京语言学院出版社,1995。
李芳杰《字词直通,字词同步》,《语言教学与研究》1998 年第 1 期。
李清华《〈汉语水平词汇与汉字等级大纲〉的词汇量问题》,《语言教学与研究》,1999 年第 1 期。
李荣宝等《双语者的语义表征》,《现代外语》1999 年第 3 期。
李晓琪《关于建立词汇语法教学模式的思考》,《对外汉语教学语法探索》,中国社会科学出版社,2003。
刘颂浩《阅读课上的词汇训练》,《世界汉语教学》1999 年第 4 期。
刘英林、宋绍周《汉语常用字词的统计与分级》,《中国语文》1992 年第 3 期。
罗青松《英语国家学生高级汉语词汇学习过程中的心理特征与教学策略》,《第五届国际汉语教学讨论会论文选》,北京大学出版社,1997。
吕必松 在纪念北京师范大学与美国普林斯顿大学合作开展对外汉语

教学 10 周年学术讨论会上的讲演，2002 年 6 月，未刊。
吕文华《建立语素教学的构想》，《第六届国际汉语教学讨论会论文选》，北京大学出版社，2000。
马箭飞《任务式大纲与汉语交际任务》，《中国对外汉语教学学会第七次学术讨论会论文选》，人民教育出版社，2002。
马燕华《中级汉语水平日本学生汉语快速阅读规律调查分析》，《语言文字应用》，2002 年对外汉语教学专刊。
石安石《论语素的结合能力与一用语素》，《语文研究》1993 年第 1 期。
舒雅丽《初级汉语教材中的词汇处理研究》，北京师范大学中文系 2000 级博士论文，未刊。
苏宝荣《本质的同一性与特质的差异性——论汉语词汇学研究民族特征的发掘与利用》，《语言研究》2004 年第 1 期。
苏新春《关于〈现代汉语词典〉词汇计量研究的思考》，《世界汉语教学》2001 年第 4 期。
孙清顺、张朋朋《初级阶段留学生错别字统计分析》，《北京语言学院第三届科学报告会论文选》，1985。
孙晓明《第二语言学习者词汇学习方法的实验研究——不同投入程度的学习方法比较》，2003 北京地区第三届对外汉语教学讨论会论文，未刊。
王　力《词和仿语的界线问题》，《中国语文》1953 年第 9 期。
王若江《由法国字本位教材引发的思考》，《世界汉语教学》2000 年第 3 期。
吴英成《学生汉字偏误及其学习策略的关系》，《第三届国际汉语教学讨论会论文选》，北京语言学院出版社，1991。
吴勇毅《汉语作为第二语言语法教学的“语法词汇化”问题》，《第七届国际汉语教学讨论会论文选》，北京大学出版社，2004。
王树斋《论汉语复合词词素义和词义的关系》，《汉语学习》，1993 年第 2 期。
肖贤彬《对外汉语词汇教学中“语素法”的几个问题》，《汉语学习》，2002 年第 6 期。
徐彩华等《中文心理辞典中单音节词的加工》，《汉语学习与认知国际研讨会论文集》，北京：北京语言文化大学出版社，2002。

杨惠元《辨音辨调跟理解词义句义的关系》，《世界汉语教学》2000 年第 1 期。

杨亦鸣等《名动分类：语法的还是语义的——汉语名动分类的神经语言学研究》，《语言科学》，2002 创刊号。

杨振兰《试论词义与语素义》，《汉语学习》1993 年第 6 期。

叶步青《汉语书面语的中介形式》，《世界汉语教学》1997 年第 1 期。

张　博《同义词、近义词、易混淆词：从汉语到中介语的视角转移》，《世界汉语教学》2007 年第 3 期。

张辅允《韩国学生习得汉语动宾式离合动词偏误研究》，北京师范大学 2004 年硕士论文，未刊。

张　凯《汉语构词基本字的统计分析》，《语言教学与研究》1997 年第 1 期。

张旺熹《从汉字部件到汉字结构》，《世界汉语教学》1990 年第 2 期。

张旺熹《第六届国际汉语教学研讨会论文述评》，《世界汉语教学》2000 年第 1 期。

张志公《谈汉语的语素》，《语言教学与研究》1981 年第 4 期。

赵金铭《对外汉语教学与研究的现状与前瞻》，《汉语研究与对外汉语教学》，北京，语文出版社，1997。

钟敬文《民俗文化学：梗概与兴起》，北京：中华书局，1996。

周　荐《双字组合与词典收条》，《中国语文》1999 年第 4 期。

周　健、尉万传《研究学习策略，改进汉字教学》，《暨南大学华文学院学报》2004 年第 1 期。

附　录

（一）外国学生汉语词汇量测量表

请根据你对所给词语的熟悉程度（5＝你对这个词非常了解；1＝你完全不知道这个词的意思），在相应栏目中选择一栏并画"√"。这个用来表测量你的汉语词汇量，有助于学院为你准确分班。如果你关心自己的汉语词汇量状况，可以在分班结束后向学院办公室了解。谢谢你的合作！

国籍：________　　班级：______　　学过多长时间汉语：__________个月

熟悉度 词语	非常熟悉 5	比较熟悉 4	有些印象 3	已经忘了 2	不认识 1
甲级词					
灯 dēng					
懂 dǒng					
错 cuò					
已经 yǐjīng					
医院 yīyuàn					
旅行 lǚxíng					
经验 jīngyàn					
刚才 gāngcái					
干净 gānjìng					
或者 huòzhě					
紧张 jǐnzhāng					
颜色 yánsè					
展览 zhǎnlǎn					
影响 yǐngxiǎng					
自行车 zìxíngchē					
乙级词					
冰 bīng					
臭 chòu					
每 měi					
骗 piàn					

续表

街道 jiēdào					
尽量 jǐnliàng					
满足 mǎnzú					
耐心 nàixīn					
企业 qǐyè					
热闹 rènào					
失望 shīwàng					
毯子 tǎnzi					
效果 xiàoguǒ					
因此 yīncǐ					
寻找 xúnzhǎo					
糟糕 zāogāo					
总统 zǒngtǒng					
终于 zhōngyú					
职业 zhíyè					
传统 chuántǒng					
法律 fǎlǜ					
的确 díquè					
估计 gūjì					
呼吸 hūxī					
临时 línshí					
亲戚 qīnqi					
由于 yóuyú					
差不多 chà bù duō					
大使馆 dàshǐguǎn					
实事求是 shíshìqiúshì					
丙级词					
筐 kuāng					
绑 bǎng					
债 zhài					
辣 là					
陡 dǒu					
乖 guāi					
墓 mù					
悲哀 bēi'āi					
表情 biǎoqíng					
除非 chúfēi					

续表

创立 chuànglì					
抵抗 dǐkàng					
功能 gōngnéng					
规矩 guīju					
奖金 jiǎngjīn					
利润 lìrùn					
讽刺 fěngcì					
偶尔 ǒu'ěr					
亚军 yàjūn					
示威 shìwēi					
投降 tóuxiáng					
思索 sīsuǒ					
峡谷 xiágǔ					
勉强 miǎnqiǎng					
赔偿 péicháng					
其实 qíshí					
水库 shuǐkù					
象征 xiàngzhēng					
托儿所 tuō ér suǒ					
博物馆 bówùguǎn					
千方百计 qiānfāngbǎijì					
画蛇添足 huàshétiānzú					
聚精会神 jùjīnghuìshén					
丁级词					
蠢 chǔn					
脆 cuì					
抠 kōu					
亏 kuī					
窝 wō					
筋 jīn					
疤 bā					
馋 chán					
叼 diāo					
祸 huò					
抵制 dǐzhì					
暗示 ànshì					
本钱 běnqián					

续表

采纳 cǎinà					
凑巧 còuqiǎo					
后勤 hòuqín					
甲板 jiǎbǎn					
记号 jìhào					
键盘 jiànpán					
内幕 nèimù					
劫持 jiéchí					
略微 luèwēi					
泡沫 pàomò					
茫然 mángrán					
篱笆 líba					
会计 kuàijì					
请柬 qǐngjiǎn					
田径 tiánjìng					
未免 wèimiǎn					
窝囊 wōnang					
线索 xiànsuǒ					
肿瘤 zhǒngliú					
卓越 zhuóyuè					
利息 lìxī					
恐惧 kǒngjù					
蔑视 mièshì					
频繁 pínfán					
荣誉 róngyù					
隧道 suìdào					
务必 wùbì					
执照 zhízhào					
专制 zhuānzhì					
座右铭 zuòyòumíng					
关节炎 guānjiéyán					
门市部 ménshìbù					
基督教 jīdūjiào					
立交桥 lìjiāoqiáo					
举世瞩目 jǔshìzhǔmù					
不言而喻 bù yán ér yù					
格格不入 gé gé bù rù					
名副其实 míng fù qí shí					
似是而非 sì shì ér fēi					
萍水相逢 píngshuǐxiāngféng					
循序渐进 xúnxùjiànjìn					

(二)外国学生汉语词汇学习难点调查表(附问卷调查结果)

姓名 __________ 母语__________ 年级______________

请不要查字典,在 A、B、C、D 中选择一个与词义最接近的解释:

a 组

1. 久

A. 晚上　　B. 时间长

C. 不是新的　　D. 一种可以喝的东西

2. 跳

A. 头的动作　　B. 手的动作

C. 嘴的动作　　D. 脚的动作

3. 挤

A. 人多地方小　　B. 想马上解决问题

C. 不乱　　D. 很干净

4. 发烧

A. 身体不舒服　　B. 头发

C. 给别人东西　　D. 火灾

5. 目前

A. 现在　　B. 前面

C. 眼睛的下面　　D. 以前

6. 大家

A. 大的房子　　B. 人口多的家庭

C. 每一个人　　D. 有钱的人

7. 法语

A. 法国人的语言　　B. 一种语言知识

C. 人们见面时说的话　　D. 一种学习的方法

8. 食堂

A. 上课的地方　　B. 看病的地方

C. 睡觉的地方　　D. 吃饭的地方

b 组

9. 笨

A. 不聪明　　B. 很可爱

C. 一种植物　　D. 量词,用在“书”前面

10. 摘

A. 从上面拿下来　　B. 从地下拿起来

C. 从里面拿出来 D. 用两只手拿

11. 出院

A. 卖房子 B. 从院子里走出去

C. 住进医院 D. 离开医院

12. 片面

A. 一种用面做的食品 B. 只是事情的一方面

C. 人或动物的脸 D. 电影片

13. 剧场

A. 看文艺表演的地方 B. 坐飞机的地方

C. 制造某种产品的地方 D. 学习的地方

14. 马虎

A. 一种动物 B. 两种动物

C. 速度很快的样子 D. 做事不认真

15. 牙刷

A. 把牙齿刷干净 B. 刷牙齿的工具

C. 牙齿不舒服 D. 帮你解决牙疼问题的人

16. 作家

A. 在文学方面有成就的人 B. 喜欢呆在家里的人

C. 盖房子 D. 买房子

c 组

17. 瞪

A. 用头部顶 B. 用眼睛看

C. 用脚踩 D. 用肩膀扛

18. 草案

A. 没有正式通过的文件 B. 牛、马吃草的地方

C. 厨房做菜的地方 D. 写字写得不整齐

19. 砸

A. 用火烧 B. 用水浇

C. 用重物打击 D. 用土埋

20. 不料

A. 免费的 B. 收费的

C. 材料质量不好 D. 没有想到

21. 事故

A. 讲给别人听的事情，可能是真的也可能是假的 B. 意外的损失或灾难

C. 因此　D. 历史上的重大事件

22. 仍旧

A. 跟过去一样　B. 古老的东西

C. 扔掉旧东西　D. 改变旧的情况

23. 聚精会神

A. 精神紧张　B. 对宗教很了解

C. 身体不好的样子　D. 注意力很集中的样子

24. 体力

A. 身体　B. 努力

C. 锻炼身体　D. 身体的力量

d组

25. 被告

A. 刊登在报纸上的通知　B. 一种床上用品

C. 不是自己知道的，是别人告诉的　D. 在案件中被控告的人

26. 别扭

A. 不顺心　B. 一种舞蹈

C. 身体受伤　D. 禁止移动

27. 甘心

A. 着急　B. 愿意

C. 最爱的人　D. 心情不好

28. 插嘴

A. 把手指放在嘴前，告诉别人不要说话　B. 医生检查病人的口腔

C. 小孩子把手指放在嘴里的习惯　D. 在别人说话时插进去说话

29. 出差

A. 出现了问题　B. 最不好的

C. 去外地工作　D. 去外地旅游

30. 高超

A. 好得超过一般水平　B. 超过了规定的高度

C. 比赛谁跳得更高　D. 比喻事物高度发展的阶段

31. 供不应求

A. 需要的数量太多　B. 需要的数量太少

C. 拒绝别人的要求　D. 答应别人的要求

32. 赞赏

A. 物质奖励　B. 给别人钱财上的帮助

C. 称赞与欣赏　　D. 批评与处罚

e组

33. 马桶

A. 一种动物　　B. 一种汽车零件

C. 厕所里的设备　　D. 一种装水的器具

34. 火烧

A. 一种疾病　　B. 一种食品

C. 着急　　D. 火灾

35. 惆怅

A. 围绕圆形一周的长度　　B. 人的一种疾病

C. 人的一种情绪　　D. 一种可以做衣服的纺织品

36. 毒手

A. 狠毒的手段　　B. 指贩卖毒品的人

C. 手受伤后感染病毒　　D. 中国武术中的一种

37. 心虚

A. 做了错事怕别人知道　　B. 谦虚

C. 一种心脏疾病　　D. 很有自信心

38. 奶牛

A. 一种为人提供奶水的家畜　　B. 一种液体食品

C. 奶奶饲养的牛　　D. 一种野生动物

39. 轻装

A. 一种重量轻的服装　　B. 年轻人的服装

C. 故意装作年轻人的样子　　D. 装备简单

40. 搜捕

A. 搜查并捕捉　　B. 寻找丢失的物品

C. 一种体育运动　　D. 一种治病的方法

谢谢你的合作！

调查结果(A组,有效答卷共40份)

词目编号	正确答案	A	B	C	D	放弃	正确率%
1	B	1	38	1			95
2	D	1	2	2	34	1	85
3	A	26	3	5	2	4	65
4	A	16	5	2	16	1	40
5	A	26	3	1	10		65
6	C		1	39			98
7	A	35	3	1	1		88
8	D				40		100
a组小计	254						79.4
9	A	35	1	1	3		88
10	A	8	11	5	13	3	20
11	D		10	3	25	2	63
12	B	3	21	4	11	1	53
13	A	30	2	8			75
14	D	3	3	12	20	2	50
15	B	6	21	5	4	4	53
16	A	40					100
b组小计	200						62.5
17	B	1	36	1	1	1	90
18	A	16	5	6	10	3	40
19	C	5	4	8	15	8	20
20	D	3	2	20	10	5	25
21	B	13	8	5	11	3	20
22	A	14	16	5	2	3	35
23	D	9	10	5	12	4	30
24	D		1	1	36	2	90
c组小计	140						43.8
25	D	4		11	25		63
26	A	23	1	5	7	4	58
27	B	7	29	3		1	73
28	D	13	2	9	10	6	25
29	C	17	8	11	2	2	28
30	A	21	12	1	3	3	53
31	A	8	11	9	8	4	20
32	C	2	4	28		6	70

续表

d组小计	155						48.4
33	C	4	7	14	10	5	35
34	B	4	7	6	20	3	18
35	C	8	3	17	3	9	43
36	A	18	17	3	1	1	45
37	A	7	9	3	16	5	18
38	A	5	10	10	12	3	13
39	D	7	12	7	10	4	25
40	A	12	10	4	8	6	30
e组小计	90						28.1
A组合计	纲内词正确率：58.5％ 全部词正确率：52.4％						

调查结果(B组，有效答卷共11份)

词目	正确答案	A	B	C	D	放弃	正确率%
1	B		11				100
2	D				11		100
3	A	8		1		2	71
4	A	7			3	1	64
5	A	10	1				91
6	C			11			100
7	A	8	3				71
8	D				11		100
a组小计	77						87.5
9	A	11					100
10	A	1	4	2	2	1	9
11	D		2	1	8		71
12	B		9	1		1	82
13	A	7		2		2	64
14	D		2	2	6	1	55
15	B	1	7	1		2	64
16	A	11					100
b组小计	60						68.2
17	B	1	9	1			82
18	A	8	1		1	1	71
19	C			3	6	2	55
20	D		1		9	1	82

续表

21	B	1	6	1	3		27
22	A	6		3	1	1	55
23	D	1	1	1	6	2	55
24	D				10	1	91
c 组小计	54						61.3
25	D	1	1	4	4	1	36
26	A	4			6	1	36
27	B	2	3	1	3	2	27
28	D	1	1	1	7	1	64
29	C	2	1	8			71
30	A	5	1		4	1	45
31	A	3	5	1	1	1	27
32	C	3		6		2	55
d 组小计	40						45.5
33	C		2	5	2	2	45%
34	B	2	0	2	6	1	0%
35	C	1	2	5	1	2	45%
36	A	1	6	2	1	1	9%
37	A	2	4		3	2	18%
38	A	3	2	1	4	1	27%
39	D	5	1	1	2	2	18%
40	A	5	4			2	45%
e 组小计	23						26.1
B 组合计	纲内词正确率:65.6%　全部词正确率:57.7%						
两组总计	纲内词正确率:60%　全部词正确率:54.7%						

（三）不同方法学习汉语词汇实验用词语表（实验用表包括汉英、汉日、汉韩版，此为汉韩版）

按汉语音序排列词表 1

B	
半岛 bàndǎo 반도	绑架 bǎngjià 인질로 잡다
豹子 bàozi 표범	悲伤 bēishāng 몹시 슬퍼하다
变压器 biànyāqì 변압기	菠萝 bōluó 파인애플
不孕症 búyùnzhèng 불임증	

C	
残疾 cánjí 불구자	草莓 cǎoméi 딸기
充电器 chōngdiànqì 충전기	长颈鹿 chángjǐnglù 기린
惆怅 chóuchàng 슬퍼하다	葱头 cōngtóu 양파
丛林 cónglín 밀림	

G	
感慨 gǎnkǎi 감개(하다)	高原 gāoyuán 고원
肝炎 gānyán 간염	骨折 gǔzhé 골절
桂圆 guìyuán 용안의 과육	

Q	
起诉 qǐsù 기소하다	奸 qiángjiān 강간하다
茄子 qiézi 가지	芹菜 qíncài 셀러리
丘陵 qiūlíng 구릉	

X	
吸尘器 xīchénqì 청소기	西瓜 xīguā 수박
西兰花 xīlánhuā 브로콜리	犀牛 xīniú 무소
猩猩 xīngxing 성성이	杏 xìng 살구

按义类排列词表 1

疾病	
不孕症 búyùnzhèng 불임증	胆结石 dǎnjiéshí 담결석
肝炎 gānyán 간염	腹泻 fùxiè 설사하다
骨折 gǔzhé 골절	残疾 cánjí 불구자
近视 jìnshì 근시	

治安	
绑架 bǎngjià 인질로 잡다	贩毒 fàndú 마약을 판매하다
强奸 qiángjiān 강간하다	贿赂 huìlù 뇌물(을 주다)
法庭 fǎtíng 체포(하다)	逮捕 dàibǔ 법정
拘留 jūliú 구류(하다)	起诉 qǐsù 기소하다

蔬菜	
大葱 dàcōng 굵은 파	葱头 cōngtóu 양파
冬瓜 dōngguā 동과	茄子 qiézi 가지
韭菜 jiǔcài 부추	芹菜 qíncài 셀러리
西兰花 xīlánhuā 브로콜리	胡萝卜 húluóbo 당근

水果	
菠萝 bōluó 파인애플	草莓 cǎoméi 딸기
西瓜 xīguā 수박	哈密瓜 hāmìguā 하미과
桂圆 guìyuán 용안의 과육	核桃 hétao 호두
杏 xìng 살구	

按音序排列词表 2 (韩文翻译版)

D	
打印机 dǎyìnjī 프린터	大葱 dàcōng 굵은 파
逮捕 dàibǔ 체포(하다)	胆结石 dǎnjiéshí 담결석
岛屿 dǎoyǔ 섬	冬瓜 dōngguā 동과
动情 dòngqíng 감정이 동하다	对讲机 duìjiǎngjī 인터폰
F	
法庭 fǎtíng 법정	烦躁 fánzào 초조하다
贩毒 fàndú 마약을 판매하다	愤恨 fènhèn 분개하고 증오하다
腹泻 fùxiè 설사하다	复印机 fùyìnjī 복사기
H	
哈密瓜 hāmìguā 하미과	海滩 hǎitān 해변
海豚 hǎitún 돌고래	海峡 hǎixiá 해협
核桃 hétao 호두	狐狸 húli 여우
胡萝卜 húluóbo 당근	荒漠 huāngmò 황량한 사막
贿赂 huìlù 뇌물(을 주다)	火山 huǒshān 화산
J	
焦虑 jiāolǜ 애타게 근심하다	近视 jìnshì 근시
惊恐 jīngkǒng 질겁하다	鲸鱼 jīngyú 고래
拘留 jūliú 구류(하다)	韭菜 jiǔcài 부추

按义类排列词表 2(韩文翻译版)

情绪	
悲伤 bēishāng 몹시 슬퍼하다	惆怅 chóuchàng 슬퍼하다
动情 dòngqíng 감정이 동하다	感慨 gǎnkǎi 감개(하다)
烦躁 fánzào 초조하다	焦虑 jiāolǜ 애타게 근심하다
愤恨 fènhèn 분개하고 증오하다	惊恐 jīngkǒng 질겁하다

地理	
岛屿 dǎoyǔ 섬	半岛 bàndǎo 반도
海滩 hǎitān 해변	海峡 hǎixiá 해협
丛林 cónglín 촘촘이 나 무성한 수풀	高原 gāoyuán 고원
火山 huǒshān 화산	丘陵 qiūlíng 구릉
荒漠 huāngmò 황량한 사막	
电器	
变压器 biànyāqì 변압기	充电器 chōngdiànqì 충전기
吸尘器 xīchénqì 청소기	打印机 dǎyìnjī 프린터
对讲机 duìjiǎngjī 인터폰	复印机 fùyìnjī 복사기
动物	
豹子 bàozi 표범	长颈鹿 chángjǐnglù 기린
犀牛 xīniú 무소	猩猩 xīngxing 성성이
狐狸 húli 여우	海豚 hǎitún 돌고래
鲸鱼 jīngyú 고래	

(四) 汉语词汇学习、记忆效果对比测试卷(附测试结果对照表)

词汇记忆练习

姓名 ____________ 国籍 ________ 成绩 ______

一、在 A、B、C、D 中选择一个最接近词义的答案：

1. 惆怅

A. 考虑了很长时间，想得很周到　　B. 对现在的情况不满意，心情不好

C. 心里很感谢别人对自己的帮助　　D. 紧张，心里很害怕

2. 桂圆

A. 一种花儿　　B. 一种蔬菜

C. 一种水果　　D. 一个国家的钱

3. 残疾

A. 杀人　　B. 偷东西

C. 眼睛不能看或耳朵不能听　　D. 拉肚子

4. 逮捕

A. 一种病，病人不能生小孩儿　　B. 一种办公室用的电器

C. 非常生气　　D. 警察抓坏人

5. 丘陵

A. 一种动物　　B. 海边

C. 有很多树的地方　　　　D. 有很多小山的地方

二、为下面的词写出拼音：

1. 岛屿 ________　　　　2. 杏 ________
3. 茄子________　　　　4. 贿赂 ________
5. 悲伤________

三、选词填空：

（A. 法庭　　B. 绑架　　C. 打印机　　D. 核桃　　E. 肝炎）

1. 听说他得了________。
2. 这种________是最便宜的。
3. ________里坐着很多人。
4. 盘子里放着几个________。
5. 有人________了他的哥哥。

四、除了上边出现过的词以外，老师最近教你的词你还记得哪些？

（最好能写汉字，不行就写拼音，如果还不行就用你的母语写）

表一："音序组"用

声母	你记住的生词
B	
C	
D	
F	
G	
H	
J	
Q	
X	

表二："义类组"用

义类	你记住的生词
疾病	
情绪	
蔬菜	
水果	
动物	
地理	
治安	
电器	

说明：实际操作中第四题之表（一）和表（二）分别出现在相应实验组和对照组的练习题中。

首次实验即时记忆效果对照表

实验组

记忆表现 / 姓名	用正确的汉字记录	用尚可辨识的汉字记录	用拼音记录	用母语记录	合计得分	记忆效率（%）
严智恩	105	10	2	1	118	65.56
崔惠媛	81	2	0	0	83	46.11
李宝蓝	129	8	0	0	137	76.11
金晓星	99	4	0	0	103	57.22
申才恩	30	4	0	12	46	25.56
李旻奎	45	2	6	17	70	38.89
薛闪娜	51	4	4	10	69	38.33
金沅钟	39	4	2	5	50	27.78
龟井华子	126	2	0	8	136	75.56
坂元英子	48	6	4	10	68	37.78
北泽彩优美	90	6	0	0	96	53.33
中村明香	39	0	2	8	49	27.22
中村友香	99	6	0	0	105	58.33
平均成绩						48.29

对照组

记忆表现 / 姓名	用正确的汉字记录	用尚可辨识的汉字记录	用拼音记录	用母语记录	合计得分	记忆效率（%）
姜贤淑	60	2	0	0	62	34.44
文现娥	63	2	2	0	67	37.22
洪鸠瑟	60	2	8	0	70	38.89
李钟淑	45	10	0	2	57	31.67
崔成旭	30	4	0	0	34	18.89
赵乙娥	51	0	4	0	55	30.56
林宰铉	18	2	14	8	42	23.33
金敃志	39	0	0	7	46	25.56
张煜镇	60	0	0	0	60	33.33
大石惠实	72	2	0	0	74	41.11
刘瀚	51	4	8	2	65	36.11

续表

王莹	33	6	6	5	50	27.78
洪美凤	57	0	4	0	61	33.89
平均成绩						31.75

首次实验延时记忆效果对照表

实验组	测试卷得分	记忆效率(%)	对照组	测试卷得分	记忆效率(%)
严智恩	71	43.03	姜贤淑	13	7.88
崔惠媛	56	33.94	文现娥	32	19.39
李宝蓝	90	54.55	洪鸠瑟	51	30.91
金晓星	77	46.67	李钟淑	22	13.33
申才恩	37	22.42	崔成旭	22	13.33
李旻奎	69	41.82	赵乙娥	35	21.21
薛闪娜	62	37.58	林宰铉	22	13.33
金沅钟	31	18.79	金敃志	30	20.00
龟井华子	73	44.24	张煜镇	40	24.24
坂元英子	25	15.15	大石惠实	48	29.09
北泽彩优美	63	38.18	刘瀚	29	17.58
中村明香	61	36.97	王莹	26	15.78
中村友香	65	39.39	洪美凤	46	27.88
平均成绩	60	36.36	平均成绩	32	19.53

第二次实验即时记忆与延时记忆效果对照表

实验组				对照组			
姓名	国别	即时记忆效率(%)	延时记忆效率(%)	姓名	国别	即时记忆效率(%)	延时记忆效率(%)
金慧琳	韩国	68.89	40.61	李辅敏	韩国	67.22	53.33
朴秀琼	韩国	95	61.82	朱永信	韩国	69.44	47.88
李真姬	韩国	81.67	73.94	权慧槟	韩国	68.89	35.15
李敬虔	韩国	51.11	34.55	洪敏桢	韩国	65.56	39.39
洪智慧	韩国	68.69	34.55	洪锡柱	韩国	33.33	25.45
裴上仁	韩国	75	53.94	玄正姬	韩国	33.33	25.45
朴思齐	韩国	70.56	38.79	李惠玟	韩国	68.33	38.79
洪漳雨	韩国	83.33	53.33	皇甫慧静	韩国	86.67	31.51
曾才罽	印尼	65	46.06	金知英	韩国	53.33	38.18
戴桥西	美国	61.67	60.61	全娥兰	韩国	87.78	25.45

续表

林南花	泰国	73.33	44.24	郭慧敏	韩国	37.78	29.09
何磊	希腊	93.33	70.3	石红星	日本	53.33	29.7
				陈燕娣	印尼	43.89	21.21
平均成绩		73.97	51.06			59.15	33.89

（五）汉语作为第二语言教学常用词语义类表

特定话题词语——日常生活

1. 婚恋家庭

① 家庭成员

＊祖父[丙] 祖母[丙] 爷爷[乙] 奶奶[乙] 外祖父[丙] 外祖母[丙] 外婆[丁] 姥姥[丙] 伯父/伯伯[乙] 伯母[乙] 父亲[甲] 母亲[甲] 爹[丙] 娘[丙] 爸爸[甲] 妈妈[甲] 叔叔[乙] 婶子[丙] 姑姑[乙] 舅舅[丙] 舅母[丙] 阿姨[乙] 姨[丙] 哥哥[甲] 嫂子[乙] 大哥[丙] 大嫂[丙] 姐姐[甲] 弟弟[甲] 妹妹[甲] 侄子[丁] 儿子[甲] 女儿[甲] 孙子[丙] 孙女[丙]

＊家属[丙] 亲戚[乙] 家长[丁] 夫妻[丙] 夫妇[丁] 配偶[丁] 两口子[丁] 丈夫[乙] 妻子[乙] 太太[乙] 老婆[丙] 媳妇[丙] 爱人[甲] 光棍儿[丁] 孩子[甲] 儿女[丙] 子[丙] 闺女[丁] 兄[丁] 子孙[丁]

② 婚恋养育

＊爱[甲] 爱情[乙] 感情[乙] 情[丙] 恩爱[丁] 恋爱[乙] 情感[丁] 一生[乙] 一辈子[丁] 深情[丁] 亲爱[乙] 婚姻[乙] 登记[乙] 恋[丁] 追[乙] 嫁[丙] 娶[丙] 包办[丁] 喜事[丁] 新房[丁] 新郎[丁] 新娘[丁] 新人[丁] 伴侣[丁] 对象[乙]

＊家庭[甲] 生活[甲] 家常[丁] 幸福[甲] 美满[丁] 团聚[丁] 团圆[丁] 抚养[丁] 抚育[丁] 亲生[丁] 生育[丁] 生殖[丁] 节育[丁] 养[乙] 养活[丁] 养育[丁] 孕育[丁]

2. 服装配饰

① 服装

＊服装[丁] 时装[丁] 西服[丙] 军装[丁] 衣裳[丁] 衣服[甲] 大衣[乙] 棉衣[乙] 袄[丁] 上衣[乙] 外衣[丙] 毛衣[乙] 衬衫[乙] 衬衣[乙] 裤子[乙] 裙子[乙] 旗袍[丙] 背心[丙] 兜儿[丁] 领子[丁] 纽扣儿[丁] 袖子[丁]

＊布[甲] 丝[乙] 纱[丙] 绒[丁] 毛[乙] 皮[乙] 皮革[丁] 毛线[丙] 纤维[乙] 绸子[丁] 缎子[丁] 混纺[丁] 尼龙[丁] 的确良/涤纶[丁]

＊穿[甲] 戴[甲] 试[甲] 脱[甲] 披[乙] 染[乙] 打扮[乙] 印染[丙] 搭配[丁] 流行[丙] 模样[乙] 形象[乙] 式样[丁] 样子[甲]

② 配饰

＊围巾[丙] 帽子[甲] 手套[乙] 袜子[甲] 皮带[丁] 靴子[丁] 鞋[甲] 提包[丙] 口袋[乙] 手帕/手绢[乙] 手表[甲] 眼镜[乙]

＊宝石[丙] 钻石[丁] 珍珠[丙] 珠子[丁] 链子[丁] 项链[丁]

3. 餐饮烹饪

① 饮食烟酒

＊饮食[丁] 食品[乙] 食物[乙] 伙食[乙] 饭[甲] 菜[甲] 粮食[乙] 米[乙] 大米[乙] 小米[丁] 面[乙] 面粉[丙]

粉[丙] 粗粮[丁]

＊主食[丁] 饺子[甲] 米饭[甲] 面包[甲] 面条儿[甲] 馒头[乙] 包子[乙] 饼[丙] 烧饼[丁] 元宵[丙] 馅儿[丁]

＊副食[乙] 肉[甲] 鸡[甲] 鱼[甲] 蛋[乙] 鸡蛋[甲] 豆腐[乙] 黄油[乙] 香肠[乙] 花生[丙] 豆子[丙] 核桃[丁] 栗子[丁] 莲子[丁] 枣[丁] 芝麻[丁] 瓜子[丙] 点心[甲] 糖[甲] 糖果[丁] 饼干[乙] 蛋糕[乙] 罐头[乙] 冰棍儿[丙] 冰淇淋[丁] 奶粉[丁] 乳[丁] 蜜[丙] 蜂蜜[丁]

＊蔬菜[乙] 青菜[丙] 油菜[丁] 白菜[乙] 菠菜[丙] 黄瓜[乙] 萝卜[乙] 土豆[乙] 西红柿[乙] 辣椒[丙] 冬瓜[丁] 马铃薯[丁] 豌豆[丁] 笋[丁]

＊水果[甲] 橘子[甲] 苹果[甲] 香蕉[甲] 梨[乙] 西瓜[乙] 葡萄[丙] 瓜[丙] 桃[丙] 荔枝[丁] 柠檬[丁]

＊饮料[丙] 冷饮[丙] 水[甲] 开水[丙] 汤[甲] 牛奶[甲] 咖啡[甲] 汽水[甲] 茶[甲] 红茶[乙] 茶叶[丙] 豆浆[丙] 奶[丙] 粥[丙] 糊[丁] 汁[丁] 液[丁]

＊酒[甲] 啤酒[甲] 白酒[丁] 茅台酒[丙] 香烟[丙] 烟卷儿[丁]

② 烹饪

＊饭店[甲] 食堂[甲] 餐厅[乙] 茶馆[丙] 饭馆[丙] 厨房[乙] 餐车[丙] 餐[丁] 快餐[丙] 宴会[甲] 酒会[丁] 宴席[丁] 中餐[乙] 西餐[乙] 早点[丁] 早饭[甲] 午饭[甲] 晚饭[甲] 晚餐[丁] 菜单[丁]

＊刀[甲] 刀子[乙] 叉[丁] 叉子[乙] 勺子[乙] 杯子[甲] 筷子[乙] 碗[甲] 饭碗[丁] 盘[丙] 盘子[乙] 碟子[丁] 瓶子[乙] 锅[乙]

＊烹调[丁] 烹饪[丁] 醋[乙] 酱[丙] 酱油[乙] 盐[乙] 油[乙] 葱[丁] 姜[丁] 蒜[丁] 淀粉[丁] 碱[丙]

＊煎[丙] 炒[丙] 烤[乙] 炸(zhá)[丙] 烘[丁] 蒸[丁] 煮[乙] 烧[乙]

＊味[丙] 味道[乙] 香味[丁] 好吃[甲] 饱[甲] 饿[甲] 渴[甲] 烫[乙] 鲜[乙] 新鲜[乙] 熟(形)[甲] 生(形)[乙] 醉[乙] 辣[丙] 咸[丙] 素[丁] 脆[丁] 可口[丁] 食欲[丁] 滋味[丁] 馋[丁] 风味[丁]

＊吃[甲] 喝[甲] 尝[乙] 咽[乙] 食[丁] 饮[丁] 吞[丙] 就餐[丁] 品尝[丁] 食用[丁] 订[乙] 切[乙] 磨[乙] 泡[丙] 沏[丁]

＊燃烧[乙] 燃料[丙] 燃[丁] 气[乙] 天然气[丙] 煤气[乙] 火[乙] 火焰[丙] 火柴[乙] 炉子[丙] 灶[丁] 蒸汽[丙] 汽[丁] 水分[丙] 蛋白质[丙] 热量[丙] 渣[丙] 粉末[丁] 屑[丁]

4. 起居日用

① 家具电器

＊家具[乙] 床[甲] 床铺[丁] 床位[丁] 炕[丁] 桌子[甲] 椅子[甲] 凳子[丙] 沙发[乙] 书架[乙] 柜子[丙] 抽屉[丁]

＊电器[丙] 电视[甲] 电冰箱[乙] 洗衣机[乙] 计算机[丙] 电脑[丙] 空调[丁] 电风扇[乙] 音响[丁] 录音机[乙] 收音机[乙] 半导体[乙] 电灯[甲] 电炉[丙]

＊电[甲] 电源[丁] 开关[丁] 电池[丙] 电力[丙] 电流[丙] 电线[丙] 电压[丙] 天线[丁] 照明[丁] 电话[甲] 灯[甲] 灯泡[丁] 灯火[丙]

② 日用杂物

＊日用品[乙] 用品[丙] 日用[丙] 实物[丁] 物品[丙] 玩意儿[丙] 用具[丁] 东西[甲] 物[丁]

＊被子[乙] 毯子[乙] 床单[丙] 枕头[丙] 窗帘[丙] 帘[丁] 地毯[丙] 布[甲] 绳子[乙] 线[乙] 带儿[丙] 针[乙] 镜

子[乙] 梳子[丙] 刷子[丙] 牙刷[乙] 牙膏[丙] 香皂[乙] 肥皂[丙] 毛巾[乙] 手巾[丁] 抹布[丁] 手帕/ 手绢[乙] 脸盆[丁] 热水瓶/暖水瓶[乙] 雨衣[乙] 手套[乙] 提包[丙] 背包[丙] 包袱[丙] 包裹[丁] 伞[乙] 雨伞[丁] 手电筒[丁] 锁(名)[丙] 钥匙[丙] 表[甲] 钟[甲] 钟表[丁] 指针[丁] 键盘[丁] 照相机[丙] 照片/相片[乙] 底片[丙] 胶卷[丙] 蜡烛[丙] 扇子[丙] 玩具[丁] 气球[丁]

*器[丁] 容器[丙] 盆[乙] 壶[乙] 桶[乙] 箱子[乙] 缸[丙] 罐[丙] 筐[丙] 篮[甲] 篮子[丙] 笼子[丙] 筒[丙] 箩筐[丁] 坛[丁] 麻袋[丁] 瓷[丙] 陶瓷[丁] 杯子[甲] 瓶子[乙]

*棒(名)[丙] 棍子[丙] 柄[丙] 把手[丁] 铲[丙] 斧子[丁] 锹[丁] 锯[丁] 钳子[丁] 剪刀[丁] 刀[甲] 刀子[乙] 筛子[丁] 尺[丙] 尺子[丙] 盖子[丙] 钉(名)[丙] 钉子[丙] 螺丝钉[丁] 钩子[丙] 夹子[丙] 架子[丙] 竿[丁]

③ 生活起居

*住房[丁] 住所[丁] 居室[丁] 住宅[丙] 楼[甲] 楼房[丙] 厦[丁] 寓[丁] 单元[丁] 屋[乙] 屋子[甲] 房屋[丙] 房子[乙] 房间[甲] 宿舍[甲] 户[乙] 室[乙] 客厅[丙] 卧室[丁] 浴室[丙] 厨房[乙] 厕所[乙] 花园[乙] 院子[乙] 门口[甲] 楼梯[乙] 楼道[丙] 电梯[乙] 走廊[丙] 台阶[丁] 墙[甲] 墙壁[丙] 壁[丙] 棚[丙] 地板[丙] 窗[甲] 窗户[甲] 窗口[丙] 窗台[丙] 柱子[丙] 栏杆[丁] 篱笆[丁]

*设施[丁] 炉子[丙] 暖气[乙] 玻璃[乙] 板[乙] 漆[丙] 砖[丙] 瓦[丙] 混凝土[丙] 棱[丁] 梁[丁] 坯[丁] 管道[丙] 管子[丙] 井[乙] 凉水[丙] 自来水[丙] 龙头[丁]

*生活[甲] 居[丁] 居住[丙] 定居[丁] 迁[丁] 住[甲] 睡[甲] 起[甲] 睡眠[丙] 梦[乙] 觉(jiào)[丙] 收拾[甲] 打扫[丙] 扫除[丁] 洗涤[丁] 晾[丁] 罩(动、名)[丙] 钉(动)[丁] 修[乙] 修理[乙] 整理[乙] 铺(pū)[乙] 装饰[丙]

*活(huór 名)[甲] 家务[丁] 用途[丙] 用处[乙] 用法[丁] 污[丙] 废物[丁] 垃圾[乙] 卫生[乙] 泡沫[丁]

5. 购物理财

① 购物

*顾客[乙] 商[丁] 店[乙] 商店[甲] 商场[乙] 商品[乙] 商业[乙] 生意[乙] 货[乙] 百货[丙] 货物[丙] 样品[丁] 市场[乙] 柜台[丙] 集市[丁] 门市部[丁] 营业[乙] 涨[乙] 展销[丁]

*买卖[乙] 花(动)[甲] 买[甲] 购买[丙] 收买[丁] 采购[丙] 购[乙] 订购/定购[丁] 预定[丁] 消费[乙] 花费[丁] 支配[丙] 开支[丁] 付[乙] 支付[丁] 支出[丁] 购买力[丁]

*卖[甲] 出卖[丙] 售[丙] 出售[丁] 出租[丙] 贩卖[丁] 倒腾[丙] 推销[丁] 销[丁] 销售[丁] 销路[丁] 回收[丁] 收购[丁] 零售[丁] 批发[丁] 转让[丁] 称(chēng)[乙] 发票[丁] 反馈[丁]

*便宜[甲] 廉价[丁] 实惠[丁] 优惠[丁] 贵[甲] 昂贵[丁] 假(jiǎ)[乙] 自费[乙] 公费[乙] 冒牌[丁] 实用[乙] 适用[乙] 值得[乙] 合算[丙] 紧俏[丙] 牌[乙] 牌子[丙] 名牌[丁] 品种[乙] 商标[丁] 质量[乙] 量[乙] 包装[丁] 秤(chèng)[丁] 逛[乙] 刷[乙] 挑[乙]

*款[乙] 价[丙] 价格[乙] 价钱[丙] 定价[丁] 物价[乙] 账/帐[丙] 租金[丁] 房租[丁] 值(动)[丙] 折合[丙]

② 理财

*存[乙] 储存[丁] 储蓄[丁] 股票[丁] 基金[丁] 交易[丙] 收益[丁] 省(动)[乙] 节省[乙] 节约[乙] 费(动)[乙] 浪费[乙] 糟蹋[丁] 欠[乙]

*财产[丙] 宝[丙] 钱[甲] 钞票[丙] 现金[丁] 现钱[丁] 零钱[乙] 费(名)[乙] 费用[乙]

6. 季节气候

① 季节

*季[丙] 季节[乙] 四季[丁] 时节[丙] 春[甲] 夏[甲] 秋[甲] 冬[甲] 春天[甲] 夏天[甲] 秋天[甲] 冬天[甲] 春季[丙] 夏季[丙] 秋季[丙] 冬季[丙]

② 气候

*气候[乙] 气象[乙] 气(名)[乙] 空气[甲] 气体[丙] 气压[丙] 大气压[丁] 温度[乙] 气温[乙] 低温[丁] 高温[丁] 气流[丁] 风力[乙]

*天气[甲] 晴[甲] 晴天[丙] 晴朗[丁] 阴[甲] 阴天[丙] 阳光[乙] 雨[甲] 雨水[丁] 雷雨[丁] 暴雨[丙] 雪[甲] 雪花[丙] 瑞雪[丁] 风[甲] 台风[丁] 狂风[丙] 风暴[丁] 云[甲] 雾[乙] 霜[丙] 冰[乙] 雹子[丁] 雷[乙] 闪电[丙] 乌云[丁] 霞[丁] 烟雾[丁] 云彩[丁] 虹[丁] 水蒸气[丁]

*凉[乙] 凉快[甲] 冷[甲] 寒[丁] 寒冷[乙] 严寒[丁] 暖[乙] 温暖[乙] 暖和[甲] 热[甲] 炎热[丁] 潮[丙] 潮湿[丙] 湿润[丙] 干燥[乙] 旱[丙] 干旱[丙] 旱灾[丁] 水灾[丁] 灾荒[丁] 灿烂[丙] 清新[丁] 恶劣[丙] 闷(mēn)[丙]

*吹[甲] 刮[甲] 晒[乙] 冻[乙] 遮[丙] 卷(动)[乙] 笼罩[丙] 照耀[丙] 蒸发[丙] 覆盖[丁] 夹在[丁] 滴[丙] 淋[丙] 照射[丁]

*温度计[丁] 摄氏[丙] 预报[丙] 上升[丙] 上涨[丁] 湿度[丁] 天色[丁] 日光[丁] 生机[丁]

7. 出行交通

① 交通工具

*车[甲] 机车[丁] 车辆[丙] 电车[甲] 卡车[甲] 汽车[甲] 吉普车[丁] 轿车[丁] 客车[丁] 面包车[丁] 地铁[丁] 火车[甲] 列车[丙] 摩托车[丙] 自行车[甲] 马车[丁]

*船[甲] 船舶[丁] 船只[丁] 轮船[乙] 汽船[丙] 渡船[丁] 帆船[丁] 舟[丁] 艇[丁] 航运[丁] 飞机[甲] 班机[丁] 航班[丁] 民航[丁]

*车厢[丙] 轮子[丙] 指南针[丙] 指针[丁] 桅杆[丁] 帆[丁] 舵[丁] 桨[丁] 舱[丙] 甲板[丁]

② 交通设施

*交通[乙] 街[甲] 大街[乙] 路[甲] 道(名)[乙] 道路[乙] 公路[乙] 街道[乙] 路上[乙] 马路[乙] 巷[丙] 大道[丙] 便道[丁] 路口[丙] 立交桥[丁] 街头[丁] 隧道[丁] 铁道[丁] 铁路[乙] 轨道[丙] 线路[丙] 路线[乙] 干线[丁] 站(名)[甲] 车站[甲]

*桥[甲] 桥梁[乙] 码头[乙] 港[乙] 港口[丙] 埠[丁] 湾[丁] 渡口[丁] 河道[丁] 机场[甲] 航线[丁] 航道[丁] 路面[丁] 通道[丁] 沥青[丁] 标志[丙] 牌[乙]

③ 交通行为

*行(动、形)[甲] 步行[丁] 骑[甲] 出发[甲] 开[甲] 开动[丙] 发动[乙] 启程[丁] 驾[丁] 驶[丙] 驾驶[丙] 行驶[丙] 奔驰[丁] 加速[丙] 高速[丙] 通行[丁] 相通[丁] 通(动、形)[甲] 路过[丙] 达[丙] 直达[丙] 抵达[丁] 绕[乙] 倒(dào)[乙] 赶[乙] 拐[乙] 撞[乙] 轧[丁] 返[丙] 返回[丁] 往返[丁] 停[甲] 停留[丙] 停泊[丁] 渡[乙] 通航[丁] 航行[丙] 航空[乙] 航海[丁] 航天[丁] 导航[丁] 飞[甲] 飞行[丙] 起飞[丙] 旋[丁] 盘旋[丁] 落地[丁] 降落[丁] 乘运[乙] 运输[乙] 输送[丁] 运送[丁]

＊畅通[丁] 堵[乙] 堵塞[丁] 路程[丁] 行程[丁] 半路[丁] 中途[丁] 沿途[丁] 长途[乙] 执照[丁] 遵守[乙] 规则[丙] 事故[丙]

④ 外出旅行

＊旅客[乙] 向导[丙] 导游[丁] 游客[丁] 游人[丁] 同行(xíng)[丁] 一行[丙] 司机[乙] 乘客[丙] 行人[丙]

＊旅行[甲] 旅[丁] 旅游[丙] 游览[乙] 外出[丁] 旅途[乙] 海关[乙] 护照[乙] 名胜[乙] 著名[乙] 闻名[丙] 观[丁] 观光[丁] 观赏[丁] 订[乙] 预订[丁] 宾馆[乙] 旅店[丁] 手续[乙] 行李[乙] 特产[丁]

8. 娱乐体育

① 娱乐

＊观众[乙] 乐队[丁] 电影院[乙] 俱乐部[乙] 剧场[乙] 礼堂[乙] 舞台[丙] 舞厅[丁] 银幕[丙] 影片[丙] 座位[乙] 座儿[丙]

＊活动[甲] 联欢[乙] 晚会[甲] 舞会[丙] 戏剧[丙] 相声[丙] 节目[甲] 表演[甲] 舞[丁] 舞蹈[丙] 演唱[丁] 歌唱[丙] 唱[甲] 歌[甲] 歌咏[丁] 奏[丁] 演奏[丁] 伴奏[丁] 节奏[丁] 乐曲[丁] 音[丙] 音乐[甲] 曲子[丁] 拍子[丙] 旋律[丁] 电影[甲] 放映[丙] 演出[甲] 开演[乙] 扮[丁] 扮演[丁] 休息[甲]

＊乐器[丙] 鼓[乙] 棋[丙] 笛子[丁] 钢琴[丁] 鼓[丁] 小提琴[丁] 弦(xián)[丁]

＊娱乐[丙] 玩[甲] 耍[丙] 游戏[丙] 把戏[丁] 爱好[乙] 兴趣[乙] 趣味[丙] 喜爱[丙] 收藏[丁] 风筝[丁] 马戏[丁] 魔术[丁] 扑克[丁] 摄[丁] 图像[丁] 图案[丁] 钓[乙] 录[乙] 闲[乙] 流行[丙] 通俗[丁] 逗[乙] 磁带[甲] 踊跃[丙] 加油[丙] 掌声[丙] 票[甲] 券[丁]

② 体育

＊运动员[乙] 教练[丙] 裁判[丙] 球队[丁] 队员[丙] 冠军[乙] 亚军[丙] 对手[丁] 选手[丁] 阵容[丁] 球迷[丁] 观众[乙]

＊体育场[乙] 操场[甲] 球场[乙] 俱乐部[乙] 体育馆[乙] 池[丙] 游泳池[乙]

＊球[甲] 篮球[甲] 排球[甲] 足球[甲] 乒乓球[乙] 羽毛球[乙] 网球[乙] 棒球[丁] 自行车[甲] 田径[丁] 跳高[丁] 跳远[丁] 环[乙] 杆[乙] 体操[丙] 健美[丁] 功夫[乙] 武术[乙] 气功[丁] 棋[丙] 围棋[丁] 象棋[丁]

＊动作[乙] 投掷[丁] 跑[甲] 拍[甲] 骑[甲] 登[乙] 浮[乙] 滑[乙] 划(动 huá)[乙] 摔[乙] 奔跑[丙] 跳动[丙] 游[丙] 攀登[丙] 越[丙] 体育[甲] 赛[乙] 比赛[甲] 竞赛[乙] 决赛[丁] 预赛[丁] 运动[甲] 锻炼[甲] 训练[乙] 活动[甲] 运动会[乙] 跑道[丁] 仪式[丙] 比分[丁] 参加[甲] 夺得[丁] 优胜[丙] 优势[丙] 胜[乙] 赢[甲] 输[甲] 桂冠[丁] 金牌[丁] 兴趣[乙] 爱好[乙] 喜爱[丙] 趣味[丙] 踊跃[丙] 加油[丙] 掌声[丙] 好玩儿[乙] 票[甲]

9. 邮政资讯

① 邮政

＊邮局[甲] 邮电[丁] 邮政[丁] 信(名)[甲] 书信[丁] 信件[丁] 来信[乙] 信封[甲] 邮票[甲] 汇款[丙] 邮包[丙] 包裹[丁] 地址[乙] 电报[乙] 明信片[丙] 航空[乙]

＊寄[甲] 取[乙] 贴[乙] 粘[乙] 通信[丙] 订阅/定阅[丁] 加急[丁] 邮购[丁] 邮寄[丁]

② 通讯

＊媒介[丁] 通讯社[丁] 外电[丁] 电视台[乙] 电台[乙] 无线电[丙] 报社[丙] 刊物[丙] 报刊[丙] 报

(甲)[甲]报纸[乙]日报[丙]晚报[丙]社论[丙]书刊[丁]期刊[丁]杂志[丙]画报[乙]广播[甲]新闻[甲]

*读者[乙]记者[乙]报道/报导[乙]通报[丁]报告[乙]讯[丁]通讯[乙]喜讯[丁]消息[甲]信息[丙]预告[丙]通知[甲]启事[丁]社[丁]版[丁]出版[乙]报(动)[丙]订[乙]播送[丙]播[丙]播放[丁]直播[丁]转播[丙]传(动)[乙]传达[丙]传播[乙]传递[丁]实况[丙]发表[乙]公布[丙]印[乙]印刷[乙]发行[丙]采访[丁]采集[丁]刊登[丁]

10. 医疗保健

① 医疗

*医生[甲]大夫[甲]大夫[乙]护士[乙]病人[乙]病号[丁]患者[丁]伤员[丁]

*医[丁]医务[丁]医学[乙]医疗[丙]中医[丙] 西医[丙]内科[丙]外科[丙]医院[甲]病房[乙]医务室[乙]病床[丙]

*医治[丁]救[乙]抢救[丁]挽救[丙]治疗[丙]临床[丁]挂号[乙]住院[乙]诊断[丁]隔离[丁]放射[丁]辐射[丁]解剖[丙]处置[丁]手术[乙]注射[丙]化验[丙]麻醉[丁]牵引[丁]绷带[丁]镶[丁]温度计[丁]保温[丁]体温[丙]

*药[甲]医药[丁]药方[丙]处方[丁]配方[丁]成分/成份[乙]药品[丙]药物[丙]药材[丁]中药[乙]药水儿[丙]维生素[丙]激素[丙]钙[丁]酶[丁]葡萄糖[丁]丹(名)[丁]人参[丁]鸦片[丁]作用[乙]副作用[丁]功效[丁]见效[丁]疗效[丁]

*机体[丁]器官[丙]口腔[丁]血[乙]血液[乙]鲜血[丙]血管[丙]血压[丁]脉搏[丁]神经[乙]意识[丙]精神(jīngshén)[甲]呼吸[乙]吸收[乙]消化[乙]分泌[丙]维持[丙]消耗[丙] 循环[丙]细胞[丙]脂肪[丁]尸体[丁]生命力[丁]

② 疾病

*疾病[丙]病[甲]症[丁]病情[丙]症状[丙]毒(名)[丙]病毒[丁]毒性[丁]菌[丁]病菌[乙]细菌[乙]传染[丙]感染[丁]刺激[丙]慢性[丁]瘟疫[丁]遗传[丁]患[丙]感冒[甲]咳嗽[甲]癌[丙]肿瘤[丁]艾滋病[丁]肝炎[丁]高烧[丁]高血压[丁]关节炎[丁]肾炎[丁]伤[乙]损伤[丁]伤口[丙]疤[丁]斑[丁]疮[丁]胀肿[丙]疼[甲]痛[乙]痒[丁]疼痛[丁]吐(tù)[乙]恶心[丙]泻[丁]昏迷[乙]昏[丙]晕[丙]醒[乙]清醒[丙]苏醒[丁]失眠[丙]近视[丁]缺陷[丁]瘫痪[丁]残疾[丁]瘸[丁]弱[乙]衰弱[丙]虚弱[丁]呻吟[丁]熬[丙]恶化[丙]苍白[丙]脸色[丙]毛病[乙]

③ 保健

*保健[丁]休息[甲]健康[甲]健全[丙]长寿[丁]疗养[丁]状况[乙]状态[乙]反应[乙]防治[丙]防护[丁]歇[乙]养[乙]营养[乙]休养[丁]恢复[乙]气功[丁]卫生[乙]探望[丁]喂[乙]

11. 学习研究

① 教育

*学校[甲]校园[丁]学院[甲]师范[丙]专科[丁]中学[甲]高中[丙]初中[丙]小学[乙]年级[甲]系(名)[甲]所[乙]专业[乙]学科[丙]教学[乙]进修[乙]函授[丁]培训[丁]实习[丙]选修[丙]必修[丙]攻读[丁]自学[乙]文凭[丁]学历[丁]证书[丙]自费[乙]公费[乙]学费[乙]奖学金[乙]学期[乙]学年[丙]学时[丙]学位[丙]学制[丙]课时[丁]寒假[甲]暑假[乙]

*教[甲]教育[甲]培养[丙]培育[丙]授[丁]传授[丁]引[丙]引导[丙]学问[乙]知识[甲]讲义[丙]学派[丁]

养成[丙] 辅导[甲] 调查[乙] 解[乙] 解答[乙] 解释[乙] 纠正[乙] 批[丙] 批改[丁] 开除[丙] 报考[丁] 高考[丁] 录取[丁] 招收[丁] 调剂[丁] 考[乙] 考试[甲] 笔试[丙] 口试[丙] 测验[乙] 测试[丙] 答案[乙] 答卷[乙] 试卷[乙] 题[乙] 题目[乙] 前提[丁]

＊校长[乙] 教授(名)[乙] 学者[丙] 师[丁] 师长[丁] 导师[丙] 老师[甲] 教师[乙] 教员[乙] 研究生[丙] 留学生[甲] 学员[丙] 小学生[丁] 博士[丙] 班长[乙] 尖子[丙] 组[乙]

② 学习

＊教研室[丙] 教室[甲] 课堂[丙] 图书馆[甲] 阅览室[乙] 书店[乙] 教材[乙] 课本[甲] 书[甲] 书籍[丙] 读物[丙] 书本[丙] 纸[甲] 纸张[丁] 本子[甲] 日记[乙] 工具书[丁] 字典[丙] 词典[甲] 钢笔[甲] 铅笔[甲] 圆珠笔[乙] 毛笔[丙] 橡皮[丁] 尺[丙] 黑板[甲] 粉笔[乙] 墨[丙] 墨水儿[乙] 算盘[丁] 书包[乙] 书架[乙] 铃[乙] 电铃[丙] 录音机[乙] 电脑[丙] 幻灯[丙] 校徽[丁]

＊科目[丁] 课[甲] 科[乙] 课程[乙] 功课[丙] 语文[丙] 课文[甲] 文言[丁] 单词[乙] 词汇[丙] 错字[丙] 概念[乙] 角度[丙] 注解[丁] 注释[丁] 前提[丁] 论[丙] 论文[乙] 纲[丁] 纲要[丁] 格式[丁] 范畴[丁] 汉学[丁] 数学[甲] 代数[丁] 算术[丁] 数字[乙] 公式[丙] 定理[丁] 定律[丁] 定义[丁] 方程[丁] 分母[丁] 几何[丁] 交叉[丁] 交点[丁] 记号[丁] 卡片[丁] 率[丁] 平面[丁] 直径[丙] 曲线[丁] 比例[乙] 角[乙] 三角[丁] 图[乙] 示意图[丁] 图片[丁] 图形[丁] 习题[丁] 小数[丁] 小数点[丁] 直线[丁] 符号[丁] 归纳[丁] 化学[甲] 原理[丙] 分子(fēnzǐ)[丙] 物理[甲] 历史[甲] 史[丁] 史料[丁] 概况[丁] 文化[甲] 辩证[丁] 辩证法[丁] 内容[甲] 常识[丙] 标本[丁] 练习[甲] 问题[甲] 作业[甲] 成绩[甲] 分数[丙] 报告[乙] 笔记[乙] 课题[丁] 难题[丙] 资料[乙] 讲座[乙] 效果[乙] 假条[乙] 借鉴[丁] 借助[丁]

＊听[甲] 读[甲] 记[甲] 念[甲] 看[甲] 问[甲] 学(动)[甲] 学习[甲] 预习[甲] 复习[甲] 改正[乙] 修改[乙] 研究[甲] 钻研[乙] 检查[甲] 练[乙] 运用[乙] 请教[丙] 提问[丙] 查阅[丁] 背诵[丙] 朗诵[丙] 朗读[乙] 阅读[乙] 复述[乙] 答[乙] 回答[甲] 问答[丁] 答辩[丁] 录[乙] 编[乙] 加[甲] 除[乙] 涂[乙] 书写[丁] 听写[甲] 填写[丁] 推算[丁] 计算[乙] 演算[丁] 运算[丁] 交[甲] 补习[乙] 复印[乙]

12. 求职就业

① 职业

＊医生[甲] 大夫[甲] 中医[丙] 西医[丙] 军医[丁] 护士[乙] 教师[乙] 教员[乙] 老师[甲] 法官[丁] 律师[丁] 编辑[丙] 记者[乙] 会计[丁] 导演[丙] 演员[乙] 裁判[丙] 教练[丙] 导游[丁] 向导[丙] 服务员[甲] 职工[乙] 工人[甲] 调度[丁] 警察[乙] 司机[乙] 乘务员[丁] 裁缝[丙] 厨师[丁] 炊事员[丁]

② 职衔

＊总统[乙] 元首[丁] 首相[丁] 总理[乙] 主席[乙] 书记[乙] 总督[丁] 首长[丁] 委员[乙] 官[乙] 官员[丁] 部长[乙] 省长[丙] 市长[丙] 县长[丁] 大使[丙] 领事[丁] 干部[甲] 领导[甲] 局长[乙] 院长[乙] 校长[乙] 厂长[丙] 科长[乙] 主任[乙] 经理[乙] 工程师[乙] 技术员[乙] 秘书[丙] 总司令[丁] 参谋[丙] 团长[丙] 队长[乙] 主编[丁] 主管[丁] 总务[丁] 常务[丁] 助理[丁] 代理[丙] 副[乙]

③ 职场

＊挣(zhèng)[丙] 收入[乙] 报酬[丙] 待遇[丙] 薪金/薪水[丁] 福利[丁] 奖金[丙] 奖励[丙] 补贴[丁] 津贴[丁] 补助[丁] 工钱[丙] 工资[乙]

＊人事[丁] 内行[丁] 外行[丁] 职业[乙] 职称[丁] 职务[丁] 专业[乙] 档案[丙] 工龄[丙] 公[丙] 行(háng)[丙] 当(动)[甲] 工作[甲] 从事[乙] 单位[乙] 担任[乙] 地位[乙] 调[乙] 分配[乙] 奋斗[乙] 服从[乙] 考验[丙] 递交[丁] 副业[丁] 接收[丁] 解雇[丁] 晋升[丁] 考核[丁] 雇[丙] 雇佣[丁] 聘[丁] 招聘[丁] 聘请[丁] 聘任[丁] 聘用[丁] 录用[丁] 任命[丁] 提拔[丁] 选拔[丁] 退休[丙] 离休[丁] 开除[丙]

特定话题词语——社会生活

1. 政治外交

① 政治

＊毛泽东思想[丙] 形而上学[丁] 主义[丁] 马克思主义[丙] 共产主义[丁] 社会主义[丙] 国际主义[丁] 人道主义[丁] 唯物主义[丁] 资本主义[丙] 官僚主义[丙] 唯心主义[丁] 帝国主义[丁] 殖民主义[丁] 唯物论[丁] 唯心论[丁] 无产阶级[丙] 工人阶级[丁] 资产阶级[丙] 世界观[丁] 理论[乙] 真理[乙]

＊党[乙] 党派[丙] 政党[丙] 党性[丁] 党章[丁] 党中央[丁] 共产党[乙] 国民党[乙] 党员[乙] 领袖[乙] 上级[乙] 下级[丁] 首相[丁] 元首[丁] 首脑[丁] 首长[丁] 委员[乙] 主席[乙] 党委[丙] 首席[丁] 上头[丙] 上层[丁] 官[乙] 官方[丁] 官僚[丁] 官员[丁] 县长[丁] 分子(fènzǐ)[丙] 代表[甲] 团体[丙] 共青团[丙] 支部[丁] 小组[丙] 班子[丁] 少先队[丙] 红领巾[丁] 同胞[丙] 团员[丙] 顾问[丙] 主人翁[丁] 集团[丙] 众[丁] 族[丁] 群众[乙] 民众[丁] 全民[丁] 群体[丁] 选民[丁] 候选人[丁] 市民[丁]

＊世界[甲] 社会[甲] 国[甲] 国家[甲] 祖国[甲] 共和国[丙] 政府[甲] 中央[乙] 国务院[丙] 帝国[丁] 参议院[丁] 众议院[丁] 国会[丁] 议院[丁] 联邦[丁] 议会[丙] 机构[丙] 组织[甲] 机关[乙] 部门[乙] 局[丙] 处(名词)[乙] 基层[丙] 会(名)[甲] 大会[乙] 会场[乙] 会议[乙] 协会[丙] 学会[丙] 全会[丁] 工会[乙] 国力[丁] 国民[丁] 国情[丁] 国土[丁]

＊政治[甲] 维护[乙] 和平[乙] 统一[乙] 拥护[乙] 原则[乙] 解放[乙] 开辟[乙] 开放[乙] 口号[乙] 路线[乙] 民主[乙] 批判[乙] 方针[乙] 革命[乙] 巩固[乙] 贯彻[乙] 光明[乙] 号召[乙] 国旗[丙] 旗号[丁] 旗帜[丙] 红旗[乙] 旗子[乙] 调整[乙] 反映[乙] 批准[乙] 强大[乙] 热爱[乙] 提倡[乙] 条约[乙] 推动[乙] 脱离[乙] 围绕[乙] 文件[乙] 西方[乙] 先进[乙] 响应[乙] 形势[乙] 宣传[乙] 选[乙] 选举[乙] 当选[丁] 竞选[丁] 候补[丁] 召开[乙] 争取[乙] 征求[乙] 政策[乙] 支持[乙] 支援[乙] 指导[乙] 指示[乙] 庄严[乙] 制度[乙] 编制[丙] 变革[丙] 标语[丙] 布告[丙] 草案[丙] 代价[丙] 典礼[丙] 奠定[丙] 纲领[丙] 给予[丙] 汇报[丙] 加入[丙] 局面[丙] 揭露[丙] 领土[丙] 普及[丙] 起义[丙] 请示[丙] 权力[丙] 权利[丙] 任[丙] 申请[丙] 声明[丙] 事务[丙] 提议[丙] 外界[丙] 维持[丙] 同盟[丙] 行政[丙] 宣告[丙] 宣言[丙] 义务[丙] 游行[丙] 政权[丙] 指点[丙] 指引[丙] 自治[丙] 鞭策[丁] 参阅[丁] 长征[丁] 倡议[丁] 传单[丁] 磋商[丁] 大局[丁] 大无畏[丁] 当局[丁] 动态[丁] 对策[丁] 格局[丁] 布局[丁] 管辖[丁] 轰动[丁] 呼吁[丁] 户口[丁] 机密[丁] 集会[丁] 兼任[丁] 讲演[丁] 焦点[丁] 揭发[丁] 揭示[丁] 解除[丁] 救济[丁] 局势[丁] 决策[丁] 开除[丙] 民意[丁] 列席[丁] 落实[丁] 内政[丁] 派别[丁] 批复[丁] 吸取[丙] 批示[丁] 请愿[丁] 权[丁] 权威[丁] 权限[丁] 权益[丁] 人权[丁] 人身[丁] 上报[丁] 上台[丁] 热潮[丁] 听取[丁] 时事[丁] 视察[丁] 收复[丁] 肃清[丁] 特区[丁] 特权[丁] 体制[丁] 所有权[丁] 所有制[丁] 公有制[丁] 私有制[丁] 推选[丁] 掀起[丁] 先锋[丁] 席位[丁] 席[丁] 掌[丁] 掌管[丁] 阵线[丁] 阵营[丁] 政协[丁] 证[丁] 职能[丁] 职权[丁] 指定[丁] 指明[丁] 治理[丁] 中立[丁] 自发[丁] 宗旨[丁] 行使[丁]

*国王[乙] 皇帝[乙] 皇后[丁] 君[丁] 大臣[丁] 贵族[丁] 内阁[丁] 复辟[丁] 奴役[丁] 王[丁] 王国[丁] 主(名)[丁] 资本家[丙] 地主[丙] 奴隶[丙] 反革命[丁] 法西斯[丁] 封建[乙] 统治[乙] 阶级[乙] 压迫[乙] 斗争[乙] 反动[乙] 控制[乙] 矛盾[乙] 剥削[丙] 腐朽[丙] 干涉[丙] 勾结[丙] 鼓动[丙] 阶层[丙] 垮[丙] 裂[丙] 笼罩[丙] 灭亡[丙] 批[丙] 迫害[丙] 散布[丙] 势力[丙] 压制[丙] 阴谋[丙] 专政[丙] 殖民地[丙] 背叛[丁] 颠倒[丁] 颠覆[丁] 动荡[丁] 独裁[丁] 腐败[丁] 腐化[丁] 教条[丁] 麻痹[丁] 盲从[丁] 内幕[丁] 缺席[丁] 条子[丁] 退出[丁] 施加[丁] 瓦解[丁] 下放[丁] 舆论[丁] 造反[丁] 镇(动)[丁] 政变[丁] 专制[丁] 走狗[丁] 阻挠[丁] 后台[丁]

② 外交

*外国[甲] 访问[甲] 友好[甲] 友谊[甲] 外交[乙] 谈判[乙] 协商[丁] 洽谈[丁] 会见[乙] 会谈[乙] 接见[乙] 对话[乙] 大使馆[乙] 国际[乙] 独立[乙] 对方[乙] 建立[乙] 平等[乙] 签订[乙] 拜会[丙] 大使[丙] 缓和[丙] 联盟[丙] 主权[丙] 重申[丁] 出访[丁] 缔结[丁] 公报[丁] 公约[丁] 惯例[丁] 国际法[丁] 和约[丁] 会晤[丁] 交涉[丁] 来访[丁] 领事[丁] 涉外[丁] 使节[丁] 使命[丁] 条款[丁] 外宾[丁] 外事[丁] 宣称[丁] 照会[丁] 霸权[丁] 恶化[丙] 分裂[丙] 违背[丙] 瓜分[丁] 妥协[丁] 宴请[丁] 邀请[乙] 邀[丁] 应邀[丙]

2. 经济金融

*顾客[乙] 老板[乙] 个体[乙] 个体户[丙] 商人[丙] 倒爷[丁] 股东[丁] 财会[丁] 财务[丁] 会计[丁] 法人[丁]

*银行[甲] 贷[丁] 钱[甲] 币[丁] 款[乙] 货币[丙] 人民币[乙] 国库券[丁] 外汇[丁] 汇率[丁] 比价[丁] 兑换[丙] 兑现[丁] 利息[丁] 支票[丁] 额[丁] 美元[乙] 法郎[乙] 马克[乙] 日元[乙] 港币[丙] 英镑[丙]

*财[丁] 财经[丁] 财力[丁] 财务[丁] 预算[丁] 决算[丁] 债[丙] 债务[丁] 公债[丁] 股份[丁] 股票[丁] 基金[丁] 价格[乙] 价值[乙] 物价[乙] 账/帐[丙] 浮[乙] 涨[乙] 上涨[丁] 炒[丙] 赔[乙] 赚[丙] 税[丙] 税收[丁] 所得税[丁] 费用[乙] 利润[丙] 赢利/盈利[丁] 外资[丁] 资本[丙] 资金[丙] 成本[丙] 本钱[丁] 财富[丙] 财政[丙] 数字[乙] 损失[乙] 投入[乙] 赤字[丁] 冻结[丁] 缴[丁] 缴纳[丁] 耗费[丁] 花费[丁] 结算[丁] 金额[丁] 金钱[丁] 金融[丁] 信贷[丁]

*经济[甲] 买[甲] 卖[甲] 买卖[乙] 贸易[乙] 商业[乙] 交易[丙] 经营[丙] 垄断[丙] 扭转[丙] 市场[乙] 营业[乙] 广告[乙] 规律[乙] 合同[乙] 合作[乙] 货[乙] 签订[乙] 现代化[乙] 保险[丙] 保障[丙] 冲击[丙] 赔偿[丙] 渠道[丙] 上升[丙] 投机[丙] 突破[丙] 行业[丙] 折合[丙] 租[丙] 补偿[丁] 成交[丁] 磋商[丁] 淡季[丁] 倒闭[丁] 抵制[丁] 风险[丁] 浮动[丁] 固有[丁] 国有[丁] 国营[丙] 合营[丁] 所有权[丁] 所有制[丁] 公有制[丁] 私有制[丁] 回收[丁] 贿赂[丁] 接洽[丁] 经销[丁] 口岸[丁] 亏损[丁] 流通[丁] 洽谈[丁] 缺口[丁] 商[丁] 商标[丁] 申报[丁] 实体[丁] 收益[丁] 收支[丁] 输出[丁] 输入[丁] 损耗[丁] 所得[丁] 淘汰[丁] 统筹[丁] 推销[丁] 外流[丁] 销[丁] 销路[丁] 销售[丁] 效益[丁] 协议[丁] 蓄[丁] 引入[丁] 征收[丁] 支柱[丁] 周转[丁] 资产[丁] 资助[丁] 促进[乙] 发达[乙] 繁荣[乙] 改革[乙] 供[乙] 供给[乙] 管[乙] 管理[乙] 供应[丙]

3. 军事国防

① 军事装备

*部队[乙] 军[乙] 师[丁] 旅[丁] 营[丁] 排[乙] 队[乙] 队伍[乙] 军队[乙] 连队[丁] 分队[丁] 解放军[丙] 军人[丙] 军官[丙] 空军[丙] 海军[丙] 陆军[丙] 首领[丁] 司令[丙] 将军[丙] 参谋[丙] 团长[丙] 排长[丁] 兵[乙] 士兵[丙] 步兵[丁] 战士[乙] 哨[丁] 哨兵[丙] 勇士[丁] 军医[丁] 战友[丙] 对方[乙] 特务[丙] 敌[丁] 敌人[乙] 俘虏[丁] 头

子[丁] 鬼子[丁] 汉奸[丁] 叛徒[丁] 流寇[丁]

*武器[乙] 导弹[丙] 原子弹[丙] 核[丙] 核武器[丁] 炮[乙] 枪[乙] 火箭[丙] 坦克[丙] 炮弹[丙] 手枪[丙] 子弹[丙] 大炮[丁] 弹[丁] 手榴弹[丁] 炸弹[丁] 炸药[丁] 机枪[丁] 雷达[丁] 望远镜[丁] 刀[甲] 刀刃[丁] 宝剑[丁] 箭[乙] 弓[丙] 火力[丙] 火焰[丙] 火药[丙] 弹药[丁]

② 军事行动

*派[甲] 胜利[甲] 安全[乙] 保[乙] 保护[乙] 保卫[乙] 冲[乙] 刺(动)[乙] 斗争[乙] 对付[乙] 夺[乙] 躲[乙] 反抗[乙] 防[乙] 服从[乙] 激烈[乙] 进攻[乙] 救[乙] 军事[乙] 控制[乙] 领(动)[乙] 率领[乙] 冒[乙] 命令[乙] 排[乙] 前进[乙] 强大[乙] 任务[乙] 伤[乙] 射[乙] 胜[乙] 探[乙] 围[乙] 牺牲[乙] 消灭[乙] 行动[乙] 战斗[乙] 战胜[乙] 战争[乙] 支援[乙] 执行[乙] 指挥[乙] 捉[乙] 包围[丙] 爆发[丙] 爆炸[丙] 部署[丙] 摧毁[丙] 打击[丙] 带领[丙] 逮捕[丙] 抵[丙] 抵抗[丙] 斗[丙] 夺取[丙] 发射[丙] 反击[丙] 防守[丙] 防御[丙] 封[丙] 封锁[丙] 攻[丙] 攻击[丙] 攻克[丙] 国防[丙] 后方[丙] 护[丙] 歼灭[丙] 进军[丙] 军备[丙] 军舰[丙] 拼[丙] 前方[丙] 情报[丙] 射击[丙] 守[丙] 突破[丙] 武装[丙] 袭击[丙] 信号[丙] 掩护[丙] 援助[丙] 炸(zhà)[丙] 占领[丙] 占有[丙] 战场[丙] 战略[丙] 战术[丙] 战线[丙] 阵地[丙] 争夺[丙] 征[丙] 征服[丙] 中(动)[丙] 主力[丙] 驻[丙] 转移[丙] 装备[丙] 司令部[丁] 堡垒[丁] 爆[丁] 爆破[丁] 逼近[丁] 边防[丁] 边境[丁] 搏斗[丁] 步伐[丁] 操练[丁] 冲锋[丁] 出动[丁] 冲破[丁] 捣[丁] 动态[丁] 动用[丁] 对抗[丁] 夺得[丁] 反攻[丁] 赴[丁] 防线[丁] 奋战[丁] 根据地[丁] 跟踪[丁] 工事[丁] 攻[丁] 捍卫[丁] 轰炸[丁] 回击[丁] 击[丁] 机密[丁] 践踏[丁] 据点[丁] 决战[丁] 军装[丁] 凯旋[丁] 抗击[丁] 抗战[丁] 扩张[丁] 垒[丁] 烈火[丁] 炮火[丁] 配备[丁] 喷射[丁] 牵制[丁] 前线[丁] 潜伏[丁] 乔装[丁] 事态[丁] 收复[丁] 守卫[丁] 搜[丁] 搜查[丁] 搜索[丁] 统战[丁] 外力[丁] 围攻[丁] 武力[丁] 威力[丁] 巡逻[丁] 演习[丁] 游击[丁] 增援[丁] 占据[丁] 战(动)[丁] 战役[丁] 侦察[丁] 阵容[丁] 阵线[丁] 阵营[丁] 正规[丁] 驻扎[丁] 自卫[丁] 踪迹[丁] 解散[丁]

*输[甲] 退[甲] 占[甲] 败[乙] 侵略[乙] 杀[乙] 失败[乙] 逃[乙] 暴露[丙] 撤[丙] 冲突[丙] 出卖[丙] 窜[丙] 废墟[丙] 勾结[丙] 侵犯[丙] 侵入[丙] 丧失[丙] 投降[丙] 威胁[丙] 后退[丙] 毁[丙] 惊动[丙] 掠夺[丙] 灭亡[丙] 镇压[丙] 霸占[丁] 暴动[丁] 暴力[丁] 背叛[丁] 撤退[丁] 敌对[丁] 倒退[丁] 毁坏[丁] 毁灭[丁] 劫持[丁] 举动[丁] 冒进[丁] 冒险[丁] 内战[丁] 叛变[丁] 枪毙[丁] 窃取[丁] 窃听[丁] 侵害[丁] 侵占[丁] 驱逐[丁] 入侵[丁] 事变[丁] 逃跑[丁] 逃走[丁] 挑衅[丁] 屠杀[丁] 妥协[丁] 泄[丁] 泄漏[丁] 造反[丁] 争端[丁] 走漏[丁] 阻挡[丁] 阻拦[丁]

4. 司法治安

① 司法

*法官[丁] 律师[丁] 侦探[丁] 犯人[丙] 强盗[乙] 原告[丁] 被告[丁] 罪犯[丁] 法人[丁]

*法[丁] 法制[丙] 国法[丁] 宪法[丙] 法律[乙] 刑法[丁] 司法[丁] 法定[丁] 法规[丁] 法令[丙] 法则[丁] 规范[丁] 规章[丁] 准则[丁] 条文[丁] 通告[丁] 议案[丁] 议程[丁] 议定书[丁] 章程[丁] 须知[丁] 法院[丙] 法庭[丁] 宣布[乙] 颁布[丁] 发布[丁] 奉行[丁] 依据[丙] 证据[丙] 参照[丁] 遵循[丁] 遵照[丁] 案[丁] 案件[丁] 案情[丁] 告[乙] 事实[乙] 改造[乙] 废除[丙] 封[丙] 合法[丙] 鉴定[丙] 审查[丙] 辩护[丁] 辩解[丁] 驳斥[丁] 不容[丁] 裁决[丁] 澄清[丁] 否决[丁] 感化[丁] 常规[丁] 公告[丁] 公平[丁] 公认[丁] 公证[丁] 惯例[丁] 合乎[丁] 监察[丁] 检察[丁] 检举[丁] 鉴别[丁] 交付[丁] 控诉[丁] 履行[丁] 起诉[丁] 签发[丁] 签署[丁] 强制[丁] 确认[丁] 确凿[丁] 认定[丁] 上诉[丁] 申述[丁] 诉讼[丁] 坦白[丁] 试行[丁] 提案[丁] 提交[丁] 条理[丁] 推行[丁] 下达[丁] 刑事[丁] 修

订[丁] 宣读[丁] 真相[丁] 执法[丁] 指令[丁] 追究[丁] 准许[丁] 走访[丁]

*捕[乙] 逮捕[丙] 制裁[丁] 判处[丁] 判定[丁] 判决[丁] 审[丁] 审定[丁] 审理[丁] 审批[丁] 审判[丁] 审讯[丁] 审议[丁] 施[丁] 施行[丁] 惩[丁] 惩办[丁] 惩罚[丁] 处罚[丁] 处决[丁] 处置[丁] 死刑[丁] 枪毙[丁] 斩[丁] 杀[乙] 刑[丁] 刑场[丁] 监狱[丙] 牢房[丁] 释放[丁]

*罪[丙] 罪恶[丙] 罪行[丙] 不法[丁] 非法[丁] 触犯[丁] 摧残[丁] 劫[丁] 劫持[丁] 殴打[丁] 抢劫[丁] 偷窃[丁] 盗[丁] 盗窃[丁] 暴动[丁] 暴力[丁] 爆[丁] 杀害[丁] 伪造[丁] 挟持[丁] 贪污[丁] 诈骗[丁] 贿赂[丁] 诬蔑[丁] 诬陷[丁] 陷害[丁] 诽谤[丁] 黄[甲] 黄色[丙] 淫秽[丁] 罪名[丁] 罪状[丁] 绑架[丁] 暗杀[丁] 尸体[丁]

② 治安

*警察[乙] 公安[丙] 民兵[丙] 警卫[丁] 歹徒[丁] 匪徒[丁] 流氓[丙] 贼[丁] 人质[丁]

*治安[丁] 派出所[丁] 条例[丙] 规定[乙] 协定[丙] 纪律[乙] 命令[乙] 制订[乙] 制定[乙] 放[甲] 查[甲] 检查[甲] 安全[乙] 平安[乙] 恐怖[丙] 危险[甲] 保护[乙] 避[乙] 避免[乙] 防止[乙] 管[乙] 管理[乙] 合理[乙] 纠正[乙] 控制[乙] 批准[乙] 实行[乙] 围[乙] 行动[乙] 宣传[乙] 执行[乙] 治[乙] 秩序[乙] 规则[丙] 监督[丙] 监视[丙] 警惕[丙] 说法[丙] 挽救[丙] 禁[丁] 禁区[丁] 严禁[丙] 禁止[乙] 掩盖[丙] 占有[丙] 挣扎[丙] 整顿[丙] 证件[丙] 中(动)[丙] 搏斗[丁] 查处[丁] 查获[丁] 查明[丁] 偿[丁] 偿还[丁] 捣[丁] 跟踪[丁] 警戒[丁] 拘留[丁] 举动[丁] 免[丁] 免除[丁] 民事[丁] 拟定[丁] 破获[丁] 乔装[丁] 清查[丁] 清理[丁] 驱逐[丁] 事件[乙] 事态[丁] 事项[丁] 收回[丁] 守卫[丁] 搜[丁] 搜查[丁] 搜索[丁] 讨[丁] 退还[丁] 武力[丁] 现场[丁] 现行[丁] 线索[丁] 许可[丁] 巡逻[丁] 验证[丁] 约束[丁] 增援[丁] 镇(动)[丁] 镇压[丙] 制服[丁] 制约[丁] 追查[丁] 自卫[丁] 处(动)[乙] 处分[乙] 处理[乙] 对付[乙] 冤枉[丙] 罚[丙] 警告[丙]

*拦[乙] 拼[丙] 闯[乙] 刺(动)[乙] 躲[乙] 抢[乙] 伤[乙] 逃[乙] 偷[乙] 毁[丙] 挣[丙] 争夺[丙] 抗议[丙] 惊动[丙] 反抗[乙] 犯冒[乙] 违反[乙] 破坏[乙] 猖狂[丁] 动乱[丁] 对抗[丁] 躲避[丁] 躲藏[丁] 窃取[丁] 窃听[丁] 侵占[丁] 圈套[丁] 扰乱[丁] 人为[丁] 不公[丁] 散发[丁] 收买[丁] 逃跑[丁] 自杀[丁] 逃走[丁] 违犯[丁] 围攻[丁] 报复[丙] 势力[丙] 示威[丙] 嫌疑[丁] 据点[丁] 刀[甲] 刀子[乙] 刀刃[丁] 棒(名)[丙] 毒品[丁]

5. 科学技术

① 学术

*探索[丙] 发现[甲] 调查[乙] 发明[乙] 证实[丙] 证明[乙] 验[丁] 实验[乙] 试验[乙] 化验[丙] 测[丙] 测量[丙] 观测[丙] 探测[丁] 考察[丙] 论证[丁] 统计[丙] 研制[丙] 攻克[丙] 确定[乙] 搜索[丁] 填补[丁] 考古[丁] 科普[丙] 数据[丙] 数目[丙] 文献[丁] 学术[乙] 论文[乙] 课题[丁]

*科学家[乙] 博士[丙] 科学院[乙] 研究所[乙] 学(名)[甲] 科学[甲] 学说[丙] 科研[乙] 科技[丙]

② 科技

*元素[丙] 原子[丙] 反射[丁] 放射[丁] 辐射[丁] 激光[丁] 核[丙] 飞船[丁] 火箭[丙] 航天[丁] 电子[丙] 卫星[乙] 细菌[乙] 定理[丁] 定律[丁] 定义[丁] 方程[丁] 分母[丁] 几何[丁] 交叉[丁] 交点[丁] 平面[丁] 曲线[丁] 三角[丁]

*数字[乙] 医学[乙] 哲学[乙] 物质[乙] 真理[乙] 奥秘[丙] 迷[丙] 奇迹[丙] 逻辑[丙] 容器[丙] 溶液[丙] 溶解[丁] 共性[丁] 结晶[丁] 文物[乙] 率(lǜ)[丁] 百分比[丁] 正比[丁] 比重[丁] 微观[丁] 显微镜[丁] 遥控[丁] 专

利[丁] 软件[丁] 程序[丙] 进化[乙]

6. 资源环境

① 资源

*资源[乙] 能(名)[丙] 能源[乙] 能量[丙] 原子能[丁] 太阳能[丁] 水电[丁] 材料[乙] 水力[丙] 水利[丙] 节能[丁]

*矿[乙] 矿藏[丁] 矿产[丁] 矿山[丁] 矿物[丁] 矿石[丙] 玉[丁] 钻石[丁] 化石[丙] 金属[乙] 金[乙] 黄金[丁] 铁[乙] 铝[丙] 锡[丙] 铜[乙] 银[乙] 汞[丁] 硅[丁] 磷[丁] 镁[丁] 锌[丁] 铅[丙] 铀[丁] 煤[乙] 炭[丁] 砂[丁] 沙[丁] 沙土[丁] 石灰[丁] 木[乙] 木头[乙] 木材[丙] 森林[乙] 树林[乙] 油[乙] 石油[乙] 油田[丙] 原油[丁] 煤气[乙] 天然气[丙] 氧气[丙] 氮[丁] 氢[丁] 氧[丁] 淡水[丁]

② 环境

*大自然[丙] 自然[乙] 天然[丙] 景[丁] 景色[丙] 景物[丙] 景象[丙] 现象[乙] 环境[乙] 风景[乙] 生命[乙] 生物[乙] 光[乙] 光辉[乙] 光线[乙] 光亮[丁] 光芒[丁] 亮光[丁] 闪烁[丙]

*分解[丙] 腐蚀[丙] 污染[乙] 锈[丙] 烟[丙] 氧化[丙] 固体[丙] 液体[丙] 有机[丙] 绿化[丁] 侵蚀[丁] 生态[丁] 蕴藏[丁] 废品[丁] 废气[丁] 废物[丁] 垃圾[乙] 噪音[丁] 风沙[丁]

7. 劳动生产

① 工业

*职工[乙] 工人[甲] 工程师[乙] 技术员[乙] 厂长[丙] 骨干[丙] 厂家[丁] 厂商[丁] 调度[丁] 雇员[丁] 劳动力[丁]

*制[丙] 制作[丙] 工序[丙] 搭[乙] 吊[乙] 造[乙] 建[乙] 纺[丙] 织[乙] 焊[丙] 凿[丙] 铸[丙] 镀[丁] 耗[丙] 绞[丁] 嵌[丁] 镶[丁] 炼[丙] 酿[丁] 榨[丁] 熔[丁] 配[丙] 卸[丙] 垒[丁] 砌[丁] 筑[丁] 架(动)[丙] 建造[丙] 修建[丙] 修筑[丙] 扩建[丁] 维修[丁] 检修[丁] 修复[丁] 冷却[丙] 冶炼[丁] 铸造[丁] 装配[丁]

*料[丙] 材料[乙] 原材料[丁] 水泥[乙] 塑料[乙] 钢[乙] 钢材[丁] 磁铁[丁] 胶[丁] 橡胶[丁] 油料[丁] 油漆[丁] 染料[丙] 燃料[丙] 柴油[丁] 汽油[乙] 石灰[丁] 酒精[丁] 硫酸[丁] 化纤[丁] 尼龙[丁] 焦炭[丁]

*装置[丙] 设备[乙] 器[丁] 仪器[乙] 器具[丁] 器械[丁] 工具[乙] 电脑[丙] 电铃[丙] 机[丙] 机器[甲] 机床[乙] 车床[丁] 电动机[丁] 机械[乙] 器材[丙] 模型[丙] 零件[丙] 计算机[丙] 键盘[丁] 齿轮[丁] 马达[丁] 元件[丁] 闸[丁] 螺丝钉[丁] 钳子[丁] 锹[丁] 锤[丁] 钉(名)[丙]

*动力[丙] 电[甲] 电力[丙] 高压[丙] 电流[丙] 电线[丙] 电压[丙] 电路[丁] 电钮[丁] 电气[丁] 电源[丁] 节能[丁] 马力[丁]

*工[丁] 工业[甲] 轻工业[丁] 重工业[丁] 企业[乙] 工厂[甲] 工作[甲] 活(名)[甲] 产量[乙] 产品[乙] 工业品[乙] 产[丁] 产地[丁] 产区[丁] 产业[丁] 厂房[丁] 公司[乙] 部门[乙] 机构[丙] 机关[乙] 办公室[甲] 处(名词)[乙] 组[乙] 车间[乙] 仓库[丙] 库[丁] 库房[丁] 工地[丙] 技术[甲] 工程[乙] 构造[乙] 基层[丙] 基地[丙]

*建设[甲] 劳动[甲] 派[甲] 让[甲] 生产[甲] 调整[乙] 订[乙] 签订[乙] 改进[乙] 应用[乙] 运用[乙] 实践[甲] 使用[甲] 完成[甲] 采用[乙] 创造[乙] 制造[乙] 突击[乙] 革新[丙] 操作[丙] 承包[丙] 创新[丙] 管[乙] 管理[乙] 合作[乙] 检验[丙] 开动[丙] 开发[丙] 协作[丙] 引进[丙] 运转[丙] 载[丙] 载重[丙] 报销[丁] 爆破[丁] 转动

(zhuàndòng)[丙] 测定[丁] 测算[丁] 承办[丁] 撤销[丁] 改建[丁] 改组[丁] 创办[丁] 创建[丁] 创业[丁] 筹备[丁] 筹建[丁] 储备[丁] 储藏[丁] 传送[丁] 传真[丁] 超产[丁] 振动[丙] 出产[丁] 出品[丁] 积压[丁] 检测[丁] 开拓[丁] 开采[丁] 勘探[丁] 扩充[丁] 规划[丙] 落成[丁] 攻关[丁] 试用[丁] 试制[丁] 提取[丁] 投产[丁] 投放[丁] 掀起[丁] 选用[丁] 验收[丁] 引用[丁] 运行[丁] 再生产[丁] 注册[丁] 装卸[丁] 调换[丁] 供销[丁] 提供[乙] 建筑[乙] 钉(动)[丁]

* 任务[乙] 公务[丁] 事业[乙] 事务[丙] 后勤[丁] 实体[丁] 项目[乙] 效率[乙] 业务[乙] 质量[乙] 结构[乙] 人造[乙] 手工[乙] 冶金[丙] 仪表[丙] 印染[丙] 纺织[乙] 化工[丙] 合金[丙] 矿井[丁] 矿区[丁] 矿山[丁] 矿物[丁] 产值[丙] 超额[丙] 成本[丙] 经费[丙] 岗位[丙] 功能[丙] 合成[丙] 合格[丙] 混凝土[丙] 物资[丙] 新型[丙] 性能[丙] 烟囱[丙] 锅炉[丙] 窑[丙] 增产[丙] 指标[丙] 备用[丁] 专用[丁] 用法[丁] 成效[丁] 部件[丁] 硬件[丁] 制品[丁] 成品[丁] 国产[丁] 造价[丁] 造型[丁] 型号[丁] 定额[丁] 防护[丁] 混合物[丁] 杠杆[丁] 高产[丁] 规格[丁] 规章[丁] 过滤[丁] 净化[丁] 绝缘[丁] 导体[丁] 开关[丁] 示意图[丁] 图表[丁] 图纸[丁] 物力[丁] 需[丙] 需要[甲] 急需[丁] 需求[丁] 必需[丙] 责任制[丁] 生产力[丁] 生产率[丁] 确保[丁] 畅销[丁] 夜班[丁]

* 事故[丙] 故障[丁] 废品[丁] 废气[丁] 废物[丁] 污[丙] 损[丁] 损耗[丁] 次品[丁] 液[丁] 渣[丙] 粉末[丁] 屑[丁]

② 农业

* 农业[甲] 农场[丙] 农户[丁] 大队[丙] 公社[丁] 社[丁] 社员[丁] 专业户[丁] 田[乙] 田间[丁] 田野[乙] 农田[丙] 田地[丙] 耕地[丙] 农药[丙]

* 农作物[丙] 农产品[丁] 作物[丙] 产物[丙] 庄稼[乙] 成熟[乙] 水稻[乙] 稻子[丁] 小麦[乙] 玉米[乙] 高粱[丙] 谷子[丙] 棉[丁] 棉花[乙] 良种[丁] 种子[乙] 禾苗[丁] 苗[丙] 秆[丁] 糠[丁] 穗[丁] 颗粒[丁] 籽[丁] 果实[丙] 果树[丙] 烟草[丁]

* 开垦[丁] 播[丙] 播种[丁] 种[乙] 植[丁] 栽[丙] 栽培[丁] 种植[丙] 架(动)[丙] 结(jiē)[丙] 养[乙] 摘[乙] 培育[丙] 灌[丙] 灌溉[丙] 浇灌[丁] 施[丁] 耕[丁] 耕种[丁] 秋收[丁] 收成[丁] 收割[丙] 收获[乙] 盛产[丁] 丰产[丙] 丰收[丙] 包干儿[丁] 改良[丙] 春耕[丁] 农具[丙] 拖拉机[丙] 锄[丁] 犁[丁] 镰刀[丁] 马车[丁] 薄膜[丁] 膜[丁] 渠[乙] 槽[丁] 肥料[丙] 化肥[丁] 养料[丙] 养分[丁] 害虫[丙] 病虫害[丁]

* 牲口[丁] 牲畜[丁] 家畜[丁] 驴[丙] 骡子[丁] 鸡[甲] 鹅[乙] 鸭子[丙] 狗[乙] 猪[甲]

③ 渔牧林业

* 鱼[甲] 渔业[丁] 渔民[丙] 网[丙] 捕捞[丁] 投放[丁] 池塘[丁] 塘[丁] 水产[丁] 贝壳[丁]

* 牧区[丁] 牧业[丁] 牧场[丙] 牧民[丙] 畜产品[丁] 畜牧[丁] 养[乙] 饲养[丙] 养殖[丁] 饲料[丁] 鞭子[丁] 捕捉[丁] 圈(juàn)[丁] 野生[丁] 杂交[丁] 宰[丁] 马[甲] 牛[甲] 羊[甲]

* 林场[丁] 林区[丁] 林业[丁] 园[丁]

8. 文学艺术

① 文学

* 作家[乙] 作者[乙] 诗人[丙] 文人[丁] 演员[乙] 编辑[丙] 导演[丙] 画家[丙] 歌手[丁] 歌星[丁] 明星[丁]

* 文学[甲] 故事[甲] 文章[甲] 小说[乙] 诗[乙] 散文[丙] 杂文[丙] 剧本[丁] 传(名)[丁] 传记[丁] 传说[丙] 神话[丙] 寓言[丙] 笑话[乙] 谜语[丙] 心得[乙] 形容[乙] 形式[乙] 抽象[乙] 创[乙] 创作[乙] 动人[乙] 描写[乙] 情

景乙 情形乙 人物乙 生动乙 具体乙 著作乙 作品乙 背景丙 场面丙 风格丙 复制丙 改编丙 高潮丙 稿丙 古典丙 朗诵丙 流传丙 提纲丙 写作丙 叙述丙 标题丁 稿件丁 稿纸丁 稿子丁 古文丁 画面丁 纪要丁 简要丁 杰作丁 经典丁 镜头丁 空洞丁 框丁 描绘丁 目录丁 情节丁 全集丁 审美丁 诗歌丁 书法丁 书面丁 书写丁 思潮丁 潮流丁 塑造丁 省略丁 提炼丁 提要丁 题材丁 细节丁 序言丁 悬念丁 选集丁 摘要丁 主题丁 主体丁 著丁 专题丁 宝库丁 宝丙

② 艺术

*艺术甲 文艺甲 参观甲 陈列丙 展览甲 展出乙 展览会乙 弹(动)乙 涂乙 演乙 好听乙 刻(动)乙 拍摄丙 主持丙 扮丁 扮演丁 伴奏丁 歌咏丁 奏丁 绘丁 演唱丁 演奏丁 拍照丁

*美术乙 画(名)甲 油画丁 图乙 图画丙 绘画丁 雕刻丙 雕塑丁 浮雕丁 肖像丁 戏乙 幕丙 剧丙 剧团丁 戏剧丙 悲剧丁 话剧丙 歌剧丙 京剧/京戏乙 歌曲丙 合唱丙 乐曲丁 谱丁 拍子丙 节奏丁 旋律丁 舞蹈丙 芭蕾舞丁 乐队丁 杂技乙 相声丙 魔术丁 喇叭丙 琴丙 钢琴丁 小提琴丁 锣丙 鼓丁 笛子丁 底片丙 胶片丁

9. 语言文字

① 文字

*中文甲 外语/外文甲 法语/法文甲 日语/日文甲 英语/英文甲 阿拉伯语/阿拉伯文乙 德语/德文乙 俄语/俄文丙 字甲 汉字甲 繁体字丁 简体字丁 文字乙 别字丙 错字丙 笔迹丁 字母丙 划(动 huà)乙 词甲 单词乙 生词甲 词句丁 句子甲 标点乙 通顺丙 潦草丁 记载丙 记录乙 描写乙

② 语言

*语言甲 汉语甲 声调甲 语调乙 语气乙 语音乙 语法甲 口语甲 话甲 普通话丙 标语丙 成语丙 惯用语丁 简称丁 言论丁 言语丁 话题丁 便条乙 座右铭丁 实话丙 翻译甲 会话甲 对话乙 谈甲 讲甲 道(动)乙 言丁 曰丁 说明甲 讨论甲 表达乙 表明乙 补充乙 答乙 打听乙 告乙 复述乙 讲话乙 朗读乙 聊乙 流利乙 议论乙 争乙 争论乙 指出乙 座谈乙 辩论丙 反问丙 欢呼丙 交谈丙 口气丙 口头丙 删丙 谈话丙 谈论丙 叙述丙 询问丙 演说丙 驳斥丁 反驳丁 阐明丁 阐述丁 畅谈丁 陈述丁 答辩丁 叮嘱丁 分辩丁 告诫丁 呼声丁 呼吁丁 讲解丁 讲述丁 讲演丁 叫喊丁 叫唤丁 意思甲 意义甲 论点丁 论述丁 罗列丁 描丁 描述丁 劝说丁 商榷丁 商讨丁 商议丁 誓言丁 探讨丁 停顿丁 问答丁 协商丁 叙谈丁 演讲丁 舆论丁 预言丁 追问丁 咨询丁 嘱咐丁

*谬论丁 废话丙 闲话丙 谣言丙 谗言丁 空话丁 牢骚丙 胡说丙 啰唆丁 叨唠丁 絮叨丁 埋怨丁 诽谤丁 讽刺丙 争吵丁 争议丁 叫嚷丁 辩解丁 怒吼丁 哀求丁 乞求丁 恳求丁

10. 风俗宗教

① 节日

*节日甲 新年甲 元旦丙 春节乙 除夕丁 腊月丁 正月丁 中秋丁 国庆节丙 复活节丙 圣诞节丙

② 风俗

*民族[甲] 祝[甲] 碑[乙] 传统[乙] 度过[乙] 风俗[乙] 纪念[乙] 龙[乙] 凤凰[丁] 献[乙] 祝贺[乙] 灯笼[丙] 节[丙] 迷信[丙] 民间[丙] 命[丙] 命运[乙] 墓[丙] 俗话[丙] 遗产[丙] 遗留[丙] 爆竹[丁] 鞭炮[丁] 联[丁] 庆贺[丁] 祝福[丁] 坟[丙] 坟墓[丁] 棺材[丁] 哀悼[丁] 悼念[丁] 追悼[丁] 葬[丁] 葬礼[丁] 卜[丁] 忌[丁] 破除[丁] 俗[丁] 巫婆[丁] 习俗[丁] 魔鬼[丁] 妖怪[丁]

③ 宗教

*宗教[丙] 宗派[丙] 教会[丁] 教堂[丙] 寺[丁] 清真寺[丁] 庙[乙] 塔[乙] 佛教[丙] 天主教[丙] 伊斯兰教[丙] 基督教[丁] 穆斯林[丁] 上帝[丙] 老天爷[丁]

*神(名)[乙] 鬼[乙] 献[乙] 灵魂[丙] 人间[丙] 拜[丁] 崇拜[丁] 崇敬[丁] 和尚[丁] 神仙[丁] 仙女[丁] 天堂[丁] 信(动)[乙] 信仰[丁] 宣扬[丁] 碑[乙]

11. 人际交往

① 身份

*人[甲] 人类[乙] 种族[丁] 众[丁] 众人[丁] 人群[丙] 群体[丁] 全民[丁] 人们[甲] 群众[乙] 大众[丙] 老百姓[乙] 人民[甲] 公民[丙] 居民[丙] 国民[丁] 侨胞[丁] 华侨[丙] 华人[丙] 移民[丁] 民众[丁] 人士[丙] 人员[乙] 成人[丁] 贫民[丁] 平民[丁] 穷人[丙] 难民[丁] 市民[丁] 农民[甲] 社员[丁] 牧民[丙] 渔民[丙] 乡亲[丁] 猿人[丙] 古人[丁] 祖先[丙] 前人[丁] 代(名)[乙] 后代[丙] 老人[乙] 大人[乙] 人家(名)[乙] 亲戚[乙] 亲人[丙] 家属[丙] 亲友[丁] 家长[丁] 前辈[丁] 男人[乙] 男子[丙] 男性[丁] 女性[丁] 妇女[乙] 女士[乙] 女人[乙] 妇人[丙] 女子[丙] 夫妻[丙] 夫妇[丁] 两口子[丁] 配偶[丁] 新郎[丁] 新娘[丁] 新人[丁] 光棍儿[丁] 青年[甲] 兄[丁] 弟兄[丙] 少女[丙] 儿女[丙] 子弟[丁] 侄子[丁] 儿童[乙] 娃娃[丙] 婴儿[丙]

*首领[丁] 首脑[丁] 元首[丁] 首相[丁] 总督[丁] 首长[丁] 官员[丁] 官僚[丁] 领袖[乙] 上级[乙] 下级[丁] 上层[丁] 头子[丁] 省长[丙] 市长[丙] 县长[丁] 常务[丁] 模范[丙] 骨干[丙] 委员[乙] 代表[甲] 分子(fènzǐ)[丙] 先锋[丁] 天才[丙] 尖子[丙] 组长[丙] 候选人[丁] 选民[丁] 选手[丁] 使节[丁] 领事[丁]

*师[丁] 师长[丁] 导师[丙] 学生[甲] 小学生[丁] 留学生[甲] 研究生[丙] 少先队[丙] 红领巾[丁] 团员[丙] 学员[丙] 专家[乙] 学者[丙] 文人[丁] 文学家[甲] 科学家[乙] 博士[丙] 作家[乙] 作者[乙] 画家[丙] 诗人[丙] 顾问[丙] 主编[丁] 导游[丁] 向导[丙] 法官[丁] 律师[丁] 当事人[丁] 原告[丁] 被告[丁]

*解放军[丙] 海军[丙] 空军[丙] 军官[丙] 军人[丙] 士兵[丙] 步兵[丁] 侦探[丁] 哨[丁] 哨兵[丙] 民兵[丙] 警卫[丁] 军医[丁] 战友[丙] 勇士[丁] 烈士[丙] 伤员[丁] 人质[丁]

*中医[丙] 西医[丙] 患者[丁] 病号[丁] 主管[丁] 译员[丁] 财会[丁] 财务[丁] 乘务员[丁] 运动员[乙] 猎人[丙] 木匠[丁] 厨师[丁] 炊事员[丁] 董事[丁] 股东[丁] 理事[丁] 总务[丁] 商人[丙] 个体户[丙] 专业户[丁] 厂商[丁] 职员[丙] 店员[丁] 雇员[丁] 伙计[丁] 后勤[丁] 调度[丁] 助理[丁] 助手[丙] 徒弟[丙] 会员[丁] 绅士[丁] 行人[丙] 歌手[丁] 歌星[丁] 明星[丁] 名人[丁] 生人[丁] 东道主[丁] 客[丙] 顾客[乙] 旅客[乙] 客人[乙] 乘客[丙] 来客[丙] 游客[丁] 游人[丁] 外宾[丁] 来宾[丙] 观众[乙] 听众[丁] 读者[乙] 冠军[乙] 亚军[丙] 双方[乙] 对象[乙] 对方[乙] 对手[丁] 对头[丁] 对门[丙] 同屋[乙] 邻居[乙] 街坊[丁] 伙伴[丙] 友人[丁] 同伴[丙] 同事[丁] 同胞[丙] 队员[丙] 保姆[丁] 寡妇[丙] 恩人[丁] 房东[丁] 老一辈[丁] 盲人[丁] 穆斯林[丁] 球迷[丁] 用户[丁] 专人[丁]

＊特务[丙] 敌[丁] 法西斯[丁] 反革命[丁] 匪徒[丁] 走狗[丁] 俘虏[丁] 鬼子[丁] 汉奸[丁] 军阀[丁] 流寇[丁] 叛徒[丁] 资本家[丙] 罪犯[丁] 歹徒[丁] 坏蛋[丙] 家伙[丙] 流氓[丙] 贼[丁] 文盲[丁] 笨蛋[丁] 疯子[丁] 傻子[丁] 巫婆[丁] 倒爷[丁]

＊君[丁] 王[丁] 皇帝[乙] 皇后[丁] 贵族[丁] 大臣[丁] 地主[丙] 奴隶[丙] 主(名)[丁] 仆人[丁] 用人[丁]

② 称谓

＊老人家[丙] 老大爷/大爷[乙] 老汉[丁] 老头儿[乙] 老大妈/大妈[乙] 老大娘/大娘[乙] 老太太[乙] 老太婆[丁] 婆婆[丁] 太太[乙] 媳妇[丙] 叔叔[乙] 婶子[丙] 姨[丙] 阿姨[乙] 大哥[丙] 大嫂[丙] 嫂子[乙] 闺女[丁] 小伙子[乙] 先生[甲] 夫人[甲] 小姐[甲] 姑娘[甲] 朋友[甲] 小孩儿[甲]

＊同学[甲] 同志[甲] 服务员[甲] 老师[甲] 师傅[甲] 经理[乙] 警察[乙] 老板[乙] 主人[乙] 老爷[丁] 排长[丁] 班长[乙] 导演[丙] 将军[丙] 教练[丙] 秘书[丙] 总司令[丁] 司令[丙] 会计[丁] 小朋友[乙] 小鬼[丁] 小子[丁] 宝贝[丁] 兄弟[乙] 老乡[丙] 和尚[丁] 老天爷[丁] 胖子[丁]

③ 交往

＊帮助[甲] 感谢[甲] 关心[甲] 欢迎[甲] 接[甲] 介绍[甲] 借[甲] 请[甲] 让[甲] 送[甲] 谢谢[甲] 姓[甲] 原谅[甲] 再见[甲] 照顾[甲] 服务[甲] 安慰[乙] 帮(动)处(动)[乙] 答应[乙] 定[乙] 对待[乙] 告别[乙] 逢[乙] 感激[乙] 顾[乙] 关照[乙] 合[乙] 欢送[乙] 建立[乙] 交流[乙] 接触[乙] 接待[乙] 接见[乙] 接近[乙] 陪[乙] 配合[乙] 庆祝[乙] 劝[乙] 商量[乙] 送行[乙] 托[乙] 脱离[乙] 邀请[乙] 依靠[乙] 迎接[乙] 拥抱[乙] 遇[乙] 约会[乙] 允许[乙] 招待[乙] 祝贺[乙] 转告[乙] 拜访[丙] 别(动)[丙] 答复[丙] 代(动)[丙] 代理[丙] 惦记[丙] 调动[丙] 服(动)[丙] 告辞[丙] 给以[丙] 关怀[丙] 光临[丙] 怀念[丙] 汇报[丙] 继承[丙] 教导[丙] 竞争[丙] 聚[丙] 聚集[丙] 款待[丙] 来往[丙] 理(动)[丙] 联络[丙] 谅解[丙] 陪同[丙] 劝告[丙] 提醒[丙] 推辞[丙] 推荐[丙] 往来[丙] 委托[丙] 慰问[丙] 消除[丙] 协助[丙] 协作[丙] 信任[丙] 应(yìng)[丙] 应酬[丙] 应付[丙] 应邀[丙] 迎[丙] 预祝[丙] 援助[丙] 赠送[丙] 制止[丙] 致[丙] 嘱咐[丙] 助[丙] 祝愿[丙] 转达[丙] 阻止[丙] 尊重[丙] 爱戴[丁] 伴[丁] 保重[丁] 报答[丁] 采纳[丁] 参与[丁] 崇拜[丁] 崇敬[丁] 辞[丁] 促[丁] 辅助[丁] 赋予[丁] 付出[丁] 告诫[丁] 跟随[丁] 沟通[丁] 归还[丁] 过问[丁] 寒暄[丁] 和解[丁] 激[丁] 激励[丁] 寄托[丁] 交往[丁] 看待[丁] 看望[丁] 来访[丁] 离别[丁] 勉励[丁] 派遣[丁] 哄(hǒng)[丁] 敬[丁] 劝阻[丁] 调和[丁] 调解[丁] 相交[丁] 相识[丁] 谢绝[丁] 信赖[丁] 协调[丁] 宴请[丁] 邀[丁] 侍侯[丁] 予[丁] 予以[丁] 预约[丁] 照料[丁] 照应[丁] 祝福[丁] 转交[丁]

＊关系[甲] 好处[甲] 机会[甲] 客气[甲] 礼物[甲] 麻烦[甲] 名字[甲] 年纪[甲] 年轻[甲] 熟(形)[甲] 团结[甲] 姓名[乙] 影响[甲] 友好[甲] 友谊[甲] 对方[乙] 吩咐/分付[乙] 个人[乙] 共同[乙] 集体[乙] 交际[乙] 礼貌[乙] 秘密[乙] 密切[乙] 内部[乙] 年龄[乙] 年青[乙] 亲切[乙] 圈[乙] 少年[乙] 深厚[乙] 熟悉[乙] 生(形)[乙] 私人[乙] 微笑[乙] 温暖[乙] 问候[乙] 相互[乙] 性格[乙] 招待会[乙] 招呼[乙] 正式[乙] 帮(名)[丙] 不见[丙] 茶话会[丙] 称呼[丙] 成员[丙] 出身[丙] 公用[丙] 国籍[丙] 互助[丙] 缓和[丙] 紧密[丙] 礼[丙] 民用[丙] 亲(形)[丙] 亲热[丙] 圈子[丙] 场合[丙] 荣幸[丙] 容许[丙] 身份/身分[丙] 体面[丙] 玩笑[丙] 为首[丙] 笑容[丙] 行为[丙] 性别[丙] 要好[丙] 友爱[丙] 在座[丙] 衷心[丙] 姿态[丙] 自身[丙] 宝贝[丁] 当心[丁] 得力[丁] 督促[丁] 恩[丁] 恩情[丁] 风度[丁] 风趣[丁] 服气[丁] 恭敬[丁] 公道[丁] 公关[丁] 好客[丁] 和睦[丁] 和气[丁] 和谐[丁] 合伙[丁] 贺辞[丁] 籍贯[丁] 聚会[丁] 礼节[丁] 礼品[丁] 路子[丁] 面子[丁] 名单[丁] 亲密[丁] 情理[丁] 请柬[丁] 请贴[丁] 人情[丁] 融洽[丁] 生疏[丁] 盛情[丁]

示范[丁] 友情[丁] 尊[丁] 尊称[丁]

*抱歉[乙] 吵[乙] 催[乙] 打扰[乙] 教训[乙] 骂[乙] 矛盾[乙] 骗[乙] 欺骗[乙] 惹[乙] 讨厌[乙] 误会[乙] 吓[乙] 仇[丙] 仇恨[丙] 饶[丙] 伺候[丙] 妨碍[丙] 分离[丙] 干扰[丙] 隔阂[丙] 辜负[丙] 惯[丙] 僵[丙] 交代[丙] 陌生[丙] 排斥[丙] 欺负[丙] 歉意[丙] 强迫[丙] 伤害[丙] 侍候[丙] 损害[丙] 为难[丙] 诬蔑[丙] 侮辱[丙] 误[丙] 闲话[丙] 嫌[丙] 谣言[丙] 怨[丙] 责备[丙] 障碍[丙] 折磨[丙] 巴结[丁] 把柄[丁] 支(动)[丙] 结(jié)[丙] 气(动)[丙] 包养[丁] 逼迫[丁] 贬低[丁] 别扭[丁] 嘲笑[丁] 吹捧[丁] 打发[丁] 怠慢[丁] 得罪[丁] 敌视[丁] 独[丁] 断绝[丁] 分化[丁] 分歧[丁] 干预[丁] 讥笑[丁] 计较[丁] 较量[丁] 纠纷[丁] 亏待[丁] 摩擦[丁] 排挤[丁] 破裂[丁] 迫使[丁] 歧视[丁] 迁就[丁] 挑拨[丁] 误解[丁] 争吵[丁] 争议[丁] 阻挡[丁] 阻拦[丁] 哀求[丁] 乞求[丁] 恳求[丁]

12. 性情人品

① 正面评价

*热情[甲] 认真[甲] 诚实[乙] 聪明[乙] 成熟[乙] 大胆[乙] 活泼[乙] 活跃[乙] 坚强[乙] 骄傲[乙] 可靠[乙] 刻苦[乙] 老实[乙] 乐观[乙] 灵活[乙] 耐心[乙] 能干[乙] 朴素[乙] 热心[乙] 实在[乙] 细心[乙] 小心[乙] 虚心[乙] 严肃[乙] 天真[乙] 勇敢[乙] 专心[乙] 仔细[乙] 纯洁[丙] 大方[丙] 单纯[丙] 乖[丙] 谨慎[丙] 精[丙] 冷静[丙] 谦虚[丙] 勤劳[丙] 踏实[丙] 顽强[丙] 温和[丙] 细致[丙] 辛勤[丙] 英明[丙] 正经[丙] 忠诚[丙] 忠实[丙] 自豪[丙] 自信[丙] 诚挚[丁] 慈爱[丁] 慈祥[丁] 果断[丁] 和蔼[丁] 机灵[丁] 坚韧[丁] 进取[丁] 开朗[丁] 慷慨[丁] 老成[丁] 廉洁[丁] 伶俐[丁] 灵[丁] 灵巧[丁] 敏锐[丁] 朴实[丁] 谦逊[丁] 勤[丁] 勤奋[丁] 勤俭[丁] 勤恳[丁] 善[丁] 善良[丁] 上进[丁] 仁慈[丁] 斯文[丁] 体谅[丁] 体贴[丁] 温柔[丁] 文雅[丁] 贤惠[丁] 孝顺[丁] 幽默[丁] 真诚[丁] 质朴[丁] 卓越[丁]

*坚持[甲] 努力[甲] 伟大[甲] 习惯[甲] 有名[甲] 文明[乙] 爱护[乙] 榜样[乙] 保持[乙] 保证[乙] 本质[乙] 崇高[乙] 道德[乙] 发扬[乙] 高大[乙] 贡献[乙] 光荣[乙] 敬爱[乙] 觉悟[乙] 利益[乙] 面貌[乙] 脾气[乙] 忍[乙] 理(名)[丙] 同情[乙] 英雄[乙] 英勇[乙] 勇气[乙] 尊敬[乙] 不顾[丙] 典型[丙] 端正[丙] 风气[丙] 敢于[丙] 高尚[丙] 歌颂[丙] 个性[丙] 光彩[丙] 规矩[丙] 讲究[丙] 模范[丙] 佩服[丙] 品德[丙] 品质[丙] 气概[丙] 人心[丙] 忍耐[丙] 忍受[丙] 事迹[丙] 树立[丙] 毅力[丙] 正面[丙] 正义[丙] 资格[丙] 作风[丙] 爱惜[丁] 不惜[丁] 不朽[丁] 长处[丁] 诚意[丁] 奉献[丁] 功绩[丁] 悔改[丁] 嘉奖[丁] 精心[丁] 境界[丁] 捐[丁] 捐献[丁] 捐赠[丁] 良心[丁] 名声[丁] 名义[丁] 名誉[丁] 美德[丁] 耐力[丁] 内在[丁] 品行[丁] 气魄[丁] 人格[丁] 人性[丁] 荣誉[丁] 容忍[丁] 声誉[丁] 威望[丁] 威信[丁] 献身[丁] 信用[丁] 信誉[丁] 修养[丁] 胸怀[丁] 赢得[丁] 勇于[丁] 真心[丁] 正气[丁] 忠于[丁] 忠贞[丁] 尊严[丁] 威风[丁]

② 负面评价

*呆(形)[乙] 毒(动、形)[丙] 横(hèng)[丙] 笨[乙] 懒[乙] 傻[乙] 狂[丙] 疯[丙] 狠[丙] 贱[丙] 凶[丙] 蠢[丁] 刁[丁] 奸[丁] 娇[丁] 赖[丁] 私[乙] 贪[丁] 随便[乙] 保守[丙] 粗心[丙] 糊涂[乙] 马虎[乙] 急躁[丙] 狡猾[丙] 迷糊[丙] 任性[丙] 软弱[丙] 调皮[丙] 顽固[丙] 无情[丙] 凶恶[丙] 幼稚[丙] 愚蠢[丙] 自满[丙] 自私[丙] 霸道[丁] 败坏[丁] 卑鄙[丁] 残暴[丁] 残忍[丁] 丑恶[丁] 粗暴[丁] 粗鲁[丁] 恶毒[丁] 固执[丁] 狠毒[丁] 荒唐[丁] 嫉妒[丁] 可恶[丁] 狂妄[丁] 懒惰[丁] 淘气[丁] 窝囊[丁] 无耻[丁] 无理[丁] 无知[丁] 狭隘[丁] 虚假[丁] 虚伪[丁] 凶狠[丁] 庸俗[丁] 愚昧[丁]

*坏蛋[丙] 毛病[乙] 缺点[乙] 弱点[丁] 极端[丙] 吵闹[丁] 不良[丁] 赌[丁] 赌博[丁] 短处[丁] 堕落[丁]

讹[丁] 诽谤[丁] 鼓吹[丁] 横行[丁] 胡来[丁] 挥霍[丁] 娇气[丁] 教唆[丁] 埋怨[丁] 蔑视[丁] 捏造[丁] 偏向[丁] 屈服[丁] 缺陷[丁] 疏忽[丁] 妄图[丁] 妄想[丁] 享乐[丁] 行径[丁] 羞耻[丁] 酗酒[丁] 野蛮[丁] 野心[丁] 意图[丁] 引诱[丁] 诱[丁] 欲[丁] 欲望[丁]

泛话题词语——名称

1. 人体

① 部位

*人体[丙] 体[丁] 身体[甲] 部位[丁] 四肢[丁] 器官[丙] 头[乙] 脑袋[乙] 大脑[丙] 脖子[乙] 颈[丁] 肩[乙] 胳膊/胳臂[乙] 臂[丁] 肩膀[丁] 脊梁[丁] 腿[甲] 脚[甲] 足(名)[丙] 背(bèi)[乙] 腰[乙] 屁股[丙] 胸[乙] 胸膛[丁] 肚子[乙]

*脸[甲] 面[乙] 面目[丁] 面容[丁] 面孔[丙] 颊[丁] 腮[丁] 眼[乙] 眼睛[甲] 目[丁] 鼻子[乙] 耳朵[乙] 嘴[甲] 嘴巴[丁] 口腔[丁] 嘴唇[丙] 牙[乙] 牙齿[丙] 舌头[乙] 嗓子[乙] 喉咙[丙] 手指[乙] 手[甲] 指头[丙] 大拇指[丁] 膝盖[丁] 腹[丁] 心[甲] 心脏[乙] 肺[乙] 胃[乙] 肝[乙] 胆[丙] 肠[丙]

*骨[丁] 骨头[乙] 骨肉[丁] 肌肉[丙] 皮[乙] 皮肤[乙] 头发[乙] 辫子[丁] 眉毛[丙] 眉头[丙] 拳头[丙] 血管[丙] 动脉[丁] 脉搏[丁] 穴[丁] 筋[丁] 指甲[丁]

② 与身体相关词语

*男[甲] 女[甲] 身材[丙] 胖[乙] 胖子[丁] 瘦[乙] 身子[丙] 个儿[丙] 个子[乙] 人力[丙] 体力[丙] 有力[乙] 劲[乙] 力[乙] 力量[乙] 力气[乙] 活力[丁] 气力[丁] 气息[丁] 神色[丁] 神态[丁] 眼神[丁] 性命[丁] 性情[丁] 体质[丁] 手势[丙]

*生理[丙] 疤[丁] 伤痕[丁] 斑[丁] 疙瘩[丁] 皱纹[丙] 两手[丁] 内脏[丁] 腔[丁] 尸体[丁] 遗体[丁] 视觉[丁] 视力[丁] 视线[丁] 视野[丁] 姿势[丙] 浑身[丙] 怀(动、名)[丙] 目光[丙]

*汗[乙] 眼泪[乙] 屎[丁] 大便[丙] 小便[丙] 痰[丁] 鼻涕[丁] 唾沫[丁] 尿[丁] 屁[丁]

2. 动物

① 名称

*动物[甲] 野兽[丙] 害虫[丙] 老虎[乙] 狮子[乙] 象[乙] 狼[乙] 狐狸[丁] 猴子[乙] 鹿[丁] 骡子[丁] 熊[丁] 熊猫[乙] 骆驼[丙]

*家畜[丁] 牲口[丁] 牲畜[丁] 马[甲] 驴[丙] 牛[甲] 羊[甲] 兔子[乙] 老鼠[丁] 猫[乙] 猪[甲] 犬[丁] 狗[乙] 鸡[甲] 鹅[乙] 鸭子[丙]

*鸟[乙] 鸽子[丙] 燕子[丙] 大雁[丁] 鹰[丁] 孔雀[丁] 麻雀[丁] 乌鸦[丁] 喜鹊[丁]

*虫子[乙] 昆虫[丙] 蚕[丙] 苍蝇[丙] 蜜蜂[乙] 蝴蝶[丙] 蚊子[丙] 蝉[丁] 蜘蛛[丁] 蛾子[丁] 蜂[丁] 蝗虫[丁] 蚂蚁[丁] 蜻蜓[丁] 蝇子[丁] 茧[丁] 蛇[乙] 青蛙[丙] 鱼[甲] 金鱼[丙] 鲸鱼[丙] 虾[丙] 龟[丁] 珊瑚[丁]

② 与动物相关词语

*飞[甲] 跑[甲] 鸣[丙] 盘旋[丁] 飞翔[丁] 吞[丙] 驮[丙] 翘[丙] 刨(páo)[丁] 啄[丁] 饲养[丙] 繁殖[丙] 禽[丁] 窝[丁] 腥[丁] 凶猛[丁] 雄[乙] 雌[丁] 母[乙]

*翅膀[乙] 翼[丁] 腮[丁] 尾巴[乙] 屁股[丙] 蹄[丙] 爪[丁] 羽毛[丁] 绒[丁] 毛[乙] 皮[乙] 肠[丙] 大便[丙] 粪[丙] 屎[丁] 卵[丙]

3. 植物

＊水果[甲] 橘子[甲] 苹果[甲] 香蕉[甲] 梨[乙] 西瓜[乙] 瓜[丙] 葡萄[丙] 桃[丙] 甘蔗[丁] 核桃[丁] 荔枝[丁] 栗子[丁] 莲子[丁] 柠檬[丁] 杏[丁] 枣[丁]

＊蔬菜[乙] 菜[甲] 白菜[乙] 黄瓜[乙] 萝卜[乙] 土豆[乙] 西红柿[乙] 菠菜[丙] 辣椒[丙] 青菜[丙] 冬瓜[丁] 番茄[丁] 葫芦[丁] 马铃薯[丁] 蘑菇[丁] 茄子[丁] 芹菜[丁] 笋[丁] 豌豆[丁] 油菜[丁] 葱[丁] 姜[丁]

＊粮食[乙] 水稻[乙] 小麦[乙] 玉米[乙] 高粱[丙] 谷子[丙] 花生[丙] 稻子[丁] 麻[丁] 棉[丁] 棉花[乙] 芝麻[丁] 粗粮[丁]

＊树木[丙] 树[甲] 柏树[丙] 柳树[丙] 松树[丙] 竹子[乙] 槐树[丁] 桑树[丁] 梧桐[丁] 杨树[丁] 榆树[丁] 茶[甲] 果树[丙]

＊花(名)[甲] 草[甲] 鲜花[乙] 花朵[丙] 梅花[丙] 菊花[丁] 葵花[丁] 兰花[丁] 荷花[丁] 玫瑰[丁] 桃花[丁] 樱花[丁]

＊植物[乙] 枯[丙] 芽[丙] 萌芽[丁] 茎[丁] 瓣[丙] 藤[丁] 梗[丁] 刺(名)[丁] 果实[丙] 叶子[乙] 灌木[丁] 树干[丁] 丛[丙]

4. 天文

＊天文[丙] 太阳[甲] 日[甲] 阳[丁] 星[丁] 星星[乙] 月[甲] 月亮[甲] 月光[丙] 月球[甲] 天空[丙] 太空[丁] 行星[丙] 恒星[丁] 宇宙[丙] 观测[丙]

5. 地理

① 地形

＊地[甲] 土地[乙] 陆[丁] 陆地[丙] 大陆[乙] 大地[丙] 山脉[乙] 岭[丁] 山地[丙] 山峰[丙] 山谷[丙] 山冈[丁] 山沟[丁] 山河[丁] 山脚[丁] 山岭[丁] 山头[丁] 山腰[丁] 洞[乙] 沟[丙] 坑[丙] 盆地[丙] 丘陵[丙] 油田[丙] 荒地[丁] 火山[丁] 沼泽[丁] 草地[乙] 草原[乙] 高原[乙] 平原[乙] 田野[乙] 沙漠[乙]

＊海[甲] 海洋[乙] 滩[丙] 沙滩[丁] 岛[乙] 半岛[丙] 岛屿[丙] 群岛[丙] 河[甲] 河流[丙] 湖[甲] 潭[丁] 泉[丁] 湾[丁] 溪[丁] 池[丙] 峡[丁] 瀑布[丁] 峡谷[丙] 崖[丁] 悬崖[丙] 水库[丙] 坝[丙]

② 相关词语

＊地理[丙] 地球[乙] 地方[甲] 地带[乙] 地面[乙] 地区[乙] 地图[乙] 地下[乙] 地形[丙] 地势[丙] 地质[丙] 高峰[丙] 界线[丙] 区域[丙] 境[丙] 边疆[丙] 边界[丙] 边缘[丙] 中原[丁] 野[丁] 野外[丁] 风光[丁] 屏障[丁] 山区[乙] 坡[乙] 风沙[丁] 土(名)[乙] 尘土[丙] 土壤[丙] 灰(名)[丙] 灰尘[丙] 泥[乙] 泥土[丙] 沙子[乙] 石头[乙] 岩石[丙] 大理石[丁] 地震[丙] 温带[丙] 热带[丙] 赤道[丙]

＊江山[甲] 山水[丁] 水土[丁] 水[甲] 淡水[丁] 流水[丙] 流[甲] 流动[丙] 逆流[丁] 涨[乙] 上游[丙] 中游[丁] 下游[丙] 主流[丁] 水源[丁] 源[丁] 源泉[丁] 岔[丁] 堤[丙] 畔[丙] 岸[乙] 对岸[丁] 沿海[丙] 沿岸[丁] 流域[丙] 泡沫[丁] 海拔[丙] 海面[丙] 海峡[丙] 海岸[丁] 海滨[丁] 海港[丁] 浪[乙] 波浪[丙] 风浪[丁] 浪潮[丁] 波涛[丁] 呼啸[丁] 汹涌[丁] 洪水[丙] 涝[丁] 淹[丙] 涌[丙] 淹没[丁] 泛滥[丙]

6. 时间

① 时点、时段

*黎明[丙] 凌晨[丁] 清早[丁] 清晨[丙] 早晨/早上[甲] 上午[甲] 晌午[丁] 中午[甲] 下午[甲] 白天[乙] 晚上[甲] 黄昏[丙] 傍晚[乙] 半夜[乙] 夜里[乙] 夜晚[乙] 夜[甲] 日夜[丙] 深夜[丙] 夜间[丙] 黑夜[丙]

*世纪[乙] 年[甲] 周年[丙] 终年[丁] 连年[丁] 季度[丁] 月份[丁] 腊月[丁] 正月[丁] 星期[甲] 周[甲] 礼拜[丙] 天[甲] 整天[丁] 日[甲] 日子[甲] 半天[甲] 时[丁] 小时[甲] 点(名)[甲] 点钟[甲] 钟点[丁] 钟头[甲] 分钟[甲] 星期日/星期天[甲] 礼拜天/礼拜日[乙] 上旬[丙] 中旬[丙] 下旬[丙] 周末[丙] 工夫[乙] 空儿[乙] 一阵[丙] 一时[乙] 刹那[丁] 片刻[丁]

*假(名)[丙] 假期[丙] 寒假[甲] 暑假[乙] 学制[丙] 学期[乙] 学年[丙] 学时[丙] 课时[丁]

*一生[乙] 一辈子[丁] 终身[丙] 老年[丙] 晚年[丁] 中年[丙] 青春[丙] 童年[丁]

② 过去、现在、将来

*公元[乙] 古[乙] 古代[乙] 历代[丁] 朝代[丁] 近代[丙] 世[丁] 世代[丁] 当初[丙] 起初[丙] 最初[甲] 早期[丙] 从前[甲] 原先[丙] 事先[乙] 过去(名)[甲] 后来[乙] 以前[甲] 以往[丁] 往常[丁] 往年[丁] 历来[丁] 历年[丙] 前年[乙] 去年[甲] 当年[乙] 前天[乙] 昨天[甲] 往日[丁] 刚才[甲] 当时[乙] 生前[丁]

*近年[丁] 近期[丁] 新近[丁] 最近[甲] 至今[乙] 当代[丙] 现代[甲] 平常[乙] 通常[丙] 平时[乙] 平日[丁] 当前[乙] 初期[丙] 目前[甲] 眼前[乙] 眼下[丁] 现在[甲] 如今[乙] 今年[甲] 今天[甲] 当天[丁] 今日[丙] 这会儿[丙] 此时[丁] 此刻[丙]

*将来[甲] 明年[甲] 明天[甲] 今后[乙] 来年[丁] 后天[乙] 后年[乙] 以后[甲] 往后[丁] 未来[乙]

7. 与时间相关词语

*年代[乙] 时代[乙] 期间[乙] 时候[甲] 时间[甲] 时刻[乙] 时期[乙] 日期[乙] 时机[丙] 时节[丙] 岁月[丁] 提前[乙] 提早[丁] 拖[乙] 延长[乙] 推迟[丙] 耽误[丙] 拖延[丁] 延缓[丁] 直到[乙] 直至[丁] 为止[丙] 准时[乙] 及时[乙] 临时[乙] 暂时[乙] 寿命[丙] 高峰[丙] 照常[乙] 业余[乙] 日常[乙] 日程[乙] 常年[丁] 过后[丁] 后期[丁] 空隙[丁] 年度[丁] 年头儿[丁] 同年[丁] 期限[丁] 前期[丁] 时光[丁] 同期[丁] 为期[丁] 先前[丁] 限期[丁] 夜班[丁] 一贯[丁] 有待[丁] 预期[丁] 周期[丁] 昼夜[丁] 人生[丁] 生日[甲] 诞辰[丁] 将近[丁] 来临[丁] 最后[甲] 同时[甲] 定期[丙]

*好久[乙] 长久[丙] 长远[丙] 悠久[乙] 持续[丁] 持久[丙] 永久[丁] 漫长[丙] 长期[乙] 短期[乙] 不久[甲] 短暂[丁]

8. 方位

① 方向

*东[甲] 南[甲] 西[甲] 北[甲] 前[甲] 后[甲] 上(名)[甲] 下(名)[甲] 左[甲] 右[甲] 中[甲] 内[甲] 里[甲] 外[甲] 东边[甲] 南边[甲] 西边[甲] 北边[甲] 右边[乙] 左边[乙] 前边[甲] 后边[甲] 上边[甲] 下边[甲] 里边[甲] 外边[甲] 东面[乙] 南面[乙] 西面[乙] 北面[乙] 前面[乙] 后面[乙] 里面[乙] 外面[乙] 上面[乙] 下面[乙] 对面[乙] 东部[乙] 南部[乙] 西部[乙] 北部[乙] 东方[乙] 南方[乙] 西方[乙] 北方[乙] 前头[丙] 后头[丙] 里头[丙] 外头[丙]

*东南[乙] 东北[乙] 西北[乙] 西南[乙] 两旁[丙] 中间[甲]

② 与方位相关词语

＊周围[甲] 方向[甲] 旁边[甲] 附近[甲] 隔壁[乙] 跟前[乙] 来自[乙] 临[乙] 面前[乙] 位置[乙] 挨[乙] 当地[乙] 地点[乙] 地方[乙] 背后[乙] 面对[丙] 前方[丙] 前后[丙] 别处[丙] 处于[丙] 对门[丙] 所在[丙] 外部[丙] 外界[丙] 位于[丙] 暗中[丁] 出发点[丁] 当场[丁] 海外[丁] 临近[丁] 邻[丁] 领国[丁] 内地[丁] 排除[丁] 入口[丁] 深处[丁] 四方[丁] 天地[丁] 遗址[丁] 远方[丁]

＊边[甲] 身边[乙] 一边[乙] 一旁[丙] 一带[丙] 顶[乙] 底[丙] 底下[乙] 背面[丁] 反面[丁] 端（名）[丙] 梢[丁] 沿儿[丙] 侧[丙] 侧面[丁] 旁[乙] 顶点[丁] 顶端[丁] 终点[丁] 终端[丁] 两极[丁] 中心[乙] 中部[丙] 空间[乙] 空中[乙] 高空[丁] 上空[丁] 天上[丙] 天下[丙]

9. 场所

① 行政区域

＊首都[甲] 省会[丁] 省（名）[甲] 自治区[丙] 城镇[丁] 都市[丁] 市[甲] 直辖市[丁] 特区[丁] 城[甲] 城市[甲] 农村[甲] 县[乙] 乡下[乙] 乡[乙] 区[乙] 郊区[乙] 村庄[丙] 村子[丙] 县城[丙] 乡村[丙] 镇[丙] 屯[丁] 州[丁] 洲[丁] 庄[丁] 寨[丁]

② 公共场所

＊公共[乙] 大厦[丁] 学校[甲] 校园[丁] 学院[甲] 教研室[丙] 教室[甲] 课堂[丙] 阅览室[乙] 办公室[甲] 研究所[乙] 食堂[甲] 宿舍[甲] 图书馆[甲] 医务室[乙] 银行[甲] 邮局[甲] 商店[甲] 商场[乙] 门市部[丁] 医院[甲] 病房[乙] 电视台[乙] 电影院[乙] 俱乐部[乙] 剧场[乙] 会场[乙] 舞厅[丁] 舞台[丙] 礼堂[乙] 体育馆[乙] 动物园[乙] 展览会[乙] 博物馆[丙] 博览会[丁] 馆[甲] 饭馆[丙] 饭店[甲] 茶馆[丙] 酒店[丙] 宾馆[乙] 旅店[丁] 剧院[丙] 书店[乙] 所[乙] 派出所[丁] 托儿所[丙] 幼儿园[丙] 厕所[乙] 厅[丙] 客厅[丙] 车站[甲]

＊宫[丙] 殿[丁] 宫殿[丙] 寺[丁] 清真寺[丁] 教堂[丙] 牢房[丁] 法庭[丁] 刑场[丁] 司令部[丁] 库[丁] 厂房[丁] 库房[丁] 新房[丁]

③ 空间场所

＊场所[丁] 广场[乙] 操场[甲] 球场[乙] 体育场[乙] 游泳池[乙] 园林[丙] 公园[甲] 亭子[丙] 院[乙] 院子[乙] 巷[丙] 胡同[丙] 街头[丁] 集市[丁] 码头[乙] 港[乙] 港口[丙] 埠[丁] 池塘[丁] 渡口[丁] 海岸[丁] 海滨[丁] 海港[丁] 沙滩[丁]

＊外地[乙] 故乡[乙] 家乡[乙] 老家[丁] 角落[丙] 场地[丙] 禁区[丁] 矿井[丁] 矿区[丁] 矿山[丁] 林场[丁] 林区[丁] 牧区[丁] 农场[丙] 根据地[丁]

泛话题词语——情状

1. 性状

① 正面性状

＊好[甲] 新[甲] 大[甲] 亮[甲] 圆[甲] 满[甲] 厚[乙] 强[乙] 富[乙] 宽[乙] 正[乙] 密[乙] 直[乙] 美[乙] 妙[乙] 平[乙] 齐[乙] 巧[乙] 清[乙] 甜[乙] 透[乙] 稳[乙] 光（形）[乙] 准[乙] 纯[丙] 甘[丙] 广[丙] 净[丙] 静[乙] 均[丙] 阔[丙] 牢（形）[丙] 利[丙] 足（形）[丙] 耐[丙] 嫩[丙] 顺[丙] 温[丙] 洋[丙] 易[丙] 壮[丙] 俊[丁] 良[丁] 盛[丁] 实[丁] 帅[丁] 妥[丁] 方便[甲] 干净[甲] 合适[甲] 简单[甲] 精彩[甲] 简易[丁] 容易[甲] 真正[甲] 整齐[甲] 安静[甲] 丰富[甲] 宝贵[乙] 公开[乙] 古老[乙] 广阔[乙] 好

好儿[乙] 结实[乙] 巨大[乙] 可爱[乙] 美好[乙] 美丽[乙] 明亮[乙] 耐用[乙] 平静[乙] 轻松[乙] 热烈[乙] 热闹[乙] 舒适[乙] 熟练[乙] 顺利[乙] 突出[乙] 稳定[乙] 显著[乙] 详细[乙] 新鲜[乙] 雄伟[乙] 迅速[乙] 有利[乙] 有趣[乙] 有效[乙] 真实[乙] 准确[乙] 地道(dìdao)[丙] 安定[丙] 充实[丙] 独特[丙] 分明[丙] 富有[丙] 富裕[丙] 光滑[丙] 宏伟[丙] 辉煌[丙] 坚固[丙] 坚硬[丙] 简便[丙] 惊人[丙] 精细[丙] 精致[丙] 精华[丁] 精神(jīngshen)[丙] 均匀[丙] 宽阔[丙] 牢固[丙] 美观[丙] 猛烈[丙] 敏捷[丙] 蓬勃[丙] 亲热[丙] 清洁[丙] 柔软[丙] 神秘[丙] 神气[丙] 神圣[丙] 湿润[丙] 透明[丙] 妥当[丙] 完备[丙] 完善[丙] 无比[丙] 鲜明[丙] 响亮[丙] 心爱[丙] 新式[丙] 严密[丙] 踊跃[丙] 有益[丙] 圆满[丙] 扎实[丙] 崭新[丙] 珍贵[丙] 壮大[丙] 壮丽[丙] 安宁[丁] 安稳[丁] 昂扬[丁] 饱和[丁] 奔腾[丁] 笔直[丁] 昌盛[丁] 沉静[丁] 出色[丁] 带劲[丁] 繁华[丁] 肥沃[丁] 丰满[丁] 锋利[丁] 富强[丁] 高超[丁] 高贵[丁] 豪华[丁] 宏大[丁] 华丽[丁] 吉祥[丁] 寂静[丁] 坚实[丁] 简明[丁] 健壮[丁] 杰出[丁] 锦绣[丁] 精美[丁] 精密[丁] 精确[丁] 开化[丁] 开阔[丁] 可贵[丁] 快速[丁] 宽敞[丁] 宽大[丁] 宽广[丁] 辽阔[丁] 玲珑[丁] 灵敏[丁] 领先[丁] 隆重[丁] 茂密[丁] 茂盛[丁] 美妙[丁] 名贵[丁] 宁静[丁] 平坦[丁] 平稳[丁] 平整[丁] 奇妙[丁] 奇特[丁] 齐全[丁] 起劲[丁] 强盛[丁] 轻便[丁] 轻快[丁] 确切[丁] 柔和[丁] 锐利[丁] 神奇[丁] 盛大[丁] 盛行[丁] 时髦[丁] 太平[丁] 特定[丁] 特色[丁] 挺拔[丁] 挺立[丁] 透彻[丁] 妥善[丁] 稳当[丁] 稳妥[丁] 无偿[丁] 新兴[丁] 新颖[丁] 兴旺[丁] 雄厚[丁] 雄壮[丁] 秀丽[丁] 严峻[丁] 英俊[丁] 幽静[丁] 整洁[丁] 周密[丁] 注目[丁] 壮观[丁] 壮烈[丁] 优越[丙] 正常[乙] 根本[乙]

② 中性形状

*大[甲] 小[甲] 高[甲] 矮[甲] 长[甲] 短[甲] 粗[乙] 细[甲] 深[甲] 浅[甲] 浓[乙] 淡[乙] 轻[甲] 重(zhòng)[甲] 早(形)[甲] 晚(形)[甲] 快[甲] 慢[甲] 干(形)[乙] 湿[乙] 凉[乙] 热[甲] 远[甲] 近[甲] 软[乙] 硬[乙] 胖[乙] 瘦[乙] 空[乙] 闪[乙] 晃(huǎng)[丙] 简单[甲] 复杂[甲] 基本[甲] 基础[甲] 特性[丁] 严格[乙] 轻易[丙] 遥远[丙] 短促[丁] 纵横[丁]

② 负面性状

*坏[甲] 旧[甲] 挤[甲] 紧[甲] 低[甲] 贵[甲] 苦[甲] 破(动、形)[甲] 乱[甲] 脏[甲] 难[甲] 薄[乙] 肥[乙] 弱[乙] 穷[乙] 窄[乙] 歪[乙] 斜[乙] 松(形、动)[乙] 弯[乙] 暗[乙] 扁[乙] 臭[乙] 怪(形)[乙] 烂[乙] 杂[乙] 烫[乙] 碎[乙] 惨[丙] 沉[丙] 丑[丙] 陡[丙] 恶[丙] 反[丙] 废[丙] 怪[丙] 荒[丙] 僵[丙] 闹[乙] 偏[丙] 散(sǎn)[丙] 土(形)[丙] 稀[丙] 险[丙] 严[丙] 糟[丙] 皱[丙] 专[丙] 残[丁] 豁[丁] 劣[丁] 聋[丁] 哑[丁] 贫[丁] 秃[丁] 霉[丁] 邪[丁] 突然[甲] 不平[乙] 单调[乙] 黑暗[乙] 尖锐[乙] 艰巨[乙] 艰苦[乙] 可怜[乙] 可怕[乙] 利害/厉害[乙] 落后[乙] 异常[乙] 薄弱[丙] 沉重[丙] 吃力[丙] 恶劣[丙] 含糊[丙] 缓慢[丙] 混乱[丙] 紧急[丙] 恐怖[丙] 盲目[丙] 模糊[丙] 贫苦[丙] 贫穷[丙] 平凡[丙] 破烂[丙] 曲折[丙] 微小[丙] 拥挤[丙] 悲惨[丁] 笨重[丁] 笨拙[丁] 闭塞[丁] 贬义[丁] 仓促[丁] 草率[丁] 陈旧[丁] 迟缓[丁] 脆弱[丁] 低劣[丁] 低下(形)[丁] 恶性[丁] 反常[丁] 古怪[丁] 荒凉[丁] 混浊[丁] 简陋[丁] 枯燥[丁] 狼狈[丁] 老化[丁] 零碎[丁] 渺小[丁] 难免[丁] 偏僻[丁] 贫乏[丁] 贫困[丁] 破旧[丁] 破碎[丁] 凄惨[丁] 凄凉[丁] 穷苦[丁] 奢侈[丁] 衰老[丁] 衰退[丁] 停滞[丁] 危急[丁] 无效[丁] 狭窄[丁] 阴暗[丁] 淫秽[丁] 隐蔽[丁] 杂乱[丁]

③ 与性状相关词语

*方(形)[乙] 垂[丙] 方(名)[丙] 尖(形)[乙] 活(形)[丙] 空[丙] 凹[丁] 凸[丁] 孔[乙] 窟窿[丙] 绷[丁] 横[丁] 缓[丁] 竖[丁] 形[丁] 幼[丁] 原[丁] 匀[丁] 格[丁] 式[丁] 原来[甲] 本来[乙] 必然[乙] 必要[乙] 显然[乙] 纷纷[乙] 空前[乙] 普通[乙] 奇怪[乙] 强烈[乙] 人工[乙] 适当[乙] 正好[乙] 直接[乙] 专门[乙] 自动[乙] 形状[乙] 性质[乙] 明显[乙] 垂直[丙] 沸腾[丙] 固定[丙] 机动[丙] 混合[丙] 满腔[丙] 飘扬[丙] 切实[丙] 实质[丙] 弯曲[丙] 现成[丙] 形

态[丙] 依旧[丙] 有意[丙] 原始[丙] 稠密[丁] 纯粹[丁] 匆匆[丁] 粗细[丁] 踌躇[丁] 飞舞[丁] 芬芳[丁] 封闭[丁] 好坏[丁] 花样[丁] 间接[丁] 交错[丁] 紧迫[丁] 精简[丁] 空白[丁] 立体[丁] 连绵[丁] 满怀[丁] 慢性[丁] 茫茫[丁] 密封[丁] 模式[丁] 起伏[丁] 气势[丁] 倾斜[丁] 闪耀[丁] 深浅[丁] 深切[丁] 声势[丁] 天生[丁] 通用[丁] 同一[丁] 椭圆[丁] 外表[丁] 外观[丁] 外形[丁] 汪洋[丁] 现状[丁] 效力[丁]

2. 数量

① 增减

＊多[甲] 许多[甲] 不少[乙] 经常[甲] 大多数[乙] 好些[乙] 大量[乙] 大批[乙] 多数[乙] 好多[丁] 众多[丁] 有的是[乙] 繁[丁] 繁多[丁] 可观[丁] 无数[乙] 广大[乙] 提高[甲] 增[丁] 添[乙] 增添[丁] 增加[甲] 增长[乙] 放大[乙] 扩大[乙] 加强[乙] 加深[丁] 加重[丁] 加紧[丙] 递增[丁] 高涨[丁] 超出[丁] 多余[丙] 超额[丙] 百倍[丁] 附加[丁] 频繁[丁]

＊少[甲] 丝毫[丙] 零星[丁] 一点儿[甲] 少量[丁] 少数[乙] 缺[乙] 缺乏[乙] 缺少[乙] 罕见[丁] 减[乙] 减轻[乙] 减少[乙] 削减[丁] 降[乙] 降低[乙] 下降[丙] 减低[丁] 减弱[丁] 缩[乙] 紧缩[丁] 缩短[丙] 缩小[丙] 收缩[丙] 压缩[丙] 简化[丁] 不够[丙] 不足[丙] 偶然[丙] 丧失[丙]

② 与数量相关词语

＊大概[甲] 差不多[乙] 大致[丙] 叠[丙] 重叠[乙] 重复[乙] 大小[乙] 距离[乙] 速度[乙] 高度[乙] 深度[丙] 长度[丙] 强度[乙] 密度[丁] 厚度[丁] 幅度[丁] 浓度[丁] 频率[丁] 数额[丁] 数(shǔ)[甲] 数(shù)[乙] 人口[乙] 岁数[丙] 次数[丁] 量(liàng)[丙] 量(liáng)[乙] 产量[乙] 数量[乙] 重量[乙] 容量[丁] 分量[丙] 含量[丙] 尺寸[丙] 长短[丁]

＊百分比[丁] 正比[丁] 比分[丁] 比重[丁] 体重[丁] 体积[乙] 容积[丁] 平方[乙] 立方[乙] 立方米[丁] 一半[乙] 以上[乙] 以下[乙]

＊积累[乙] 集[乙] 结合[乙] 联合[乙] 综合[乙] 合并[丁] 会同[丁] 连续[乙] 凑[丙] 积[丁] 略[乙] 剩[甲] 剩余[丙] 残余[丁] 算[甲] 计[丙] 等(名)[乙] 平均[乙] 不止[丙] 步骤[丙] 单独[丙] 单[乙] 双[丙] 次[丙] 半截[丁] 半径[丁] 半数[丁] 倍数[丁] 号码[乙] 编号[丁] 不等[丁] 定额[丁] 定量[丁] 分寸[丁] 复合[丁] 富余[丁] 简短[丁] 间隔[丁] 库存[丁] 弥补[丁] 名额[丁] 偏差[丁] 起码[丁] 人均[丁] 容纳[丁] 唯一[丁] 误差[丁] 相差[丁] 差距[丁] 整数[丁] 总额[丁] 总和[丁] 总计[丁] 总[丙] 总数[丁] 共计[丁]

3. 程度

① 强弱

＊够[甲] 久[甲] 特别[甲] 完全[甲] 重要[甲] 彻底[乙] 充分[乙] 充足[乙] 不得了[乙] 深入[乙] 尽(jǐn)[乙] 尽(jìn)[乙] 相当[乙] 严重[乙] 要紧[乙] 重大[乙] 飞快[丙] 疯狂[丙] 过分[丙] 剧烈[丙] 猛[丙] 着重[丙] 昂贵[丁] 不堪[丁] 繁重[丁] 贵重[丁] 急剧[丁] 加剧[丁] 庞大[丁] 强化[丁] 全力[丁] 深奥[丁] 深化[丁] 深远[丁] 深重[丁] 十足[丁] 远大[丁]

＊隐约[丙] 细小[丁] 小型[丁] 削弱[丁] 轻微[丁]

② 与程度相关词语

＊程度[乙] 主要[甲] 规模[乙] 绝对[乙] 强调[乙] 重点[乙] 重视[乙] 绝[丙] 要点[丙] 要领[丁] 要素[丁] 整

整[丁] 重心[丁] 主导[丁] 核心[丁] 难度[丁] 限度[丁]

4. 等级

① 级别

*甲[丙] 乙[丙] 丙[丙] 丁[丙] 金牌[丁] 冠军[乙] 亚军[丙] 上等[丁] 中等[丁] 高等[丙] 优[丁] 良[丁] 重型[丁] 中型[丁] 级[乙] 级别[丙] 等级[丁] 高级[丙] 低级[丁] 标准[乙] 初步[乙] 初级[乙] 大型[乙]

② 与等级相关词语

*体系[乙] 系统[乙] 次要[丙] 行列[丙] 类型[丙] 轮流[丙] 排列[丙] 顺序[丁] 特[丙] 一系列[丙] 系列[丁] 种类[丙] 层次[丁] 超级[丁] 次品[丁] 次序[丁] 档次[丁] 高档[丁] 尖端[丁] 列入[丁] 名次[丁] 前列[丁] 首要[丁] 型[丁] 优异[丁] 优质[丁]

5. 关系

*表示[甲] 好像[甲] 仿佛[乙] 犹如[丁] 模仿[乙] 似[丁] 联系[甲] 相等[丁] 替代[丁] 替换[丁] 是[甲] 即[乙] 叫做[乙] 看作[丁] 象征[丙] 意味着[丙] 例如[甲] 例[乙] 如[乙] 譬如[丙] 比方[丙] 例子[乙] 列举[丁] 下列[丙] 比如[乙] 比喻[丁] 并[乙] 代替[乙] 当做[乙] 等于[乙] 所谓[乙] 如同[丙] 算是[丙] 同[乙] 相似[乙] 相同[乙]

*反映[乙] 符合[乙] 关键[乙] 交换[乙] 另[乙] 另外[乙] 适合[乙] 吸引[乙] 显得[乙] 突出[乙] 有关[乙] 证明[乙] 好比[丙] 类似[丙] 连接[丙] 平衡[丙] 平行[丙] 兼[丙] 体现[丙] 显示[丙] 在于[丙] 伴随[丁] 联[丁] 并存[丁] 并列[丁] 并排[丁] 差距[丁] 称号[丁] 呈现[丁] 充当[丁] 大于[丁] 代号[丁] 担保[丁] 对称[丁] 对应[丁] 对照[丁] 附带[丁] 牵扯[丁] 附属[丁] 隔绝[丁] 号称[丁] 换取[丁] 交替[丁] 近似[丁] 名称[丁] 区分[丁] 取代[丁] 涉及[丁] 事例[丁] 属[丁] 所属[丁] 属于[乙] 同步[丁] 同等[丁] 同类[丁] 衔接[丁] 显[丁] 相比[丁] 相符[丁] 相关[丁] 相应[丁] 依[丁] 依赖[丁] 映[丁] 优先[丁] 照旧[丁] 使(动)[乙] 令(动)[丙] 促使[丙] 使得[丙] 致使[丁] 导致[丙]

*对比[乙] 相反[乙] 对立[丙] 针对[乙] 不比[丙] 不是[丙] 差别[丙] 区别[乙] 非[丙] 相对[丙] 异[丁] 特殊[乙] 假冒[丁]

6. 范围

*部分[甲] 方面[甲] 除[乙] 个别[乙] 其中[乙] 当中[丙] 其间[丁] 局部[丙] 领域[丙] 除外[丁] 额外[丁] 个别[丁] 例外[丁]

*全[甲] 全部[甲] 全体[甲] 全局[丙] 所有[甲] 包括[乙] 遍[乙] 普遍[乙] 全面[乙] 完整[乙] 整个[乙] 整[丙] 整体[丙] 上述[丙] 遍地[丁] 四处[丙] 四周[丙] 泛[丁] 一律[丁] 一身[丁] 一手[丁]

*范围[乙] 概括[乙] 广泛[乙] 表面[乙] 超[乙] 超过[乙] 充满[乙] 面[乙] 面积[乙] 以内[乙] 以外[乙] 包含[丙] 分布[丙] 分散[丙] 轮廓[丙] 容[丙] 上下[丙] 限[丁] 限于[丁] 有限[丙] 无限[乙] 限制[乙] 极限[丁] 界限[丁] 局限[丁] 无穷[丁]

7. 色彩

*颜色[甲] 彩色[乙] 白[甲] 黑[甲] 红[甲] 黄[甲] 绿[甲] 灰(形)[乙] 青[乙] 色[乙] 紫[乙] 粉[丙] 黄色[丙] 棕色[丁] 花(形)[甲] 碧绿[丁] 翠绿[丁] 金黄[丁] 漆黑[丁] 通红[丁] 鲜红[丁] 雪白[丁] 苍白[丙] 洁白[丙] 黑白[丁]

*色彩[丙] 鲜艳[丙] 暗淡[丁] 花色[丁] 花纹[丁]

8. 情绪

① 正面词语

＊神情[丙] 样子[甲] 表情[丙] 神态[丁] 情绪[乙] 抑制[丙] 高兴[甲] 喜欢[甲] 笑[甲] 愉快[甲] 心情[乙] 兴奋[乙] 笑容[丙] 欢喜[丙] 镇静[丙] 羡慕[乙] 安详[丁] 饱满[丁] 沉着[丁] 充沛[丁] 感慨[丁] 欢笑[丁] 激情[丁] 恳切[丁] 深沉[丁] 爽快[丁] 泰然[丁] 振奋[丁] 镇定[丁]

② 负面词语

＊急[甲] 紧张[甲] 哭[甲] 怕[甲] 着急[甲] 悲痛[乙] 沉默[乙] 愁[乙] 愤怒[乙] 感激[乙] 害怕[乙] 恨[乙] 后悔[乙] 激动[乙] 慌[乙] 急忙[乙] 难过[乙] 难受[乙] 迫切[乙] 悲哀[丙] 不安[丙] 匆忙[丙] 烦[丙] 慌忙[丙] 寂寞[丙] 焦急[丙] 耐烦[丙] 怒[丙] 气愤[丙] 抱怨[丁] 悲愤[丁] 悲伤[丁] 崩溃[丁] 波动[丁] 成心[丁] 诧异[丁] 迟疑[丁] 担忧[丁] 胆怯[丁] 烦恼[丁] 烦躁[丁] 愤恨[丁] 顾虑[丁] 慌乱[丁] 慌张[丁] 悔[丁] 恨[丁] 急切[丁] 急于[丁] 惊慌[丁] 苦恼[丁] 恼火[丁] 怒吼[丁] 怒火[丁] 痛恨[丁] 惋惜[丁] 忧虑[丁] 忧郁[丁] 自卑[丁]

9. 感觉

① 生理感觉

＊饱[甲] 凉快[甲] 暖和[甲] 舒服[甲] 香[甲] 可口[丁] 响[甲] 放松[丙]

＊饿[甲] 饥饿[丙] 困[乙] 渴[甲] 苦[甲] 忙[甲] 累[甲] 冷[甲] 热[甲] 酸[甲] 疼[甲] 痒[丁] 熏[丁] 憋[丁] 繁忙[丁] 忙碌[丁] 辛苦[甲] 疲劳[乙] 疲倦[丙] 疲惫[丁] 疲乏[丁] 发抖[乙] 旋转[丙] 晃(huàng)[丁] 摇晃[丙] 震[丙] 震动[丙] 颤[丁] 颤动[丙] 颤抖[丙] 哆嗦[丙] 颠簸[丁] 震荡[丁] 振[丁] 耀眼[丁]

② 心理感觉

＊满意[甲] 快乐[乙] 满足[乙] 享受[乙] 安[丙] 从容[丙] 好奇[丙] 欢乐[丙] 快活[丙] 乐(le)[丙] 舒畅[丙] 喜悦[丙] 福[丁] 共鸣[丁] 好感[丁] 喜[丁] 开心[丁] 浪漫[丁] 如意[丁] 享乐[丁] 幸运[丁] 可喜[丁]

＊痛快[甲] 失望[乙] 痛苦[乙] 不满[丙] 惭愧[丙] 惊[丙] 惊奇[丙] 惊讶[丙] 惊异[丙] 震惊[丁] 闷(mèn)[丙] 烦闷[丁] 愣[丙] 思念[丙] 委屈[丙] 遗憾[丙] 犹豫[丙] 沉闷[丁] 沉痛[丁] 孤单[丁] 孤独[丁] 可恶[丁] 空虚[丁] 恐惧[丁] 麻木[丁] 茫然[丁] 迷惑[丁] 难堪[丁] 畏惧[丁] 无聊[丁] 心疼[丁] 压抑[丁] 疑惑[丁]

③ 与感觉相关词语

＊感到[甲] 觉(jué)[丙] 发觉[丙] 感受[丙] 觉得[甲] 觉察[丁] 觉醒[丁] 摸索[丁] 声音[甲] 体会[乙] 适应[乙] 感动[乙] 感觉[乙] 气氛[丙] 气味[丙] 心理[丙] 期待[丁] 期望[丁] 食欲[丁] 体验[丁] 响声[丁] 知觉[丁] 滋味[丁] 浓厚[丁] 乐趣[丁] 舍得[丙] 欣赏[丙] 福气[丁] 留恋[丁] 内心[丁] 心里[丁] 心头[丁] 心中[丁]

＊勉强[丙] 难得[丙] 渴望[丙] 束缚[丙] 不得已[丁] 反感[丁] 拘束[丁] 迷失[丁] 大意[丙] 敏感[丁] 气喘[丁] 生怕[丁] 虚[丁] 在乎[丁] 在意[丁]

10. 评判

① 评价

＊不错[甲] 对(形)[甲] 好吃[甲] 好看[甲] 精神[甲] 漂亮[甲] 正确[甲] 好[乙] 奖[乙] 可以[乙] 肯定[乙] 良好[乙] 优点[乙] 优良[乙] 优美[乙] 优秀[乙] 棒(形)[丙] 便利[丙] 便于[丙] 佳[丙] 可行[丙] 夸[丙] 恰当[丙] 适宜[丙] 赞美[丙] 赞扬[丙] 珍惜[丙] 颁发[丁] 表彰[丁] 奖品[丁] 奖状[丁] 夸奖[丁] 赏[丁] 授予[丁] 优[丁] 赞赏[丁]

赞叹[丁] 赞同[丁]

＊差[甲] 错[甲] 错误[甲] 不行[乙] 差(形)[乙] 否定[乙] 难看[乙] 糟糕[乙] 片面[乙] 不利[丙] 可惜[丙] 可笑[丙] 歪曲[丙] 不当[丁] 差错[丁] 差异[丁] 偏见[丁] 训责[丁] 怪[丁]

＊一般[甲] 不同[甲] 估计[乙] 主观[乙] 客观[丙] 判断[乙] 评[丙] 评价[丙] 评论[丙] 是非[丙] 无疑[丙] 证书[丙] 评比[丁] 评定[丁] 评估[丁] 评审[丁] 评选[丁]

② 态度

＊态度[甲] 看法[乙] 表扬[甲] 同意[甲] 负责[甲] 确实[甲] 当然[甲] 一定[甲] 意见[甲] 注意[甲] 称赞[乙] 诚恳[乙] 鼓励[乙] 鼓舞[乙] 积极[乙] 积极性[乙] 赞成[乙] 明确[乙] 周到[乙] 干脆[乙] 关切[丁] 一致[乙] 坚定[乙] 坚决[乙] 承认[乙] 答应[乙] 倾向[丙] 慎重[丙] 一心[丙] 钦佩[丁] 认可[丁] 郑重[丁] 注重[丁] 庄重[丁]

＊反对[甲] 批评[甲] 故意[乙] 拒绝[乙] 悲观[丙] 忽视[丙] 怀疑[丙] 活该[丙] 轻视[丙] 无所谓[丙] 消极[丙] 严厉[丙] 抹杀[丁] 厌恶[丙] 疑心[丙] 否[丁] 否认[丁] 敷衍[丁] 附和[丁] 忽略[丁] 拒[丁] 冷淡[丁] 理睬[丁] 理会[丁] 流露[丁] 谴责[丁] 检讨[丙] 瞒[丙]

11. 智能

① 能力

＊人才/人材[乙] 天才[丙] 能手[丁] 懂[甲] 懂得[乙] 了解[甲] 清楚[甲] 明白[丙] 清楚[丙] 清晰[丙] 相信[甲] 知[丙] 知道[甲] 掌握[甲] 会(动)[甲] 能(形)[丙] 经验[甲] 道理[甲] 水平[甲] 精力[乙] 能力[乙] 潜力[丁] 才(名)[丙] 才能[丙] 技能[丙] 才干[丁] 才智[丁] 智力[丁] 智能[丁] 专长[丁] 见识[丁] 出息[丙] 智慧[丙] 思想[甲] 实力[丁] 本领[乙] 本事[乙] 成功[乙] 成果[乙] 成就[乙] 反应[乙]

＊立场[乙] 决心[乙] 开明[乙] 目标[乙] 目的[乙] 脑子[乙] 巧妙[乙] 深刻[乙] 特点[乙] 信心[乙] 性格[乙] 印象[乙] 有力[乙] 主动[乙] 自觉[乙] 总结[乙] 自由[乙] 把握[丙] 动机[丙] 动力[丙] 干劲[丙] 观念[丙] 功劳[丙] 技巧[丙] 脑筋[丙] 脑力[丙] 思维[丙] 头脑[丙] 途径[丙] 心事[丙] 心思[丙] 心意[丙] 信念[丙] 血汗[丙] 眼光[丙] 自愿[丙] 自主[丙] 抱负[丁] 本能[丁] 本性[丁] 秉性[丁] 胆量[丁] 胆子[丁] 斗志[丁] 甘心[丁] 含义/涵义[丁] 机遇[丁] 机智[丁] 激发[丁] 记性[丁] 记忆力[丁] 忘[甲] 忘记[乙] 想念[乙] 坚信[丁] 教养[丁] 劲头[丁] 精通[丁] 拟[丁] 念头[丁] 启示[丁] 识别[丁] 手法[丁] 手艺[丁] 思[丁] 思绪[丁] 素质[丁] 提示[丁] 推理[丁] 推论[丁] 往事[丁] 无意[丁] 心灵[丁] 心目[丁] 心血[丁] 心眼儿[丁] 心愿[丁] 眼力[丁] 眼色[丁] 意料[丁] 意向[丁] 用意[丁] 朝气[丁] 指望[丁] 志[丁] 志气[丁] 壮志[丁] 意志[乙] 志愿[丙]

＊荒谬[丁] 疑问[乙] 意外[乙] 借口[丙] 理由[乙] 失误[丁] 过失[丁] 手段[乙] 空想[丁] 动摇[丙] 企图[乙] 不解[丁] 悔[丁] 反思[丁] 混淆[丙]

② 方法

＊感想[乙] 办法[甲] 方法[甲] 观点[乙] 建议[乙] 主意[甲] 想法[乙] 法子[丙] 设法[丙] 主张[乙] 见解[丙] 策略[丁] 点子[丁] 谋[丁] 对策[丁] 措施[乙] 决议[丙] 做法[乙] 方案[乙] 方式[乙] 结论[乙] 作法[丁]

＊计划[甲] 打算[甲] 决定[甲] 认识[甲] 认为[甲] 以为[甲] 分析[乙] 认[乙] 具备[乙] 具有[乙] 考虑[乙] 理解[乙] 启发[乙] 认得[乙] 善于[乙] 设计[乙] 晓得[乙] 预料[乙] 参考[丙] 沉思[丙] 领会[丙] 思考[丙] 思索[丙] 识[丁] 追求[丙] 辨别[丁] 辨认[丁] 分辨[丁] 策划[丁] 断定[丁] 构思[丁] 构想[丁] 挂念[丁] 牢记[丁] 力图[丁] 谋

求[丁] 确信[丁] 擅长[丁] 深信[丁] 施展[丁] 推测[丁] 忘却[丁] 悟[丁] 向往[丁] 预测[丁] 预计[丁] 预见[丁] 预料[丁] 酝酿[丁] 展望[丁] 着(zhuó)[丁] 着想[丁] 琢磨[丁] 高明[丁]

＊理想[乙] 梦想[丙] 幻想[丙] 联想[丁] 想像/想象[乙] 希望[甲] 要求[甲] 愿望[乙] 盼[丙] 盼望[乙] 猜[乙] 猜想[丙] 猜测[丁] 设想[丙] 发挥[乙] 忆[丁] 记忆[乙] 回忆[乙] 回想[丙] 回顾[丁] 记得[乙] 力求[丙] 力争[丙]

12. 处境

＊难(nàn)[丁] 困难[甲] 难关[丁] 苦难[丁] 艰险[丁] 困苦[丁] 害[乙] 害处[乙] 危害[乙] 危机[乙] 利弊[丁] 利害[丁] 灾[乙] 灾害[乙] 灾难[丙] 火灾[丁] 祸[丁] 祸害[丁] 危险[甲] 不幸[乙] 坏处[乙] 遭[丙] 遭遇[丙] 遭到[乙] 遭殃[丁] 遭受[乙] 受[乙] 经受[丁] 承受[丁] 承担[丙] 挨(ái)[丙] 熬[丙] 残酷[丙] 挫折[丙] 孤立[丙] 艰难[丙] 压力[丙] 弊病[丁] 弊端[丁] 毒害[丁]

＊情况[甲] 事[甲] 事情[甲] 条件[甲] 克服[乙] 前途[乙] 请求[乙] 求[乙] 责任[乙] 被动[丙] 出路[丙] 处于[丙] 担负[丙] 负担[丙] 担子[丁] 地步[丙] 关(名)[丙] 关头[丙] 面临[丙] 运气[丙] 摆脱[丙] 阻碍[丙] 阻力[丙] 操劳[丁] 处境[丁] 凑合[丁] 杜绝[丁] 境地[丁] 混(hùn)[乙] 降临[丁] 埋没[丁] 下落[丁] 陷入[丁] 疑难[丁] 诱惑[丁] 冤[丁] 周折[丁]

泛话题词语——运动

1. 行为

＊办[甲] 作[甲] 做[甲] 逼[乙] 带[甲] 等[甲] 等待[乙] 等候[丙] 点(动)[甲] 发[甲] 分(动)[甲] 干(动)[甲] 还(动)[甲] 搞[甲] 告诉[甲] 换[甲] 找[甲] 寻找[乙] 挡[乙] 填[乙] 截[丙] 散(sàn)[丙] 设[丙] 寻[丙] 掺[丁] 触[丁] 兜(动)[丁] 漂(一声)[丁] 捎[丁] 舍(三声)[丁] 腾[丁] 阅[丁] 攒[丁] 置[丁]

＊安排[甲] 表现[甲] 迟到[甲] 堆积[丙] 解决[甲] 利用[甲] 用[甲] 准备[甲] 布置[乙] 展示[丁] 采取[乙] 动员[乙] 举行[乙] 选择[乙] 移动[乙] 预备[乙] 办理[丙] 保管[丙] 操纵[丙] 代办[丙] 带动[丙] 举办[丙] 开办[丙] 实施[丙] 损坏[丙] 逃避[丙] 挑选[丙] 安置[丁] 暗示[丁] 补救[丁] 回避[丁] 汇集[丁] 假装[丁] 流浪[丁] 徘徊[丁] 拼搏[丁] 普查[丁] 伸展[丁] 舒展[丁] 设置[丁] 上交[丁] 尝试[丁] 敞开[丁] 玩弄[丁] 选定[丁] 选取[丁] 寻求[丁] 悬挂[丁] 掩饰[丁] 隐藏[丁] 隐瞒[丁] 赞助[丁] 瞻仰[丁] 折腾[丁] 致敬[丁] 主办[丁] 组合[丁] 召集[丙] 集合[甲]

2. 动作

① 五官头部动作

＊看[甲] 见[甲] 闭[乙] 顾[乙] 瞧[乙] 望[乙] 睁[乙] 瞪[丙] 盯[丙] 看[丙] 眯[丙] 瞥[丁] 视[丁] 眨[丁] 张(动)[丙] 观察[乙] 打量[丙] 观看[丙] 张望[丙] 注视[丙] 目睹[丁] 凝视[丁]

＊吹[甲] 读[甲] 喊[甲] 吃[甲] 喝[甲] 讲[甲] 叫[甲] 念[甲] 说[甲] 吵[乙] 尝[乙] 含[乙] 吸[乙] 呼[乙] 骂[乙] 喷[乙] 嚷[乙] 咬[乙] 喘[丙] 喊[丙] 叫[丙] 唤[丙] 吼[丙] 吞[丙] 吻[丙] 叼[丁] 嚼[丁] 啃[丁] 衔[丁] 饮[丁] 叹[丁] 呕吐[丁] 吐(tǔ)[乙] 哄(hòng)[丁] 吸烟/抽烟[乙]　呜咽[丁]

＊听[甲] 倾听[丁] 闻[乙] 嗅[丁] 顶(动)[乙] 仰[乙]

② 全身动作

＊倒(dǎo)[甲] 动[甲] 爬[甲] 碰[甲] 睡[甲] 躺[甲] 坐[甲] 站(动)[甲] 背(bēi)[乙] 藏[乙] 挡[乙] 跌[乙] 滚[乙] 立[乙] 扑[乙] 摔[乙] 抗[乙] 挑[乙] 担[丙] 挑(tiǎo)[丁] 负[丙] 耸[丁] 俯[丙] 趴[丙] 挺[丙] 卧[丙] 陷[丙] 倚[丙] 伏[丁] 磕[丁] 翻[甲] 挤[甲] 转

(zhuàn)[乙] 钻(zuān)[乙] 摇摆[丙] 转动(zhuǎndòng)[丙] 摆动[丁] 携带[丁]

③ 手脚肢体动作

*打[甲] 摆[甲] 搬[甲] 抱[甲] 擦[甲] 抽[甲] 戴[甲] 穿[甲] 放[甲] 挂[甲] 指(动)[甲] 关(动)[甲] 画(动)[甲] 记[甲] 交[甲] 举[甲] 开[甲] 拉[甲] 拿[甲] 包(动)[乙] 拍[甲] 收[甲] 抬[甲] 提[甲] 推[甲] 洗[甲] 写[甲] 装(动)[甲] 拨[乙] 闭[乙] 塞(sāi)[丙] 刺(动)[乙] 称(动)[乙] 补[乙] 捕[乙] 采[乙] 藏[乙] 拆[乙] 扶[乙] 抄[乙] 抄写[乙] 搭[乙] 插[乙] 刻(动)[乙] 端(动)[乙] 堆(动)[乙] 盖(动)[乙] 挡[乙] 递[乙] 夺[乙] 赶[乙] 割[乙] 搁[乙] 挥[乙] 夹(动)[乙] 拣[乙] 捡[乙] 剪[乙] 卷(动)[乙] 砍[乙] 扣(动)[乙] 捆[乙] 贴[乙] 拦[乙] 捞[乙] 埋[乙] 摸[乙] 扭[乙] 弄[乙] 捧[乙] 铺(pū)[乙] 牵[乙] 敲[乙] 切[乙] 取[乙] 扔[乙] 撒[乙] 洒[乙] 扫[乙] 伸[乙] 拾[乙] 刷[乙] 摔[乙] 甩[乙] 撕[乙] 弹(动)[乙] 掏[乙] 投[乙] 托[乙] 拖[乙] 挖[乙] 握[乙] 掀[乙] 压[乙] 摇[乙] 移[乙] 扎[乙] 摘[乙] 折[乙] 织[乙] 抓[乙] 安装[丙] 扒[丙] 撑[丙] 扯[丙] 绑[丙] 拔[丙] 把(动)[丙] 剥(bāo)[丙] 盛(chéng)[丙] 垫(动)[丙] 搓[丙] 抖[丙] 缝[丙] 裹[丙] 焊[丙] 浇[丙] 搅[丙] 揭[丙] 揪[丙] 拢[丙] 搂[丙] 蒙(méng)[丙] 抹[丙] 捏[丙] 拧[丙] 攀[丙] 抛[丙] 泼[丙] 揉[丙] 梳[丙] 拴[丙] 锁(动)[丙] 摊[丙] 挽[丙] 削[丙] 绣[丙] 扬[丙] 砸[丙] 凿[丙] 招[丙] 掰[丁] 搬运[丁] 扳[丁] 拌[丁] 搀[丁] 标(动)[丁] 裁[丁] 操[丁] 缠[丁] 呈[丁] 锄[丁] 捶[丁] 捣[丁] 掂[丁] 伐[丁] 缝[丁] 拱[丁] 搅拌[丁] 掘[丁] 抠[丁] 挎[丁] 勒[丁] 抡[丁] 捻[丁] 扒(pá)[丁] 刨(páo)[丁] 劈[丁] 撇[丁] 砌[丁] 掐[丁] 筛[丁] 剃[丁] 捅[丁] 挖掘[丁] 掩[丁] 掷[丁] 拄[丁] 拽[丁] 揍[丁]

*跑[甲] 上(动)[甲] 踢[甲] 跳[甲] 踩[乙] 蹲[乙] 跪[乙] 跨[乙] 迈[乙] 蹬[丙] 踏[丙] 行(名 xíng)[乙] 蹦[丁] 跺[丁] 撵[丁] 挪[丁] 跃[丁] 蹭[丁] 跳跃[丁] 越过[丁] 追赶[丁] 步[乙] 步子[丁] 脚步[丙] 跟头[丁]

3. 趋向

*上(动)[甲] 下(动)[甲] 出[甲] 进[甲] 经[乙] 经过(动、名)[甲] 过[甲] 来[甲] 去[甲] 起[甲] 到[甲] 到达[乙] 入[乙] 进入[乙] 转入[丙] 出入[丁] 进来[乙] 到来[丁] 抵达[丁] 赴[丁] 往[甲] 前往[丁] 走向[丁] 转向[丁] 回(动)[甲] 返回[丁] 归[丙]

*出发[甲] 走[甲] 趋势[丁] 趋向[丁] 冲[乙] 闯[乙] 奔(bēn)[丙] 奔(bèn)[丙] 就(动)[丙] 靠近[丙] 溜[丙] 飘[乙]

4. 变化

① 存在与消失

*留[甲] 有[甲] 活(动)[乙] 保存[乙] 保留[乙] 存[乙] 存在[乙] 呆(动)[乙] 待[乙] 生存[丙] 存放[丁] 含有[丁] 享有[丁] 拥有[丁]

*变[甲] 变化[甲] 发展[甲] 改[甲] 改变[甲] 变更[丁] 变换[丁] 变迁[丁] 继[丁] 续[丁] 继续[甲] 延伸[丁] 延续[丁] 加[甲] 进行[甲] 成长[乙] 改善[乙] 经过(动、名)[甲] 长(动)[甲] 过程[乙] 集中[乙] 阶段[乙] 进步[乙] 进化[乙] 经历[乙] 生长[乙] 推广[乙] 升[乙] 转变[乙] 转(zhuǎn)[乙] 落(luò)[乙] 变动[丙] 发育[丙] 飞跃[丙] 分割[丙] 粉碎(动)[丙] 过渡[丙] 化合[丙] 汇(动)[丙] 膨胀[丙] 收集[丙] 调节[丙] 推进[丙] 退步[丙] 跃进[丙] 增进[丙] 增强[丙] 转化[丙] 超越[丁] 沉淀[丁] 塌[丙] 复活[丁] 腐烂[丁] 更改[丁] 更换[丁] 更新[丁] 更正[丁] 滚动[丁] 过度[丁] 好转[丁] 划分[丁] 环节[丁] 进程[丁] 进展[丁] 扩散[丁] 扩展[丁] 蔓延[丁] 凝固[丁] 凝结[丁] 融化[丁] 熔[丁] 溶[丁] 溶化[丁] 溶解[丁] 漏[乙] 渗[丁] 渗透[丁] 提升[丁] 脱落[丁] 演变[丁] 质变[丁] 转换[丁] 转折[丁] 滋长[丁]

*失去[乙] 消灭[乙] 消失[乙] 失掉[丙] 丢失[丁] 丢[甲] 落(là)[丁] 抛弃[丁] 烧毁[丁] 销毁[丁] 消[丁]

失[丁] 遗失[丁]

5. 开始与结束

＊发现[甲] 出现[甲] 发生[甲] 开始[甲] 产生[乙] 成立[乙] 出生[乙] 发出[乙] 开展[乙] 生（动）[乙] 引起[乙] 创立[丙] 诞生[丙] 根源[丙] 着（zháo）[乙] 开设[丙] 来源[丙] 起源[丙] 生[丙] 新生[丙] 缘故[丙] 着手[丙] 出世[丁] 创办[丁] 创建[丁] 创业[丁] 得以[丁] 发起[丁] 复兴[丁] 开头[丁] 动静[丙] 来历[丁] 起点[丁] 确立[丁] 入手[丁] 设立[丁] 始[丁] 首创[丁] 问世[丁] 兴[丁] 兴办[丁] 兴建[丁] 兴起[丁] 涌现[丁] 增设[丁] 振兴[丁] 点燃[丁] 爆发[丙] 盛开[丁] 枯[丙]

＊成（动）[甲] 得（动 dé）[甲] 求得[丁] 掉[甲] 结束[甲] 了（liǎo）[甲] 光（动）[丙] 死[甲] 死[丙] 死亡[丙] 逝世[丙] 亡[丁] 灭亡[丙] 去世[丁] 灭[乙] 完[甲] 末[丙] 熄[丁] 熄灭[丁] 成熟[乙] 成为[乙] 断[乙] 放弃[乙] 构成[乙] 组成[丙] 获[丙] 获得[乙] 获取[丁] 取得[甲] 实现[甲] 接受[乙] 取消[乙] 停止[乙] 形成[乙] 止[乙] 至[乙] 罢[丙] 后果[丙] 结果[丙] 速成[丙] 修正[丙] 关闭[丁] 归结[丁] 截止[丁] 中断[丙] 结局[丁] 扑灭[丁] 完毕[丁] 终止[丁] 作废[丁]

6. 暂未归类词

物体[丙] 事物[乙] 质[丙] 实际[乙] 现实[乙] 特征[丙] 因素[乙] 因（名）[丁] 原因[乙] 痕迹[丙] 影子[乙] 迹象[丁] 壳[丙] 荡[丁] 悬[丙] 溅[丙] 浸[丙] 沾[丙] 勾[丁] 隔[乙] 钩（动）[丙] 露（lòu）[乙] 露（lù）[丙] 弥漫[丁] 顺手[丙] 杂质[丙] 风尚[丁] 前程[丁] 前景[丁] 亲身[丁] 先行[丁] 远景[丁] 展现[丁] 支撑[丁] 助长[丁]

（六）《等级大纲》部分形声字理据度分析表

制表说明：

1. 我们依据《现代汉语词典》（第五版）部首检字表（201 部），对《等级大纲》字表中的形声字进行编排、统计，共得形声字 2097 个，其中单纯形声字 1804 个，形声兼会意字 172 个，会意兼形声字 121 个。

2. 有些字在《现代汉语词典》部首检字表中两属，如“舆、桌、观、愿”等。本表做统计时依据“据形说义”原则将其只归到一个部中，如“观”在“见”部而非“又”部；“愿”在“心”部而非“厂”部；“题”在“页”部而非“日”部。

3. 本表仅分析统摄 10 字以上 51 个“大部首”下辖的 1781 个汉字形声字，分析量占总量的 85%。

4. 本表的形义、形音关系分析基于简化汉字及今音、今义。“透明”指从某字形旁可以得到该字的字义类属，或从声旁得到该字的准确读音；“半透明”指经过字形分析才可以得到该字的字义类属，或得到该字的相近读音；不能满足“透明”或“半透明”的形声字我们视为“不透明”。各部首的“透明”、“半透明”、“不透明”所属字后括号中数字，是该类所辖字之数量。

部首	部内字数	形义、形音关系		
		透明	半透明	不透明
厂	10	厢厅厕厨厦历(6)	厘(1)	厉厌雁(3)
亻	89	仔他们伟伯伴佛侄侣俐俯健偿傅催僚僵僻俱你侨倾伸停伍像依仗侦值仙伙但佣使俩俊俏(38)	亿仇仪任份仿优传伤伪估伶伺低住何佳侍供侧侮促俄俗俭修倍倒倘候倚倡倦假偏偶储傲例仁仰价傍(43)	仅仍代似侈借偷债(8)
亠	15	(0)	亭氓旁毫(4)	产充亩夜变弯商豪赢市就(11)
冫	15	冷冻凄凌凉凝(6)	净减凑决冲(5)	冯况治准(4)
刂	23	刊划刨刮刻剃削剑剖割刺(11)	刚创刹副剧剩判剂(8)	列到刷前(4)
力	16	动助劲勃勉勒勤努勇励功(11)	势勘务(3)	劝办(2)
土	46	地场圾坑坝坟坡坦坯垃埋培堵堤塌塘填壤垄垦垫墓壁境墙墟型址城埃(29)	坊块坛垮埠塔基堂堕塑均增(11)	坏堪寺在坚墨(6)
艹	71	艾芒芝芦芬芭花芳芹芽苍茂茄茅茫茶草荒荔药荷莲菇菊菜菠萄萌萍落葛葡葫葱葵蒂蒜蔗蔬蕉蕾薯藤蘑茎萝苹薪蔽(49)	艺节英范荡荣菌蒋蓬藏薄蓄蕴(13)	苏苦荐营著董蒙蓝蔼(9)

续表

口	101	叨叫叭叮叹叼吁吃吐吓吟吩吧吵吸呐呕呜吻呵呻和咐咙哎咬味咽哑哨哩哼唤啊唱唾啃啄啡啦啸喂喉喊喘喝喷喽嗓嗦嗯嗽嘱嘲嘿噢嚷嚼吞含唇喧咏吼呼哄告咨哗嘴哲(71)	吗吨呀咋咖咳呢哆哇哈响哟哪哦唆唉唠啥喻嘛(20)	叶哀唯啤喇售呆呈听否(10)
山	14	屿峰峻岳岗崖岭(7)	崇崩崭嵌岛(5)	岂崔(2)
彳	16	徘徊往徒循征(6)	徐街径(3)	待很律彼微徽衡(7)
广	15	店庙府廊庭座(6)	序底廉廓(4)	庞废度唐应(5)
门	10	闸阀闺(3)	问阁阂阅阐阔闷(7)	(0)
宀	22	宅宇宵寞寓室宴(6)	完宏宙客宣宪寄富(9)	宽寂密察寨赛害(7)
辶	50	巡达迁迈迎运近返远述追逃递途逗逻通逛逢道遣遥避遵逆违(26)	边辽还迟迫迷迹适透逝速造逼遇遮遍遗邀遭逊迅选逮(23)	这(1)
尸	13	屁屎(2)	居屈展屏屠屡屑(7)	层屉届属(4)
女	37	奶她妈妖妹姐姑姨娘婶嫂嫁婆姥姆媳娶婚嫉(19)	妆奸妒妨姻娃娇媒嫌姜姿妙姓妄(14)	始娱委嫩(4)
马	17	驮驰驱驴驶骑骡驾(8)	驻驼骄骆验骗骚骤骂(9)	(0)
王	19	珊珍珑瑚玖珠球琢理璃(10)	玩环现玲玻瑞瑰斑(8)	玫(1)

续表

木	96	朽杆材杜杠杨极松板柜枯柄柏柱柳柿核根桂桃桐桔桩梢梧梨桶梁梅梯棋棍棒棕棚棱棵棺椅楼榆槐榴模槽樱橡檬橘李杏架柴桨栏桥树桅枝植株框案桌(64)	朴机村构枉枕枪柔柠标栋样格档梗检椒椭榜榨棉梳校械桀(25)	权杯概榷横查渠(7)
犭	22	狈狐狗狮狸狼猎猪猫猴猿猖犹(13)	犯狂狠狡独猛猾狭(8)	猜(1)
车	15	轧轨轮轿辐输载辙辆(9)	轻较辅辑辖转(6)	(0)
攵	10	政(1)	收放效救敞敷(6)	敌敏数(3)
日	25	时映昧昨晌晒晓暖暗晚晰晴晾旱星昂暑暮(18)	旺晤晕景春暂旷(7)	(0)
贝	25	财贩贬购贱赂贿赌赋赔赠赚货贪贵贷贸费贺资赏(21)	贯(1)	贴责贤(3)
氵	140	汁汇汗江池汤汪汰汹沉沏沛沟沥沪泛沫河沸油沼沾泄泊波泣泥注泪泼泽浅洁洋洒洗津洪浇浊济浑浓浙浦浩浪浮浴海浸涂消涌涕涛涝涤润液淀淆淇淘淡淮淹清渗渡渴游渺湖溃溅滑滴滞溜溪溶滔滚满滥滨滩漠潜潦潭潮澄澳澡灌瀑港淋漏滤满漫没泡漂深湾汛源涨洲滋汽泳泻酒(118)	汉污沃治沿泌洞测混添渐渣温潘激漆洽(17)	活沈淫演派(5)

续表

扌(手)	163	扎扑扒扔托扛扣扬扭扮扯扳扶批抄把投抖抗抚抛抠抡抢护拒披抬抱抵抹押抽拄拆拉拌拍拔拢拧拨择拴拾持挂指按挑挠挡挣挥挪挫振挽捅捆捉捌捍捎捏捐捕捞捻掀掂掉掏掐捡换捣捶掘掠接推掩掷掺揍描提插握揪揭揽搀搁操搂搅搓搜搭搏搞搬携摄摆摇摊摸摔摘摧撇撑撤播擦攒拦拇捧拼揉挖挟援招拽撕打执抑抓拖拘拣授摩(139)	扩技拟担拓拙拥拱挎挤挺挨损据捷控措擅撞探(20)	扰排拐括(4)
月	46	肌肚肝肠股肤肪肺肿胀胁胆胳胶脂脏脑脾脖脚脸腥腮腹腿膀膊膜膛膝膨胸腰肢胖胞脉腔(38)	胜脆脱朗期胡(6)	腊腾(2)
火(灬)	41	灯灿炊炒炕炭炮炸炼烁焰焊烘烛烟烤烧煤熔燥煌爆灸炉燃熄烫焦煮烈热煎熊熬熟照蒸(37)	烂然点(3)	灵(1)

续表

心(忄)	85	忌忍忠念态怒怠急怨恋恐恩恳恶悠患悲惑惩惫惹想愁意愚感慈愿慧憋慰志忘忆忧快怀怕怖怜怪怯恢恨恼悔悟悦悼情惊惋惕惜惟惦惧惨惭惰愉愣愤愧慌慨慎慢慷懂憾懒性惯恭慕(76)	忽怎愈您忙悄恰(7)	总必(2)
石	30	砂砌砍砖矿码硅砸础硫硬碌碑碗碳磁磕磷碧磨(20)	破碍碎碰碟磋磅碱(8)	研确(2)
目	22	盯眨眯眠眼睁睛睡睬睹瞧瞩瞪瞎瞻督瞥瞒盼盲眶(21)	睦(1)	(0)
禾	27	秆秋种租秧程税稻稠穗稼穆稀(13)	秘秤秩积秽稍稿秒(8)	私称移稚黎稳(6)
疒	23	疗疙疤疫疮疯疲疼病症痒痕痰痴痹瘟瘦瘩瘤瘫痛痪癌(23)	(0)	(0)
穴	11	空窝窄窟窿窃窖窗(8)	究窜穷(3)	(0)
耳	11	闻聊聪聋(4)	耻职耸(3)	耽耿聘聚(4)
页	18	顶颊颗颜额颈(6)	顽顾顿颁颂预领颇颖颤颠(11)	题(1)
虫	26	蚊虾蚁蚂蛛蜓蛾蜂蜘蜻蝉蝗蝴蝶螺蛇(16)	虹蛙触蜜蠢(5)	蜡融虽蛋蛮(5)

续表

竹	27	竿笛笆笋笼筒策筛筝管筷筹签简箭箱篇篮篱簸箩筐(22)	符笨籍(3)	答筑(2)
衤(衣)	15	补衫衬袄袍袖袜被装袋袱裙裤(13)	(0)	袭裕(2)
米	14	粉粒粘糕糖糟糠精糊粮粱(11)	粗(1)	粹类(2)
糸(纟)	59	絮紧纤级纱纷纺线绅细织绑绒结绕络绢绣绳绷绸缎缔编缚缝缠纠纹绞缀纲综绘(34)	紫红纪纳纵纸纽绍统维绿缓缘缴缩纯经绪(18)	累约练组给绩续(7)
走	10	超越趋赴赶趟(6)	趁赵起趣(4)	0()
酉	12	酝酿醒醉酌(5)	酶酸醋酬酱(5)	配酷(2)
足	27	跌跃距跑践跟跨跪路跳跺踊蹄踏踢踩踪蹬蹲蹈蹋蹦(22)	趴踌蹭踳躁(5)	(0)
邑阝在右	12	邦郊邻郭都(5)	邢郎郑(3)	邪郁部那(4)
言(讠)	67	誉譬誓警讥议讯记讲讹讼讽访证诈诉诊译试诗诚话询详诬语诵请读诽调谅谈谋谎谓谱谗谢谤谦谨谬谴诫论谜评说训谣谊(52)	订认让讶识许诞该误诱诸课谐(13)	诧谁(2)
雨	10	雪雹雾露霜霞(6)	零震霉(3)	霸(1)
阜阝在左	29	防阶阻附陡险隆陵障隘陆隧陷(13)	院陪陶隔隙限(6)	队阿际陈陋陌陕除随隐(10)

续表

钅	48	针钉钓钟钢钥钮钱钳钻铀铁铃铅铜铝铭铲银链销锁锄锅锈锋锌锐锡镜锣锤键锯锹镀镁镰镶钩锻(41)	钙钞铺镇(4)	钦错锦(3)
饣	16	饥饪饭饱饲饺饼饿馋馒馅馆(12)	饶馈(2)	饰蚀(2)
合计	1781	1201	409	171

后　记

这本小书是在我2007年博士学位论文的基础上修订而成的。

2000年，已经硕士研究生毕业留校执教15年的我再入师门，追随许嘉璐先生，攻读语言学及应用语言学专业对外汉语教学方向博士学位。如今有人打趣博士已经“批量生产”，其实要认真拿个博士学位还真不容易，人到中年在职读博士就更难，而读博期间既要完成原有的教学、科研任务，又要兼职行政工作，还得顾及家中老人、孩子，个中甘苦局外人恐难体味。

七年的在职攻读或许太久了。最关心我学业的有两人，一是我的老母亲，一是与我同住十余年的老岳父。我刚开始读博那几年，两位老人总是不断地询问我论文的进展与答辩的日期，而我每每以尚未完成作复。如今答辩结束，论文即将付梓，到了该宽慰老人们的日子，两位老人却先后因病辞世，令我报喜无门！我始终觉得自己愧对长辈们的关爱，真希望他们的在天之灵能看到这本小书，就此了却他们的一桩心愿。

小书面世在即，我心中更多的是感激。

感谢恩师许嘉璐先生，是他再次给了我提高自己的机会。这些年来，先生教我治学，教我做事、做人。先生的睿智、博学，先生在学术上的敏锐和大视野，先生的人格魅力，过去、现在、将来，都是我学习的典范。特别要感谢先生为激励晚辈，提携后学，特地为本书作序。我是幸运的，师从先生，是我一生中的宝贵财富。

感谢我的同事们，我无法在这里一一罗列他们的名字，因为那是汉语文化学院的全体教师。是他们的支持、鼓励、督促，帮我振作精神，完成学业；是他们代我做了本该我做的工作，使我有了更多一点的治学时间。

感谢我的家人，为了让我早日完成学位论文，父母总是掩饰自己对儿子的思念，不让我回去探望，以免占用我的时间；妻子则默默包揽全部家务，让我一心坐在电脑桌前。

最后，我还要衷心感谢北京市社会科学理论著作出版基金的资助和北京大学出版社沈浦娜、沈岚老师，没有他们的支持和辛勤工作，就不会有此书的顺利出版。谢谢你们！

张和生

2009 年 9 月于北京师范大学